GUIDE PRATIQUE DU MARKETING POUR LES CRÉATEURS D'ENTREPRISE

Éditions d'Organisation
1, rue Thénard
75240 Paris Cedex 05

Consultez notre site :
www.editions-organisation.com

© Éditions d'Organisation, 2005

ISBN : 2-7081-3215-6

Michel BADOC

EN COLLABORATION AVEC Isabelle SELEZNEFF

GUIDE PRATIQUE DU MARKETING POUR LES CRÉATEURS D'ENTREPRISE

Éditions
d'Organisation

SOMMAIRE

Première partie
Réfléchir pour mieux décider :
la politique d'informations

Deuxième partie
Décider et planifier le développement de la jeune entreprise pour mieux convaincre dirigeants, collaborateurs et partenaires

Troisième partie
Mettre en œuvre le marketing de l'entrepreneur

Quatrième partie
Le marketing de l'entrepreneur confronté à internet

Chapitre 12
Internet, une véritable révolution pour le marketing de l'entrepreneur du futur

Chapitre 13
Internet au service du marketing de l'entrepreneur

REMERCIEMENTS

La publication de cet ouvrage n'aurait pu être possible sans l'aide active de la chambre de commerce et d'industrie de Paris, et du Groupe HEC. Je tiens à remercier personnellement le doyen et le directeur général du Groupe HEC.

Il serait ingrat de ma part, d'oublier les personnes qui ont apporté par leur assistance une large contribution, tant au contenu, qu'à la réalisation technique de cet ouvrage. Je pense plus particulièrement à Madame Agnès MELOT et à son équipe de la bibliothèque du Groupe HEC.

Enfin, la qualité du manuscrit doit énormément à Monsieur SAINCLAIR ainsi qu'à la compétence et au talent de Madame Pascale ARDOIN, assistante au département marketing du Groupe HEC.

TABLE DES ENCADRÉS

TABLE DES FIGURES

INTRODUCTION

Les entrepreneurs constituent les commandos dans la compétition économique du XXIe siècle. Pour pouvoir assumer pleinement ce rôle, ils doivent disposer d'un management sans faille. L'acquisition des méthodes et outils permettant de présenter une gestion irréprochable est d'autant plus nécessaire que leurs entreprises évoluent dans un monde ouvert en concurrence directe avec les grandes sociétés disposant de puissants outils de management. Outre la vulnérabilité qu'entraînerait l'absence d'une bonne maîtrise de ces techniques au niveau de leur développement, leur crédibilité auprès des divers partenaires s'en trouverait affaiblie dès le départ. Ces partenaires : banquiers, sociétés de « capital-risk », investisseurs privés et institutionnels, « business angels »… qui leur sont indispensables afin de se procurer les moyens nécessaires pour assurer le développement de leur entreprise, deviennent chaque jour plus exigeants sur ce sujet.

Il y a à peine quelques années, les entreprises étaient essentiellement évaluées à partir de critères financiers et d'atouts liés à la personnalité du dirigeant. Une bonne maîtrise d'autres domaines de la gestion tels que le marketing est désormais requise. Les dirigeants des petites et moyennes entreprises (PME), comme les investisseurs, s'aperçoivent que des éléments liés à l'évaluation du marché potentiel, à l'analyse préalable des attentes des clients et des distributeurs, à l'appréhension du pouvoir compétitif de la concurrence, au choix d'un positionnement différenciateur, à une harmonisation du « marketing mix »... constituent pour beaucoup de « success stories » d'incontestables atouts de la réussite. Même dans des domaines où l'innovation technologique est primordiale, la plupart des dirigeants reconnaissent à une bonne maîtrise intuitive ou formalisée du « sens du client », à travers l'approche marketing, une des clés de leur succès. De nombreuses entreprises nées au cours des dernières décennies telles que MICROSOFT, INTEL, YAHOO, BUSINESS OBJECT, ORACLE... dont certaines sont devenues en quelques années de puissantes multinationales, admettent devoir à la maîtrise des concepts, outils et techniques issus du marketing une part importante de leur développement.

La concurrence féroce qui se livre sur tous les marchés à l'échelon national et encore plus à celui international, rend les petites et moyennes entreprises soumises aux mêmes lois économiques que les grandes. Réussir leur lancement puis leur développement dans ce contexte, les oblige à être meilleures que les sociétés en place en se révélant capables de mieux satisfaire la clientèle intéressée par leurs activités tout en devenant créatrices de valeur. L'inspiration géniale d'un patron inventif suffit parfois pour lancer une entreprise à partir d'une idée créative mais plus rarement à assurer son développement.

Une bonne maîtrise des concepts et méthodes du marketing permet à un inventeur d'éviter de se faire « voler son idée » à travers l'acquisition d'une vision pertinente de sa potentialité sur le marché et de sa valeur commerciale. Elle lui donne la possibilité de transformer sa création souvent « brute de décoffrage » en un produit fini adapté aux besoins des segments de clientèles auxquels elle est destinée. Elle l'oriente vers un choix harmonieux de partenaires et de collaborateurs lui permettant d'atteindre une synergie maximale entre les fonctions perçues par ses inventions et les attentes des clients. Elle assure une croissance harmonieuse en permettant de calibrer les investissements prévus aux potentialités des marchés recherchés.

Une bonne maîtrise du marketing apparaît indispensable pour les entrepreneurs quels que soient les secteurs d'activités où ils ont décidé de se développer. Elle constitue un atout de réussite pour eux-mêmes mais également un gage de sécurité pour les futurs partenaires investisseurs ou collaborateurs.

Les deux encadrés reproduits ci-après montrent l'importance accordée au marketing dans la réussite d'un entrepreneur. L'encadré n° 1 décrit l'expérience de Jean-Claude GREGOIRE, ou comment une petite menuiserie artisanale est devenue un empire industriel en moins de trois décennies. L'encadré n° 2 présente le cas de Loïc LEMEUR, ou comment un étudiant peut devenir un baron d'entreprise sur le web en moins de trois ans.

Encadré N° 1

Comment une petite menuiserie artisanale est devenue un empire industriel en moins de trois décennies

Le cas de Jean-Claude GREGOIRE

Dans les années 1960, Jean Claude GREGOIRE fait un choix personnel en décidant d'accepter de venir travailler dans la petite menuiserie familiale de son père à Montpon-Ménestérol, en Dordogne. La menuiserie emploie alors 5 personnes. Agé de 25 ans, passionné par ce métier dès son jeune âge, rentrant du service militaire qu'il a accompli avec le grade d'officier, il met une seule condition à son arrivée : celle d'avoir toute liberté pour développer la petite entreprise.

Le processus de création d'une petite entreprise industrielle s'engage. Cinq années plus tard, la Société GREGOIRE devient une entreprise régionale importante dans la fabrication des portes et des fenêtres, employant déjà 50 personnes. A l'aube de l'an 2000 l'ancien créateur se retrouve à la tête d'une des plus importantes fabriques d'Europe. L'entreprise réalise un CA de 9.2 M€ dont 10 % de cash flow à partir de 3 sociétés ultra modernes, occupant 600 collaborateurs ; l'une est consacrée aux fabrications de portes et fenêtres en bois, intégrant une partie importante de la filière, la seconde de portes et fenêtres en métal, la troisième en PVC.

Rencontré au siège social de la Société GREGOIRE, au cœur des usines qu'il a choisi de garder à Montpon-Ménestérol, l'ancien créateur présente ce qu'il considère dans ses choix, les facteurs clés du succès qui lui paraissent transposables à d'autres développements d'entreprises.

Il propose sept clés de la réussite. La plupart des idées avancées relèvent d'un état d'esprit et d'une démarche propre au marketing, même si leur application émane parfois d'une approche empirique comme le reconnaît Jean-Claude GREGOIRE.

- **Première clé : avoir une stratégie et s'y tenir**. Le marché de la menuiserie est vaste, la plupart des entreprises sont généralistes et s'efforcent de couvrir sa totalité. Pour Jean-Claude GREGOIRE, « on ne peut être bon partout ». Il importe de faire des choix. Ils reposent sur quatre critères : la segmentation du marché, la potentialité des différents segments, l'appel au savoir-faire distinctif, la possibilité de pouvoir créer de la valeur ajoutée sur les créneaux choisis. Le jeune entrepreneur décide de se spécialiser dans trois domaines de la menuiserie correspondant à ces critères : les fenêtres, les portes d'entrée, les portes intérieures de luxe. Son objectif à terme est de devenir le meilleur et le plus compétitif dans ces trois domaines, d'abord sur le marché national, ensuite sur celui européen, et pourquoi pas, plus tard, dans un contexte international.

- **Deuxième clé : la recherche permanente de la création de valeur ajoutée pour les clients et l'entreprise**. Les axes de développement sont choisis en fonction de ce critère. Mais cela ne suffit pas. La jeune entreprise réussira si elle se révèle capable de tenir ses promesses. Le seul moyen consiste à garder la qualité artisanale pour le haut de gamme et à industrialiser les fabrications courantes avec un haut niveau de professionnalisme.

- **Troisième clé : le souci d'améliorer constamment la productivité**. Les années 1960 correspondent à d'importants programmes de constructions publics et privés. Là se trouve l'essentiel du marché. Pour y être présent, il s'avère indispensable d'être capable de répondre à des appels d'offres en proposant un rapport qualité-prix acceptable. En parallèle de sa décision d'investissement dans l'outil industriel, le dirigeant entreprend d'importants efforts pour rationaliser la production et l'organisation de l'entreprise. Elle devient l'une des premières menuiseries à utiliser l'informatique pour améliorer la productivité des ateliers et de la gestion. Le pari est réussi, la jeune entreprise décolle. Cinq ans après son véritable démarrage, la société GREGOIRE est devenue une PME régionale à part entière. Depuis cette époque, la préoccupation de moderniser l'entreprise en faisant systématiquement appel aux nouvelles technologies de l'informatique et de la robotique, constitue un véritable dogme pour son dirigeant et ses collaborateurs. Cette orientation technologique sera à la base de nombreux succès dans le futur.

- **Quatrième clé : la qualité**. Le jeune entrepreneur comprend très tôt qu'une petite société doit compenser la force compétitive des concurrents plus importants en proposant à ses clients un niveau de qualité irréprochable. Cette préoccupation concerne à la fois : la fabrication, les délais, le service, la vente, l'installation et l'après-vente. Un tel atout est fondamental sur les marchés institutionnels et « business to business ». Jean-Claude GREGOIRE considère ce vecteur comme une priorité et s'implique personnellement dans le suivi des relations clients. En montrant l'exemple, il fait comprendre à l'ensemble de ses collaborateurs que ce facteur constitue un élément fondamental pour la survie et le développement de la société. L'attachement du dirigeant à la qualité sur l'ensemble de la chaîne depuis la fabrication jusqu'au service après-vente demeure une volonté qui perdure dans la société GREGOIRE. « De nombreux anciens clients sont depuis devenus des amis et continuent à rester fidèles à notre entreprise ».

- **Cinquième clé : l'écoute permanente des besoins et problèmes rencontrés par les clients**. Le souci d'y apporter des réponses « même lorsque c'est techniquement compliqué ». Important fournisseur de la ville d'Angoulême, Jean-Claude GREGOIRE est confronté au goût d'un architecte décisionnaire particulièrement difficile. Il n'aime pas les encadrements de portes en bois, car la présence des nœuds les rend inesthétiques. La société recherche une voie nouvelle en proposant une solution métallique. Malheureusement, le métal rouille ce qui rend la situation inextricable. L'entrepreneur recherche une solution à partir d'une matière nouvelle dans la fabrication de ses produits : le PVC. Il effectue une visite de l'ensemble des salons internationaux du bâtiment pour voir s'il existe une technique permettant de résoudre son problème. Malheureusement il n'en trouve aucune. Loin de se décourager, il s'adresse à un spécialiste, la société SOLVAY pour solutionner cette problématique difficile. Croyant à l'avenir d'un procédé à partir du PVC susceptible de résoudre de nombreuses difficultés dans l'encadrement des portes et fenêtres, il décide d'investir. Il achète à grands frais pour la société une machine permettant d'extruder cette matière et forme un spécialiste. Après un an d'essais infructueux, un produit de qualité peut enfin sortir de la machine. Le client trouvera une entière satisfaction. Le PVC deviendra une source de développement pour l'entreprise.

- **Sixième clé : l'innovation**. Elle constitue l'élément essentiel de l'avantage compétitif de toute entreprise. La recherche dans les encadrements en PVC constituera avec la création du produit GREGOREX un nouvel axe pour la diversification de la société. Lors de sa sortie, le produit fera la une des salons européens du bâtiment. Les fabrications à partir de cette matière représentent, à l'heure actuelle 45 % des ventes de la société et connaît une vive croissance. L'innovation fondée sur la recherche se voit concéder une nouvelle priorité dans la société GREGOIRE.

Toutefois comme le fait remarquer Jean-Claude GREGOIRE « cela ne consiste pas à rechercher et à nourrir indéfiniment des chercheurs qui cherchent, mais plutôt à créer un environnement adéquat permettant d'encourager les chercheurs qui trouvent ». Un important dispositif est mis en place dans l'entreprise pour récompenser à leur juste titre les résultats positifs émanant des recherches internes.

- **Septième clé : le recrutement de collaborateurs de qualité et leur motivation**. Cette préoccupation constitue un corollaire au souci de la modernisation de l'entreprise. Bien avant les lois AUBRY, dès la fin des années 1980, Jean-Claude GREGOIRE a été un précurseur des 35 heures sans baisse des salaires et surtout « sans demander un sou au gouvernement ». La modernisation de l'outil industriel permet de procurer cet avantage social sans perte de valeur, ni de productivité pour la société. La fidélité du personnel est particulièrement importante dans l'entreprise. Peu après 1987, François MITTERRAND, alors président de la République, passe une journée de visite dans cette entreprise qu'il considère exemplaire dans son alliance du social et du progrès. Pour Jean-Claude GREGOIRE le succès de toute entreprise repose à terme sur une harmonisation entre une triple satisfaction, celle de l'entreprise incluant les actionnaires, celle des clients, et celle du personnel. Pour cet entrepreneur, « un personnel de qualité apporte en définitive de bons clients ».

La société GREGOIRE est maintenant devenue une grande entreprise familiale. Le défi n'est pas terminé. Au lendemain du nouveau millénaire, de nouveaux « challenges » se présentent à la société : organiser la succession du dirigeant pour assurer la durabilité et la prospérité de l'entreprise, mieux réussir l'internationalisation, prendre position face aux nouvelles technologies, et en particulier Internet.

De nouveaux défis qui ne font pas peur au créateur devenu un industriel incontournable de son domaine d'activités. Pour Jean-Claude GREGOIRE, ces défis font, autant que la réussite, du métier d'entrepreneur une véritable passion qu'il n'échangerait contre aucune autre profession au monde.

Comment un étudiant
est devenu un baron d'entreprise sur le web en moins de trois ans

Le cas de Loïc LEMEUR

Le cas de Loïc LEMEUR est significatif du succès que peuvent obtenir en un temps record de jeunes étudiants grâce au développement d'un « business » sur le web. Les exemples de Bill GATES (MICROSOFT), Geff BEZOS (AMAZON) et autres fondateurs de « start-up » outre-Atlantique : AOL, YAHOO, E.BAY,... nous ont déjà familiarisés avec des succès retentissants. Il s'agissait de cas américains.

L'exemple de Loïc LEMEUR illustre la possibilité de réussir sur un marché plus limité, celui d'un pays européen.

Etudiant à HEC, Loïc LEMEUR découvre à 21 ans les multiples possibilités d'avenir présentées par Internet lors d'un stage qu'il effectue dans le cadre de sa scolarité en 1994 comme « jeune manager » chez TEXAS INSTRUMENTS. Cette grande entreprise internationale de « high-tech » est une des toutes premières à s'intéresser d'une manière active et professionnelle aux potentialités multiples de ce nouveau média.

La première rencontre avec Internet se transforme pour Loïc LEMEUR en véritable passion. Alors qu'il existe à peine 200 sites à l'époque, il se met à surfer en permanence en s'abonnant à un des premiers fournisseurs d'accès en ligne disponible en France : COMPUSERVE.

Après son stage, il décide de se faire entrepreneur pour développer des activités à partir de ce média. Une forte attirance pour le web liée à un atavisme familial de création d'entreprise, entraîne l'étudiant d'HEC vers de nouveaux horizons. « Je n'ai jamais vu mon grand-père, ni mon père salarié d'un grand groupe en dépit de leurs diplômes ». Son grand-père est déjà créateur de plusieurs sociétés dans le domaine du mobilier de jardin et du nautisme. Son père est le patron fondateur de MARINE-SERVICE-CATALAN, un distributeur consacré à la vente de bateaux. L'entreprise existe toujours, désormais gérée par sa mère après le décès de ce dernier.

Dans le cadre de son école, Loïc LEMEUR choisit de suivre la majeure HEC-Entrepreneur qui propose un enseignement adapté au besoin de futurs patrons. Après avoir réalisé avec deux autres étudiants un conseil pour la CCIP (Chambre de commerce et d'industrie de Paris) et pour la société PEUGEOT dans le domaine de la communication Internet, il décide de franchir le pas de la création. Encouragé par Paul SEVIN, directeur du réseau des concessionnaires PEUGEOT, il passe à l'acte en donnant naissance en mai 1996, avec deux autres associés, Antoine BELLO et François LAMOTTE, ses aînés d'HEC, à la société LOOPING COMMUNICATION. Sensibilisée par l'éclatement des offres en matière de création de sites internet face à des attentes de conseil global décelées chez ses clients, la nouvelle société choisit de répondre à ce besoin. LOOPING COMMUNICATION propose une offre intégrée de création de sites sur Internet permettant aux sociétés intéressées de communiquer tant à l'intérieur qu'à l'extérieur des entreprises. L'intégration repose sur cinq composants : le conseil en stratégie et sa mise en œuvre, la conception, le « design », la technologie nécessaire, la promotion du site. Pour répondre à la globalisation de ces besoins, la société embauche un graphiste avec un contrat de qualification et un ingénieur spécialisé des technologies liées au web. Le conseil en stratégie, la mise en place et la promotion du site sont réalisés par Loïc LEMEUR en personne. La création et le « design », par ses deux associés. Pour financer l'entreprise, le jeune étudiant investit 15 000 € à partir d'un prêt, puis constitue avec ses associés un compte courant de 30 000 €. Son premier client sera PEUGEOT pour lequel il va créer un site permettant aux « occasions du lion » de commercialiser des voitures d'occasion à partir d'Internet. Le succès est rapide. Dès septembre 1999, il permet à la société PEUGEOT de vendre près de 1000 voitures et de réaliser un chiffre d'affaires d'environ 100 millions de francs. D'autres entreprises intéressées par l'offre globale présentée viennent bientôt renforcer la clientèle de la jeune « start-up » : ELIDA FABERGER du Groupe UNILIVER, la CCIP, ... Six mois après sa création, le chiffre d'affaires de LOOPING COMMUNICATION s'élève à 150 000 €.

La rencontre avec BBDO et la création de B2L

Content du développement de sa société, Loïc LEMEUR pense qu'un rapprochement avec une entreprise de communication plus importante devrait faciliter une réponse à deux soucis qui le préoccupent : élargir sa base de clientèle en profitant des relations d'une grande société, s'internationaliser. Le hasard d'une rencontre, lors d'une soirée, le met en relation avec Christophe LAMBERT, président de l'agence de communication BBDO. L'intérêt du président pour la jeune « start-up » se concrétise rapidement. Quinze jours après la rencontre, BBDO prend 25 % du capital de la « start-up » qui devient B2L (pour BELLO, LEMEUR, LAMOTTE). Un nom que l'agence de communication trouve plus marketing que celui d'origine.

Intéressés par d'autres domaines, les deux actionnaires de départ décident de suivre un autre chemin, Loïc LEMEUR rachète leurs parts et se retrouve seul à la direction de B2L. Le succès de l'entreprise est foudroyant. Trois ans après sa fondation, en 1999, elle réalise un chiffre d'affaires de 7 500 000 euros, dispose de 120 collaborateurs et travaille avec des références parmi les plus prestigieuses : toujours PEUGEOT, un des plus important clients de l'agence, mais également TWENTIETH CENTURY FOX, KAUFMAN & BROAD, CREDIT LYONNAIS, ... La société devient une des trois premières sur son marché.

Attiré par de nouvelles aventures sur le Net, Loïc LEMEUR décide en septembre 1999 de revendre la totalité de ses parts à BBDO et de se retirer de la société.

Le pari RAPIDSITE

Très fortement animé par un esprit créateur, vivement intéressé par les multiples opportunités du Net, dès 1997, Loïc LEMEUR s'intéressait aux difficultés rencontrées par les PME pour faire fonctionner des sites sur ce média. En octobre de cette même année, il décide de créer en parallèle de B2L la société RAPIDSITE.

La nouvelle société permet à des PME d'héberger leur site à des tarifs très accessibles. Grâce à l'utilisation d'une technologie appropriée RAPIDSITE propose des tarifs dix fois moins chers que les offres existantes sur le marché français. L'entreprise offre un hébergement pour 45 € par mois alors que le tarif habituel se situe aux environs de 600 €. Le succès de la nouvelle entreprise est spectaculaire. Deux ans après sa création, elle possède un portefeuille s'élevant à 10 000 clients et réalise 3 millions d'euros de chiffre d'affaires. 70 % de ce dernier proviennent de PME situées en province. Le taux de croissance de RAPIDSITE est de 10 % par mois. La fibre créatrice reprend à nouveau Loïc LEMEUR attiré par de nouveaux défis. La société RAPIDSITE est vendue dans sa totalité à FRANCE TELECOM en décembre 1999.

La création de BUSINESS PACE

La vente des deux sociétés aurait sans doute permis au créateur de prendre avec son épouse et ses enfants une confortable retraite anticipée au soleil. Mais ce n'est ni la mentalité, ni la manière de vivre de Loïc LEMEUR. Il a besoin de se confronter à de nouveaux challenges. Parmi eux il aimerait bien répondre à deux défis : créer une société internationale, porter une société en Bourse sur le nouveau marché et pourquoi pas sur le NASDAQ aux États-Unis.

Le 5 janvier 2000, il franchit un nouveau pas. Avec une partie des économies réalisées, il décide de créer une nouvelle société BUSINESS PACE. Il investit 1,5 millions d'euros dans la création. Loïc LEMEUR aime innover, qu'à cela ne tienne, la nouvelle société est destinée à constituer une équipe solide permettant de créer des « start-up » à partir de ses idées. Rien à voir avec un incubateur puisque l'ensemble des idées provient du travail de recherche de son fondateur. L'objectif de BUSINESS PACE consiste à apporter la semence initiale, ce que les Anglo-saxons appellent le « seed », puis à constituer dossier et équipes solides permettant de lever des capitaux. Pour satisfaire au souhait de Loïc LEMEUR, BUSINESS PACE sera une entreprise internationale. Elle a déjà en cours d'ouverture un bureau à HONG KONG.

Dès février 2000, la société passe à l'offensive en créant MARKETO. Il s'agit d'une centrale destinée à aider les PME à acheter du matériel dans le monde entier à partir d'Internet à des prix intéressants. La naissance de MARKETO est largement liée à une analyse des attentes de ce type d'entreprises décelées à travers une vive écoute des besoins des 10 000 clients de RAPIDSITE.

Depuis cette époque, de nouveaux projets sont en gestation, tant au niveau de la création de futures entreprises que du développement international de la société.

Ouverture à la carrière de « BUSINESS ANGEL »

Loïc LEMEUR se refuse à être exclusif. Même si ses longues heures passées chaque jour à surfer sur Internet l'abreuvent d'idées, il demeure ouvert à celles des autres. Lorsqu'il découvre chez des créateurs ou que l'on vient lui présenter des nouveaux projets, il les étudie toujours avec un grand intérêt. Sa relation avec des entrepreneurs liée à sa passion du domaine, le conduit progressivement vers une carrière complémentaire de « business angel ». Il a déjà investi dans trois sociétés liées à Internet.

- La première, MAGIQUE EMILIE, constitue le « leader » français des produits destinés à de jeunes enfants, qui sont proposés aux parents par ce média. L'entreprise a levé 2,3 millions d'euros sur le marché des capitaux.

- La seconde, SKI HORIZONS est une « start-up » apportant aux distributeurs un système de réservation de ski à partir du Net. Levée de fonds 230 000 euros.

- La troisième, IMMOSTREET.COM réside dans un portail immobilier permettant de trouver des appartements sur le marché français. Levée de fonds 1,5 millions d'euros.

Dès 1999 Loïc LEMEUR est également co-fondateur de la société WINE AND CO, dirigée par Marc PERRIN. L'entreprise est destinée à vendre des vins de qualité *via* Internet. Elle constitue le principal concurrent du « leader » de ce domaine CHATEAU ONLINE.

Sept clés marketing du succès
pour créer et développer une entreprise sur Internet

Pour Loïc LEMEUR un état d'esprit marketing est indispensable pour tout créateur d'entreprise souhaitant réussir sur Internet. Il met en avant sept facteurs clés de succès qui lui semblent incontournables.

- **Première clé : se lancer à partir d'un besoin réel du client plutôt qu'à partir d'une technologie**. Pour y parvenir, il passe un temps important à surfer sur ce média, 4 à 5 heures par jour afin d'être en permanence confronté à l'écoute des attentes, problèmes, insatisfactions de la clientèle. Il accorde également une importance capitale à l'écoute des clients de ses entreprises. Une bonne écoute des besoins des PME clientes de RAPIDSITE lui a donné l'idée de fonder MARKETO.

- **Deuxième clé : s'entourer d'une équipe solide de professionnels**. Elle est indispensable pour donner confiance aux investisseurs et lever des capitaux importants « il est fondamental dans ce type d'entreprise de réunir des techniciens de génie, souvent jeunes, avec de solides managers en marketing, finance, droit, ... disposant d'une expérience concrète. Pour cela il ne faut pas hésiter à rechercher et débaucher les meilleurs où ils se trouvent ». La plus grande difficulté pour celui qui a l'idée créative est d'avoir le courage de laisser le pouvoir de décision concernant la gestion d'entreprise à un directeur général compétent et chevronné.

- **Troisième clé : choisir une niche où l'entreprise peut rapidement occuper une position dominante parmi les trois premiers « leaders ».** Lorsque le segment de marché visé est trop important, l'entreprise doit savoir le re-segmenter afin de se situer en tête d'un domaine précis d'activités. L'intérêt présenté par une jeune entreprise auprès des investisseurs est moindre lorsqu'elle ne se retrouve pas en tête de son domaine de choix.

- **Quatrième clé : obtenir rapidement des résultats dans le domaine du net.** Le taux de croissance et la part de marché obtenus sont aussi importants aux yeux des « business angels » que le résultat financier à court terme.

- **Cinquième clé : commencer la recherche des capitaux solides en ayant la possibilité de présenter une réalité** d'entreprise concrète et pas seulement une idée. Pour cela il est préférable d'avoir une société existante avec une équipe ainsi qu'un début de réussite. Le financement de l'idée seule est très difficile à obtenir. La solidité du plan marketing fondée sur un existant constitue un atout maître de la réussite.

- **Sixième clé : penser en stratégie globale et devenir aussi vite que possible international dans sa niche.**

- **Septième clé : concentrer l'ensemble de ses forces sur une seule idée.** Éviter la dispersion et le saupoudrage. Le choix d'une stratégie, d'un positionnement et de cibles précises est indispensable. La concentration de l'ensemble des énergies et moyens de l'entreprise vers ces cibles constitue un indéniable facteur clé de la réussite.

A ces sept clés du succès il est indispensable d'ajouter une incontournable passion pour ce média liée à une très forte réactivité « lorsque les opportunités passent, il faut les saisir immédiatement. Quelques mois plus tard ce ne seront plus des opportunités intéressantes ».

1

LE MARKETING, UN CONCEPT INCONTOURNABLE POUR ASSURER LE SUCCÈS D'UN ENTREPRENEUR

Le marketing pour un entrepreneur constitue à la fois un outil de réflexion, un état d'esprit, une démarche et un savoir-faire technique. Tel un sport que l'on regarde confortablement assis dans les tribunes d'un stade ou devant son poste de télévision, sa pratique, à première vue, peut paraître simple, voire simpliste. Il s'agit là d'une illusion trompeuse. Au-delà du talent naturel, la réussite dans ce **domaine doit autant à un professionnalisme patenté qu'à de sérieuses prédispositions.** Même s'il révèle des talents et un flair naturel pour l'appréhension de son marché, l'entrepreneur ne peut faire l'impasse sur l'acquisition d'un réel professionnalisme dans ce domaine. Comme un sportif de haut niveau, il doit l'acquérir à travers l'apprentissage des « bonnes techniques » et par le développement de la pratique. La rapidité des performances liées au passage de l'amateurisme au professionnalisme sera largement conditionnée par l'acquisition des « bons mouvements du marketing ». Pour certains entrepreneurs, d'origine technique, l'entourage d'un « coach » expérimenté dans cette discipline constitue un indéniable facteur de réussite.

1. Le concept marketing pour un entrepreneur

Après une phase d'euphorie liée à la découverte d'une idée innovante, l'entrepreneur se trouve fréquemment confronté à de nombreux problèmes l'empêchant d'atteindre aussi vite que prévu les objectifs souhaités.

Parmi les écueils :

- L'idée est alléchante mais le client n'en veut pas ;
- Le produit proposé convient bien, mais ceux de concurrents nouveaux entrants, sont meilleurs ;
- Le produit plaît bien, mais une de ses composantes est interdite à la vente ;
- Le produit satisfait sa clientèle mais le conditionnement ne donne pas confiance;
- Le produit est intéressant mais le lieu de vente n'est pas approprié ;
- L'idée plaît aux clients mais les distributeurs en place la boudent...

Autant de problèmes qui, après le démarrage, risquent de conduire l'entreprise à l'échec. Il ne relève pas du simple hasard si un nombre très important de jeunes pousses créées avec brio affichent un « faire-part de décès » au cours des trois prochaines années suivant leur création.

De tels inconvénients peuvent en large partie être surmontés si le créateur s'imprègne au départ des concepts, principes et méthodes proposés par l'approche marketing.

2. Le marketing : une optique nouvelle pour l'entrepreneur

2.1. Priorité à la création de la valeur à travers la satisfaction du client

L'imprégnation de l'entrepreneur par le concept de marketing l'oriente avant le développement de toute action vers le souci de **créer de la valeur pour l'entreprise, les clients, les distributeurs à partir d'une meilleure anticipation et réponse aux besoins et attentes de la clientèle** que celles proposées par les acteurs existant sur le marché.

L'obtention du profit, source de prospérité pour la jeune société, doit se faire autant par la recherche d'une valeur ajoutée pour le client que par l'optimisation des moyens financiers et de fabrication.

✓   Le marketing, plus qu'une définition...

*Le mot anglais « market-ing » (en français mercatique ou marchéage, noms académiques peu utilisés) reflète assez bien la signification de ce concept. En liant la consonance « market » (marché) à la forme progressive « ing », il donne une **idée dynamique liée à l'étude et à la conquête des marchés**. De nombreux auteurs se sont efforcés de définir **le marketing**. Ils convergent tous sur la nécessité d'adapter l'offre et les actions de toute entreprise aux goûts, besoins et attentes des clients (consommateurs) dans le but de créer de la valeur.*

L'optimisation du profit constitue un des moyens permettant de créer de la valeur. L'entrepreneur se voit dès le départ confronté à cette problématique. S'il sacrifie trop à des préoccupations internes d'ordre technique ou financier au détriment des besoins de la clientèle, celle-ci risque de se détourner de son offre au profit de ses concurrents. La résultante peut causer une chute des ventes et des profits entraînant à court ou moyen terme la disparition de l'entreprise.

2.2. Vers un changement radical d'état d'esprit chez l'entrepreneur orienté « fabrication » ou « finance »

L'application du marketing dans une jeune entreprise entraîne un changement radical d'état d'esprit pour un créateur orienté vers la fabrication. L'adoption d'une optique marketing constitue pour de nombreux patrons ingénieurs ou financiers d'origine, un changement radical de mentalité dans la gestion de leur entreprise.

Elle leur rappelle constamment que s'ils sacrifient trop à des préoccupations internes au détriment des attentes de la clientèle, celle-ci se détournera de ses offres au profit d'intervenants plus vigilants compromettant les chances de développement de leur société.

Le choix est délicat car l'entrepreneur pour pouvoir développer son entreprise est constamment obligé de se battre sur trois fronts : la qualité de la fabrication pour conforter clients, distributeurs et partenaires ; la recherche de fonds pour financer les investissements ; la satisfaction du client pour assurer la fidélisation, le renouvellement des commandes et la prescription. Une harmonie doit être trouvée dans ces trois domaines. Malheureusement, c'est souvent l'approche client qui est le plus souvent sacrifiée aux impératifs de la fabrication. Un peu plus tard s'ajoutera à ces préoccupations un ensemble de problèmes liés au management, dont la gestion des collaborateurs.

L'adoption d'une optique marketing comparée à une optique prioritairement orientée fabrication n'est pas sans conséquences sur la conception même de la gestion d'un entrepreneur. L'encadré n°3 reproduit les principaux changements induits par l'adoption d'un état d'esprit marketing au niveau du management.

Encadré N° 3

État d'esprit fabricant et état d'esprit marketing dans le management pour un entrepreneur

LES NIVEAUX		L'ÉTAT D'ESPRIT DU FABRICANT	L'ÉTAT D'ESPRIT MARKETING
Au niveau	**du dirigeant entrepreneur**	Sont prédominantes les préoccupations internes à l'entreprise ; il s'agit essentiellement d'impératifs d'ordre technique, financier... Pour l'entrepreneur il s'agit parfois d'un souci de prestige personnel dans son environnement social et politique (souci de « se faire plaisir »).	Sont prédominantes les préoccupations du consommateur. Une forte considération est apportée à la prise en compte des goûts et besoins de la clientèle.
	des fonctions	Les techniciens sont écoutés en priorité, puis les financiers.	Les clients sont écoutés en priorité. L'avis des commerciaux et des distributeurs est particulièrement recherché.
	des décisions stratégiques	Très forte influence des données internes à l'entreprise.	Très forte influence des données externes à l'entreprise.
	des résultats	La préférence est accordée au volume des ventes et au chiffre d'affaires.	L'entreprise s'intéresse davantage aux profits réalisés à travers la satisfaction des besoins du client. Elle attache également une grande importance au maintien et à l'amélioration de son image de marque dès sa création à travers la fidélisation.

Au niveau	**du développement**	L'entreprise se limite fréquemment à travailler avec les marchés traditionnels. Le développement de ces marchés se fait à partir de la production.	L'entreprise s'efforce de trouver des marchés nouveaux. Une large place est accordée à l'innovation et au souci de s'adapter en permanence aux besoins évolutifs des clients.
	de la recherche et des études	Prédominance des recherches et études techniques.	Prédominance des recherches et études sur le marché.
	de la production	Production peu flexible. Importance des impératifs de standardisation des produits.	Production flexible. Souci permanent d'adaptation des produits aux différentes cibles de clientèles qui intéressent l'entreprise. Recherche du « one to one ».
	de la commercialisation	Priorité accordée à la vente et à la promotion.	Priorité accordée à la réalisation d'un ensemble marketing intégrant force de vente et distribution.
	de la fixation du prix des produits	La notion de prix de revient est prédominante.	La notion de prix psychologique d'acceptation de la clientèle prédomine. Une forte attention est aussi portée au choix d'un prix compatible avec ceux pratiqués par la concurrence.
	de la vente	Force de vente et distribution sont généralement considérées comme de simples moyens d'écouler la production. Peu d'efforts sont entrepris pour tenter de les intégrer avec les autres fonctions de l'entreprise.	Force de vente et distribution sont considérées comme un lien indispensable entre l'entreprise et son marché. L'entreprise a un fort souci de les intégrer avec les autres fonctions.

	de l'après-vente et de la qualité	L'après-vente est souvent considérée comme un embarras, un mal nécessaire pour l'entreprise.	L'après-vente est considérée comme un moyen d'information privilégié pour améliorer les produits de l'entreprise. L'après-vente est aussi considérée comme une nécessité commerciale, un garant de la permanence de bonnes relations et d'un suivi de la clientèle. Le souci de la qualité est prioritaire. Celui de fidéliser sa clientèle commence dès la conquête des premiers clients.
Au niveau			

3. Définition, limites et extension pour l'entrepreneur

3.1.   Définition du marketing

Pour Georges BRETT créateur de QUANTEL, société fabriquant des lasers destinés aux applications industrielles. « Le marketing pour un entrepreneur commence le jour où il accepte de ne plus se prendre pour son propre marché ».

> *Pour nous « l'art du marketing » est de trouver des solutions permettant d'apporter conjointement de la valeur ajoutée pour le client, l'entreprise et l'entrepreneur.*

Cette conception schématisée dans la figure n°1 constitue le véritable espace de ce concept.

Figure n° 1 : L'espace marketing pour l'entrepreneur

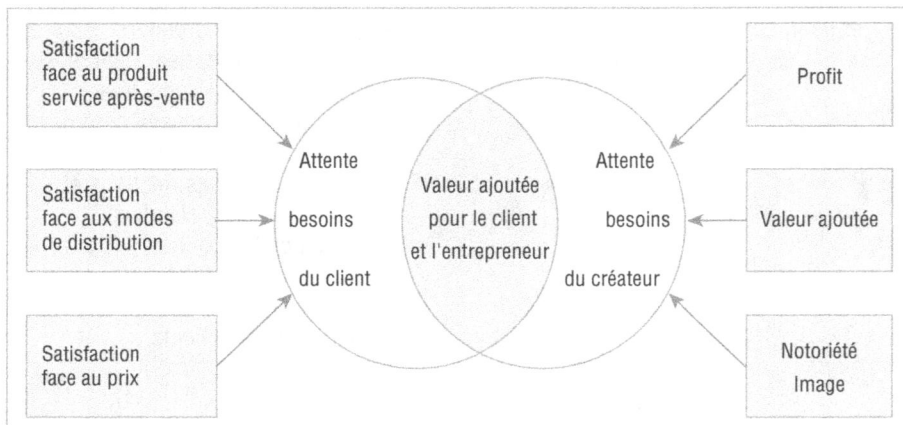

Elle est difficile à mettre en œuvre par le fait qu'elle oblige de confronter l'entrepreneur à des besoins antagonistes et parfois contradictoires. Pour y parvenir, un incontestable professionnalisme marketing reposant sur une démarche rigoureuse s'avère indispensable.

La réponse à ce défi exige la mise en place d'une **action marketing bipolaire, reposant sur l'analyse et la conquête des marchés.** Elle réclame pour la mener à bon terme des femmes ou des hommes possédant deux vertus qui, malheureusement, coexistent assez rarement chez une même personne. La rigueur scientifique nécessaire à l'analyse, associée à un tempérament ouvert vers l'extérieur de communicateur indispensable à l'esprit de conquête.

L'acquisition d'une optique marketing chez l'entrepreneur implique à la fois de faire acte de modestie et de rigueur scientifique. Il conduit principalement à éviter que le patron extrapole sa subjectivité à l'ensemble du marché. On peut dire que l'**entrepreneur commence véritablement à adopter une attitude marketing lorsqu'il perd l'habitude de se considérer comme un échantillon représentatif de sa clientèle,** quelle que soit son expérience. L'homme de marketing privilégie toujours les faits objectifs. Lorsqu'il est contraint aux paris il ne les refuse pas, mais sait qu'il est dans le domaine de l'aléatoire et s'y comporte avec la plus grande rationalité.

Le dirigeant rigoureux et méthodique doit aussi posséder un tempérament de vendeur. Il lui faut pouvoir écouter puis comprendre ses interlocuteurs et savoir se faire comprendre en adaptant sa forme de pensée et de langage à leurs propres schémas de communication. Le développement des instruments d'analyse permet d'éliminer les orientations aberrantes ne laissant plus qu'un réseau de décisions probables. L'art se substitue alors à la science. Or, si l'on peut vulgariser les méthodes scientifiques de gestion on ne sait pas encore transmettre les talents artistiques. Enfin, comme le font remarquer deux entrepreneurs, Jean-Claude GREGOIRE et Loïc LEMEUR cités dans les précédents encadrés, le futur dirigeant doit être enthousiaste et animé d'une véritable passion pour le domaine où il décide de créer une société.

3.2. Limites du marketing pour une jeune entreprise

En dépit de ses effets bénéfiques, il serait vain de croire que le marketing peut apporter des réponses à l'ensemble des problèmes relatifs au développement commercial que se posent les jeunes entrepreneurs. Il est loin d'être une science exacte et ses solutions ne peuvent guère s'apparenter à celles qu'offrent les mathématiques ou la physique. Cette inexactitude rebute souvent l'entrepreneur, tout particulièrement lorsqu'il s'agit d'une petite et moyenne industrie (PMI), dont l'esprit cartésien se satisfait généralement assez mal de l'à-peuprès. Si ce même dirigeant pense sincèrement qu'entre le tout ou le rien il n'y a pas d'alternative, le marketing ne peut rien pour lui. Au contraire, s'il estime qu'entre ces deux pôles, une réduction de sa marge d'erreur dans la prise de décision peut avoir des conséquences positives, alors il ne manquera pas de tirer un large profit de l'application de ce concept au sein de son entreprise, en particulier au moment de son lancement.

Un autre inconvénient relatif à l'application du marketing pour un entrepreneur vient du fait que les techniques et outils utilisés sont souvent très coûteux et d'un rendement parfois aléatoire. Une étude du marché, lorsqu'elle est élaborée sur un vaste échantillon, peut coûter très cher. Une campagne de publicité réalisée à l'échelon national est souvent bien au-delà des possibilités financières d'une PMI. Son dirigeant n'a pas le droit de mettre en péril l'équilibre financier de l'entreprise en s'engageant dans des actions ruineuses. **La pénétration du marketing dans la jeune entreprise doit se réaliser en tenant compte de ses moyens limités.** Ceci n'empêche d'aucune manière un responsable dynamique de faire un bon marketing en limitant ses dépenses au minimum. Pour ne citer qu'un exemple, en ce qui concerne la connaissance du marché, il existe des quantités d'informations d'origine professionnelle qui, tout en étant peu coûteuses, rapportent des renseignements de premier choix aux entreprises qui s'efforcent de les obtenir. Les fondateurs de la Société GREGOIRE ou de RAPIDSITE précédemment cités ont tiré un maximum des informations gratuites émanant des relations avec leur clientèle.

En dépit de ces difficultés qui sont loin d'être négligeables, ce serait une erreur de conclure que seules les entreprises de taille importante ont les moyens de faire du marketing. **Les entreprises, petites et moyennes, elles aussi, peuvent et doivent s'efforcer, à leur niveau, de mieux connaître le consommateur pour pouvoir agir sur lui avec plus d'efficacité.** Cette nouvelle conception les aidera à assurer leur développement en reconsidérant notamment leur stratégie d'attaque de la clientèle. Beaucoup d'entre elles risquent ainsi d'abandonner leurs anciennes politiques d'approche tous azimuts qui les rendaient particulièrement vulnérables face à des concurrents plus puissants. Elles vont au contraire rechercher une orientation stratégique visant à les mettre en position de force par rapport à des sociétés concurrentes de taille plus importante.

Les succès remportés par des jeunes pousses ayant connu une croissance rapide en quelques années sont souvent dus à ce choix délibéré de se limiter au départ à des marchés ou à des produits spécialisés, souvent considérés comme marginaux par les concurrents importants où elles ont pu répondre à un besoin spécifique négligé, puis grandir à partir de cette spécialisation. Dans le domaine du « e-business » le créateur vise souvent l'acquisition rapide d'une place dominante internationale dans une niche réduite. Le slogan américain « Focus, Focus and Focus » destiné aux dirigeants de « start-up » est souvent considéré comme une des clés de succès pour assurer leur croissance.

Des exemples de développement rapide de nouvelles entreprises au cours des dernières décennies sont largement dus à l'adoption d'un choix stratégique de ce type lié à la recherche d'un positionnement précis dans leur environnement. C'est le cas de sociétés aussi différentes que : PATAGONIA, CHATEAU ONLINE, EUROFINS SCIENTIFIC, ALTEN, IT LINK, BVRP, NEURONS, MAITRE PIERRE, AUDIKA, PISCINES DESJOYAUX…

3.3. L'extension de l'approche marketing aux divers marchés intéressant l'entrepreneur

La vulnérabilité de la jeune entreprise est fréquemment conditionnée par sa confrontation à divers marchés et pas seulement à celui de sa clientèle. Alors qu'une grande entreprise ou une PME bien installée peut parfois imposer sa volonté à ses banquiers ou à ses fournisseurs tel n'est pas le cas pour l'entreprise jeune ou en création. Au contraire, celle-ci se voit fréquemment contrainte de s'attirer les bonnes grâces de l'ensemble de ses partenaires pour pouvoir démarrer et se développer. Il peut se révéler profitable pour elle de considérer l'ensemble des interlocuteurs ayant une influence sur ses possibilités de développement comme de véritables marchés. Elle tirera alors un grand profit de l'application de la démarche marketing envers ses différents partenaires.

Figure n° 2 : L'entrepreneur confronté à ses différents marchés

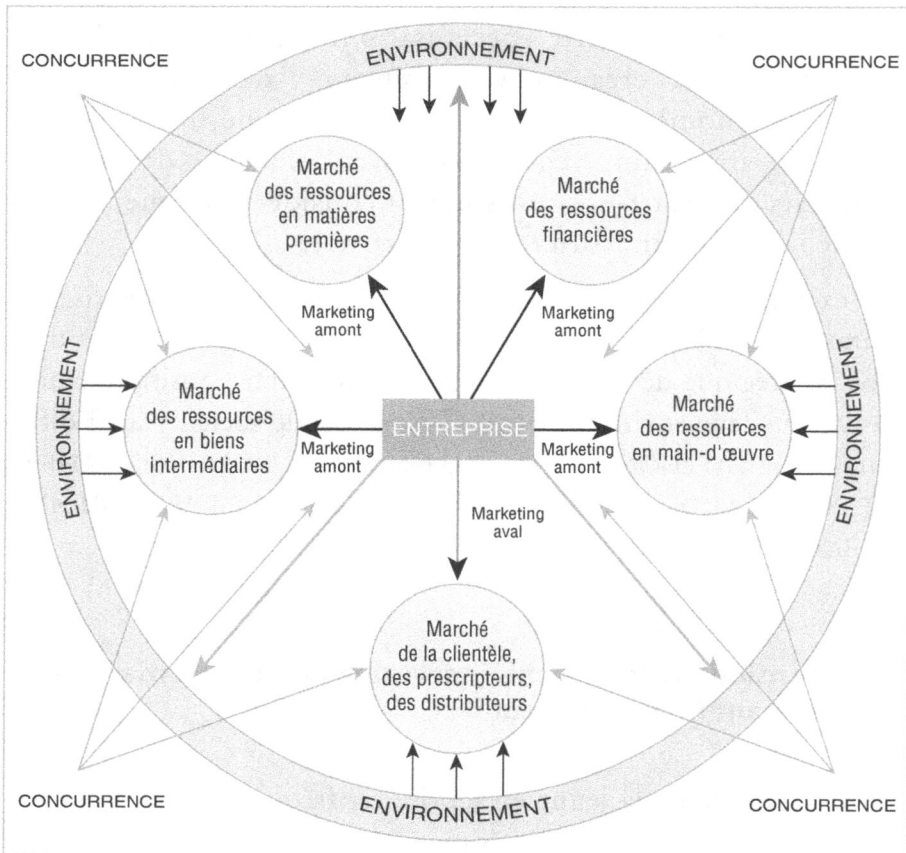

Comme le montre la figure n°2, il s'agit à la fois du marché aval (clientèle des acheteurs, des consommateurs, des prescripteurs, de la distribution…), du marché circulaire (environnement), mais également du marché amont, fournisseurs des ressources (financières, matières premières ou bien intermédiaires, main-d'œuvre...). **L'entrepreneur doit aussi joindre à la notion de marketing marché, celle de marketing achat, de marketing financier...**

4. Les composantes du marketing pour l'entrepreneur

Dans les grandes entreprises, l'utilisation du marketing correspond à l'introduction de nouvelles notions et à la mise en œuvre de techniques particulières. Toutefois, ce sont moins dans les techniques elles-mêmes que dans leurs modalités d'utilisation que l'on reconnaît véritablement l'influence d'un état d'esprit marketing. C'est précisément l'acquisition de cet état d'esprit qui doit imprégner l'entrepreneur désirant développer rapidement son entreprise. Parmi les notions issues de la définition du marketing, certaines sont directement applicables à des entreprises récentes même de petite taille.

4.1. La connaissance des clients

Pour pouvoir convenablement répondre aux besoins et aspirations de la clientèle, l'entrepreneur doit d'abord les connaître quantitativement et qualitativement. L'étendue de cette connaissance ne sera jamais comparable à celle que peuvent obtenir les grandes entreprises grâce à leur possibilité de réaliser de vastes et coûteuses études.

Il n'en demeure pas moins, comme nous aurons l'occasion de le voir, que l'entrepreneur, en adoptant une méthodologie propre et en faisant appel à des sources d'informations particulières, possède, lui aussi, de larges possibilités pour s'informer sur son marché. Grâce à

ces informations, il lui est possible de quantifier ses clientèles poten-
tielles, de connaître leurs besoins actuels mais surtout d'anticiper
leurs attentes pour demain.

La segmentation évoque l'identification des marchés actuels et
futurs en fonction de groupes spécifiques de clients ayant, à un
certain niveau, des goûts, besoins et attitudes semblables. Cette
connaissance constitue une condition fondamentale pour déceler
sur les marchés l'apparition d'une clientèle nouvelle ou différente du
« client moyen » et d'en tirer les conséquences au niveau de la politique de développement commercial. **L'identification de segments de
clientèle et la définition d'une homogénéité de besoins pour ces
segments, comparées aux actions menées par la concurrence
auprès de ces mêmes segments lui permettent de découvrir des
créneaux inexploités.**

✔️ *Remarque*

*La création et le développement d'une entreprise sont souvent liés à
la découverte d'un segment porteur mal exploité.*

Des noms comme AMAZON, INFONIE, ALTEN, SAP, BUSINESS
OBJECTS, DELL… illustrent bien ces succès remportés par des entreprises technologiques grâce à la découverte et à l'exploitation de segments de marché sensibilisés à certains besoins auxquels répondaient
d'une manière imparfaite les sociétés existantes.

4.2. La démarche marketing à partir de la planification

Pour réussir son démarrage et son développement, l'entrepreneur doit adopter une démarche rigoureuse reposant sur une planification souple conçue à sa dimension. Elle conduit à proposer une stratégie claire orientée par une bonne vision du futur.

Le succès marketing pour l'entrepreneur ne peut venir de la mise en œuvre d'outils ou de méthodes miracles, pour la seule raison que les miracles dans ce domaine n'existent pas. Son succès viendra de sa capacité à adapter l'ensemble des techniques d'étude, de production, de commercialisation et de communication à une vision claire qu'il doit avoir de son environnement, ses marchés, sa concurrence... à l'heure actuelle et pour demain. Si cette vision n'existe pas, aucune adaptation n'est possible. Le premier rôle du marketing est par conséquent **de lui apporter un éclairage suffisant** afin qu'il puisse faire des choix raisonnés et pertinents face à l'avenir.

Un plan rigoureux de marketing, **tout en demeurant simple et souple**, conçu en tenant compte de ses possibilités, comportant la détermination de choix précis, d'objectifs chiffrés, proposant un ensemble de moyens et d'actions cohérentes tant avec les orientations que les ressources disponibles concrétisera la démarche. **La faible taille d'une société ne doit jamais servir de prétexte au refus de l'élaboration d'un plan formalisé accompagné de données chiffrées (« business plan »).** Au contraire, ce document est non seulement nécessaire pour orienter, contrôler et maîtriser son développement mais bien souvent il servira de garantie à ses futurs partenaires. Tant les **sociétés de « venture capital »**, les **« business angels »** que les **intermédiaires financiers considèrent que la présentation d'un plan marketing rigoureux constitue un indispensable gage de succès pour le futur.**

4.3. La coordination des actions du marketing : « le marketing mix »

Pour réaliser les objectifs formulés et atteindre les cibles visées, l'entrepreneur dispose de moyens avec lesquels il peut élaborer une politique et des tactiques. Le « marketing mix » constitue le dosage des différents efforts possibles au niveau de ces moyens, il s'agit principalement :

- du produit ;
- du prix ;
- de la distribution ;
- de la force de vente ;
- de la communication publicitaire et promotionnelle ;
- de la qualité incluant l'après-vente…

Pour recueillir un maximum d'efficacité, **ce dosage doit être réalisé avec la meilleure coordination possible et au moindre coût.** Il est fonction des caractéristiques du marché, mais aussi du produit ou du service envisagé. Si la vente d'un parfum nécessite des efforts importants en matière de publicité ou de promotion, celle d'un bien « high-tech » peut exiger que l'on accorde une priorité à la technicité du produit, à la qualité et à la compétence de la force de vente ainsi qu'à l'efficacité du service après vente. La répartition du budget global du marketing doit impérativement tenir compte de ces priorités. L'élaboration d'un « marketing mix » efficace constitue un des impératifs du plan de marketing. Nous développerons plus profondément cette notion dans la partie consacrée à ce sujet.

L'essentiel à retenir
pour la mise en pratique au quotidien

✔ Le *but* du marketing : créer de la valeur pour l'entreprise, l'entrepreneur, le client, les distributeurs à partir de l'anticipation et de l'apport de réponses satisfaisantes aux attentes de la clientèle.

✔ Le marketing entraîne un changement radical d'*état d'esprit* pour l'entrepreneur en accordant une priorité à la satisfaction des goûts, besoins, attentes des clients plutôt qu'à des préoccupations internes liées aux ressources et à la fabrication.

✔ L'*action* du marketing pour un entrepreneur est bipolaire en se focalisant conjointement sur l'étude et la conquête du marché.

✔ L'*art* du marketing dans une petite entreprise consiste à s'adapter à ses moyens limités. Son interrogation : comment être aussi efficace qu'une grande société avec des budgets réduits ?

✔ Le marketing pour un entrepreneur ne se limite pas au marché de la clientèle finale, mais s'intéresse aussi à la satisfaction des intervenants indispensable au développement de l'entreprise tels que les fournisseurs en matières premières et biens intermédiaires (marketing achat), les apporteurs de capitaux (marketing financier), le marché de la main d'œuvre...

✔ Les fondements de l'approche marketing reposent sur : la connaissance des besoins de la clientèle, la segmentation des marchés, la planification des actions dans le temps, la coordination des moyens ou le « marketing-mix ».

Première partie

Réfléchir
pour mieux décider :
la politique d'informations

« *Quand un homme ne sait pas vers quel port il fait route, aucun vent ne peut lui être favorable* ». Cette phrase célèbre que le philosophe Sénèque aimait à rappeler à ses disciples, peut constituer une véritable source de réflexion pour l'entrepreneur.

Le marketing apporte au dirigeant l'éclairage suffisant pour faire de bons choix. **La démarche consiste à mettre en place de puissants projecteurs susceptibles de mieux l'éclairer que de simples lampes électriques utilisées jusqu'à présent.** Ils vont lui permettre de voir plus loin, plus largement, plus en détail l'état actuel et l'évolution de l'environnement, des marchés, de la concurrence que sa société doit affronter et conquérir. Grâce à cette vision, les décisions envisagées ne se prennent pas dans le vide mais en pleine connaissance des risques et opportunités.

La recherche, le recueil et le traitement de l'information constituent des préalables indispensables pour asseoir la politique de développement d'une jeune entreprise sur des fondements solides. Contrairement à ce que semblent encore croire certains créateurs, cette démarche qui repose sur un ensemble d'études externes n'est pas réservée à de grandes sociétés disposant de moyens importants. **La connaissance préalable des marchés est aussi indispensable à la petite qu'à la grande entreprise,** de même que les jumelles au capitaine d'un petit caboteur qu'à l'amiral d'un porte-avions.

Comme les jumelles, l'étude préalable permet de voir plus loin et mieux. Cette technique doit, bien entendu, **être adaptée aux capacités et moyens dont l'entreprise dispose.** Certains procédés de recherche et de tests fréquemment utilisés par la grande entreprise, sont rarement disponibles pour les jeunes entreprises du fait des coûts élevés qu'engendre leur utilisation. Sans vouloir faire appel aux mêmes techniques, l'entrepreneur dispose également d'importants moyens d'investigation peu coûteux ou gratuits dont l'utilisation s'avère toujours d'une grande utilité. Il lui appartient de faire appel à ces outils afin de confronter avec objectivité ses idées créatives aux réalités des marchés et de la concurrence.

La recherche d'informations a pour but de réduire l'incertain. Elle doit aussi aider l'entrepreneur à clarifier la compréhension des problèmes afin de servir de guide à une politique de développement efficace. Aussi complète qu'elle puisse être, la politique d'informations ne fait pas la décision. Elle contribue à mieux faire prendre à l'entrepreneur cette décision en toute connaissance de cause. La réflexion préalable reposant sur des études réalistes doit par conséquent être étroitement liée à des hypothèses associées au choix des actions futures.

2

MISE EN PLACE D'UNE POLITIQUE D'INFORMATIONS POUR UN ENTREPRENEUR

1. Savoir s'organiser pour obtenir des informations sans ou avec peu de moyens

1.1 Concevoir une organisation selon ses moyens

Pour organiser concrètement une politique d'informations, l'entrepreneur dispose de diverses solutions qui vont dépendre de ses moyens, mais également de ses goûts et compétences. Il peut ainsi :

- Assumer lui-même l'organisation ;
- L'assumer avec l'aide d'un partenaire, d'un collaborateur ou encore d'un étudiant ;
- Sous-traiter l'organisation à une « junior entreprise » ;
- ...

Quelle que soit la formule adoptée, la mise en place d'une fonction d'études, même très légère, constitue une base indispensable pour prendre de bonnes décisions liées au développement de l'entreprise et à la commercialisation de ses produits ou services. Cette fonction doit impérativement être assurée avec un minimum de professionnalisme. Lorsque l'entrepreneur ne le possède pas il lui faut l'acquérir au moyen d'une formation adéquate, ou se faire aider de quelqu'un qui maîtrise la fonction.

Les trois tâches de la personne en charge de la recherche d'informations sont d'abord d'**élaborer une politique adaptée à la problématique de l'entreprise**, puis de **mettre en place une méthode** qui permette de définir avec précision un cahier des charges concernant les informations à obtenir, et enfin de **rechercher les sources d'informations peu coûteuses** disponibles susceptibles de répondre aux attentes préalablement définies par le cahier des charges.

1.2   Faire appel à la collaboration d'un étudiant

> ✓ *Astuce…*
>
> *L'appel à la collaboration d'un étudiant constitue souvent une voie de salut intéressante et peu onéreuse pour l'entrepreneur désirant mettre en place une politique d'études à faible coût.*

Dans la plupart des villes importantes, existent des écoles spécialisées dans la formation en marketing. Elles sont fréquemment demandeuses de stages d'application en entreprise pour leurs étudiants. Certaines disposent même de programmes d'enseignement consacrés aux entreprises en création, aux PME, aux « start-up ». Les étudiants de ces écoles possèdent souvent une bonne formation au marketing permettant d'aider l'entrepreneur dans sa politique d'informations.

Le coût est souvent minime puisqu'il correspond à la réalisation d'un stage d'application. Il peut aussi, selon la période, correspondre à celui d'un emploi complémentaire dont le tarif est à comparer au coût de l'heure de mathématiques que l'étudiant donne pour se faire de l'argent de poche.

Autre avantage, les étudiants bénéficient de l'infrastructure logistique, technique et informatique de leur école lors de la réalisation des stages ainsi que de l'aide des enseignants. Eléments non négligeables pour une entreprise en phase de démarrage. Les résultats s'avèrent souvent très profitables pour le patron de petite entreprise, à quelques exceptions près.

Les réserves que nous pouvons formuler proviennent fréquemment d'un mauvais emploi de l'étudiant. L'entrepreneur désirant s'attirer la collaboration d'un étudiant ne doit pas négliger quelques principes de base susceptibles d'améliorer l'efficacité du stage. Il s'agit le plus souvent de simples principes de bon sens. Nous en rappelons quelques-uns dans l'encadré n°4.

Encadré N° 4

Conseils à un entrepreneur pour employer efficacement un étudiant comme assistant aux études

Ne pas demander à l'étudiant des choses qu'il n'est pas capable de faire.
Il ne faut pas oublier qu'un étudiant par définition est une personne en phase d'apprentissage, et qui, par conséquent, ne possède pas une vaste expérience professionnelle. Par ailleurs, on ne peut pas demander la même chose à l'étudiant d'une grande école de gestion et à celui qui est en BTS de marketing. La différence vient moins de la qualité de la personne que de ce qu'on lui a appris à faire au cours de sa scolarité.

Ne pas lui demander de prendre des décisions à votre place ou de mieux formaliser le problème que vous-même.

Si l'entrepreneur est incapable de bien définir son problème ainsi que les informations dont il a besoin, l'étudiant n'en est pas plus capable.

Bien préparer le travail de l'étudiant avant le stage et définir avec clarté ce que l'on attend de lui.

Un stage efficace est souvent un stage qui a été préalablement bien préparé. De plus, les étudiants d'une institution n'ont pas un profil uniforme. Le responsable des stages de l'institution pourra d'autant mieux vous satisfaire dans la présentation de votre entreprise aux étudiants, qu'il aura bien compris vos besoins.

Ne pas marchander sur quelques milliers d'euros dans la rémunération du stage si la pratique veut que celui-ci soit payant.

Généralement les stages sont bon marché, lorsqu'ils ne sont pas gratuits. Mieux vaut proposer une rémunération décente au-dessus de la moyenne et exiger en contrepartie une sélection entre plusieurs candidats intéressés, que d'offrir un minimum et de recevoir celui dont personne n'aura voulu. Un mauvais stagiaire, même mal payé, coûtera beaucoup plus cher en temps que pas de stagiaire du tout.

Exiger de voir l'étudiant et de discuter avec lui avant d'accepter le stage.

Si le contact ne passe pas entre vous, il est parfois bon de savoir refuser d'employer l'étudiant.

Savoir motiver l'étudiant au cours de son stage.

La réalisation d'une étude est un processus difficile, entraînant parfois un certain découragement. L'entrepreneur doit savoir encourager son étudiant. Toutefois, ce phénomène se produira d'autant moins qu'il aura su l'intégrer et lui faire ressentir tout l'intérêt de son travail pour l'entreprise.

Ne jamais être un ingrat envers un étudiant qui a fourni un travail exceptionnel.

La remise d'une prime de fin de stage est à conseiller dans certains cas. Ceci est important surtout si l'entreprise souhaite recevoir un autre étudiant de cet institut dans le futur. L'entrepreneur ne doit pas oublier que l'école apporte, elle aussi, une appréciation à l'égard du comportement de l'entreprise envers ses étudiants.

Éviter de juger une école et l'ensemble de ses étudiants à partir d'une expérience heureuse ou malheureuse.

Chaque école possède ses « éléphants blancs » et ses « problèmes »... Les appréciations excessives sont souvent peu représentatives.

S'efforcer d'intéresser au sujet aussi les professeurs qui sont responsables du stage de l'étudiant.

L'entrepreneur peut ainsi bénéficier gratuitement de conseils gratuits qui se révèlent souvent profitables...

2. Mettre en place
une politique de l'information

2.1. Élaborer une stratégie de l'information

L'étude, surtout lorsqu'elle est réalisée par un organisme extérieur, coûte cher. Cela justifie de ne l'utiliser que si l'entreprise n'a pas pu obtenir les résultats souhaités par un moyen moins onéreux. Dans ce but, il est indispensable que l'entrepreneur définisse préalablement avec précision les renseignements dont il a besoin pour guider sa politique de développement. Il lui faut élaborer une véritable politique de l'information qui suit une démarche logique comprenant plusieurs stades de réflexion (cf. figure n°3).

Les stades décrits figure n°3 comprennent des éléments tels que :

- La détermination précise des objectifs d'informations par l'entrepreneur ;
- La formulation claire des renseignements dont il a besoin pour atteindre ces objectifs ;
- L'établissement d'une liste exhaustive des renseignements recherchés ;
- La présélection des informations en fonction de leur importance par rapport au problème à résoudre ;
- La détermination des sources d'informations permettant de recueillir les renseignements désirés ;
- La collecte des données et l'étude critique de leur validité.

Cette approche du problème est loin d'être aussi évidente qu'elle peut le sembler de prime abord. Elle réclame, pour le collaborateur en charge de l'étude, une méthodologie de recherche parfois difficile à acquérir. Ainsi, il lui faut bien souvent aider l'entrepreneur à formuler clairement ses objectifs et ses besoins. Il doit également élaborer et étudier en laboratoire plusieurs types d'hypothèses de réalisation. Il lui faut aussi choisir des personnes qui lui permettent d'établir une liste exhaustive des informations nécessaires, et par l'utilisation de méthodes appropriées (remue-méninges, jeu de rôles, écoute client, créativité…), obtenir ces informations.

Figure n°3 : Élaboration d'une stratégie d'informations dans une PME

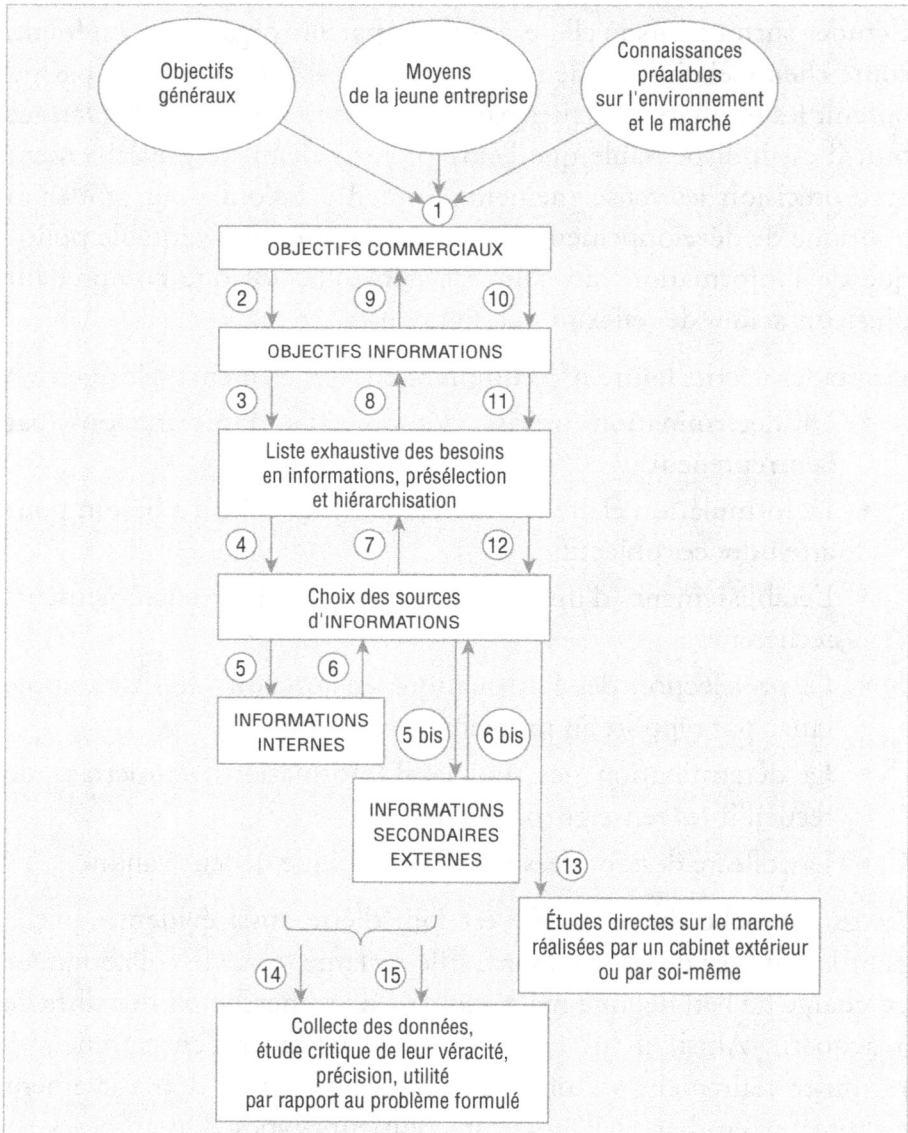

Le chargé d'étude peut largement tirer profit de l'utilisation de « check-lists » afin d'obtenir une vision exhaustive des informations recherchées. De telles « check-lists » doivent être adaptées à partir de la réalité de chaque entreprise afin de pouvoir déterminer les informations jugées indispensables pour réfléchir à l'élaboration d'une politique marketing pour le futur.

A titre d'exemple, est représentée, en encadré n°5, une « check-list » permettant d'appréhender les forces compétitives de la concurrence d'une jeune entreprise.

Encadré N° 5

Check-list pour appréhender les forces compétitives de la concurrence d'une jeune entreprise

Rubriques / Nom des concurrents	Concurrent A			Concurrent B			Concurrent C			Etc.
Évaluation	Points forts (commentaires)	Points faibles (commentaires)	Remarques (commentaires)	Points forts	Points faibles	Remarques	Points forts	Points faibles	Remarques	
I. L'organisation										
II. La politique générale adoptée par chaque concurrent										
III. La situation financière de la concurrence										
IV. Les concurrents face au marché : - parts de marché ; - image…										
V. Les actions commerciales adoptées par les concurrents concernant leurs politiques de : 1. produits et services ; 2. conditions pratiquées ; 3. distribution ; 4. force de vente ; 5. communication ; 6. après-vente ; 7. informations.										
VI. Conclusion synthèse des principales forces et faiblesses de chaque concurrent										

Le responsable de l'étude doit ensuite évaluer et classer les informations obtenues par ordre d'importance, face au problème à résoudre. Il lui faut enfin se livrer à une recherche progressive des sources disponibles et les évaluer.

C'est ainsi qu'il peut être amené à exploiter en priorité les sources lui permettant d'optimiser les trois critères de qualité/rapidité/coût de l'étude en fonction des besoins formulés. **Cette démarche le conduit à utiliser en priorité les sources internes d'informations, puis les sources dites secondaires, avant de faire appel éventuellement à la mise en œuvre d'une étude plus onéreuse.**

C'est seulement grâce à cette exploitation progressive des sources d'informations que le chargé d'étude peut véritablement optimiser le rapport :

$$\frac{\text{Efficacité de l'étude}}{\text{Coût de l'étude}}$$

Dans ce but, nous insisterons sur la recherche des différentes sources d'informations, et tout particulièrement sur celles qui sont peu onéreuses. Les organismes interprofessionnels ou officiels secondaires sont particulièrement riches en renseignements pour les sources externes nécessaires à une jeune entreprise. Le développement des sites web améliore considérablement la disponibilité de ces informations.

Le recueil, l'analyse et l'étude des données procurées par ces sources d'informations peuvent avoir deux types d'applications :

- En premier lieu, répondre aux questions posées avec l'objectivité et la précision désirées. Si le but est atteint, la question traitée peut être retirée du processus de recherche.

- En second lieu, même si l'information précise n'a pu être obtenue, le processus de recherche par itération permet de mieux cerner et de mieux définir le problème posé. C'est pourquoi nous nous permettons d'insister sur la nécessité de suivre le schéma d'élaboration d'une politique d'informations dans l'ordre des indications procurées.

Grâce à l'utilisation d'une méthodologie de recherche sérieuse, l'entrepreneur optimise le rapport précédemment cité et évite une trop large déperdition de ses efforts et de son budget.

2.2. Nature des informations nécessaires à l'éclairage d'un entrepreneur

Plusieurs types d'informations sont habituellement indispensables à l'entrepreneur pour mener une réflexion sereine sur ses futurs choix en matière de développement pour son entreprise. Lorsqu'il fait appel à des partenaires extérieurs : banquiers, « venture capitaliste », « business angels »… de telles informations lui sont souvent réclamées afin que ces derniers puissent se forger une opinion circonstanciée sur les chances de succès de la jeune entreprise confrontée aux multiples défis de son environnement.

L'encadré n°6 reproduit une synthèse des différentes informations nécessaires à titre de réflexion préalable pour un entrepreneur.

Encadré N° 6

Principales informations nécessaires à un entrepreneur afin de préparer la politique marketing de sa société

Domaine de la recherche	Types d'informations à obtenir			
	Exemples d'informations de type quantitatif	Exemples d'informations de type qualitatif	Exemples d'informations par catégories de segments	Exemples d'informations concernant l'évolution globale et par catégorie
L'environnement	Recensement des différentes contraintes (réglementaires, interprofessionnelles, juridiques…) Recensement des grandes données conditionnant le devenir de la jeune entreprise (culturelles, sociologiques, démographiques…)	Explications de ces influences. En quoi ces évolutions vont peser sur la politique de l'entreprise ?		Évolution des données à 3, 5 ans
Le marché	Sa taille comparée à la part de marché souhaitée (appréciation en quantité, CA…)	Coûts, besoins, principales motivations de ce marché…	Segmentation du marché par CSP, par taille, secteur d'activités, en fonction de critères qualitatifs	Évolution globale prévisible du marché. Évolution de chaque catégorie de segment retenu…
La distribution	Recensement et quantification des différentes formes de distribution disponibles pour l'entreprise. Le poids de chaque canal dans les ventes de produits comparables…	Les besoins, goûts, motivations des distributeurs pour travailler avec la société…	Segmentation par type homogène de la distribution…	Évolution des différents canaux de distribution…

Les prescripteurs	Recensement et quantification des principaux prescripteurs	Les besoins, goûts, motivations des prescripteurs pour conseiller l'entrepreneur	Répartition des prescripteurs par type homogène	Évolution des différentes catégories de prescripteurs. Évolution du rôle et du poids réel de leur influence
La concurrence	Recensement de la taille de la concurrence en CA, % de marché... (*cf.* « check-list » d'analyse de la concurrence)	Forces et faiblesses de la concurrence	Forces et faiblesses des différents types de concurrents...	Évolution des différents types de concurrents sur les marchés de la jeune entreprise

3. Obtenir des informations gratuites ou à faible coût

3.1 L'appel aux sources d'informations secondaires

Par sources d'informations secondaires, il faut entendre l'ensemble des informations externes que l'entrepreneur peut obtenir gratuitement ou à faible coût auprès d'organismes généraux d'informations (organismes gouvernementaux, syndicats professionnels, revues spécialisées, universités...).

Lorsqu'on parle de ces informations, quatre questions se posent immédiatement :

- Quels sont les avantages présentés par ces sources d'informations ?
- Quelles précautions faut-il prendre lorsque l'on a affaire à de telles sources ?
- Quelles sont les différentes sources d'informations secondaires disponibles ?
- Que procurent ces sources et quelles en sont les limites ?

Les principaux avantages présentés par les sources d'informations secondaires

Le principal avantage présenté par les sources d'informations secondaires provient sans doute de **leur faible coût**. Pour les obtenir, il suffit bien souvent que l'entrepreneur cotise à un syndicat ou envoie une personne rechercher les données dans un organisme connu.

Mais cet avantage fondamental n'est pas le seul. Les sources d'informations secondaires se caractérisent également par le fait de **pouvoir être obtenues rapidement**. Une étude de marché est en effet rarement réalisée avant un, deux mois, souvent plus, alors que la collecte des informations secondaires ne demande que quelques semaines.

Ces informations présentent aussi l'avantage de donner aux entreprises des renseignements parfois difficiles à obtenir par une étude de marché. Des organismes comme l'INSEE en France par exemple ou certains syndicats professionnels, peuvent obtenir plus facilement des renseignements sur le chiffre d'affaires et les bénéfices d'un concurrent, que ne l'obtiendrait une société d'études de marché. Ce cas est fréquent aux USA et le CENSUS Bureau communique des renseignements très intéressants dans ce domaine. Le problème est malheureusement beaucoup moins bien résolu en Europe, où les entreprises ont souvent tendance à se retrancher derrière une certaine « phobie » du secret professionnel. **L'utilisation d'Internet permet de disposer d'un ensemble d'informations gratuites pouvant être rapidement obtenues sur ce média**. Ce thème est plus largement développé dans notre partie consacrée à l'intérêt d'Internet et à son utilisation pour le marketing de l'entrepreneur.

Grâce à ces renseignements, il peut fréquemment infirmer certains objectifs qui apparaissent rapidement irréalistes à travers les données secondaires obtenues. Il lui est également possible d'affiner les objectifs et d'élaborer une liste précise de problèmes sur lesquels il n'a pu obtenir des renseignements nécessaires ou suffisants. Par ce moyen, il évite de payer pour des informations qu'il a pu obtenir par lui-même ; il augmente l'efficacité de sa politique des données grâce à une définition précise des besoins. Il est par exemple souvent possible, après cette analyse, d'élaborer une première segmentation du marché et de rechercher, non plus des renseignements qualitatifs et quantitatifs généraux sur la clientèle, mais seulement des données précises relatives aux segments qui semblent les plus intéressants pour l'entrepreneur. Le traitement des informations secondaires permet entre autres de préciser le questionnaire qui pourra être conçu pour une étude plus directe sur le marché, éventuellement réalisé par un étudiant.

Les précautions à prendre

Lorsque l'exactitude d'une information est incertaine, son utilisation peut faire plus de tort à une entreprise que sa méconnaissance totale. Aussi, avant d'utiliser les sources d'informations secondaires, est-il nécessaire de s'entourer de certaines précautions.

◆ Les informations doivent correspondre aux besoins de l'étude

A ce niveau, il est bon de se poser trois questions :

- Les unités de mesure utilisées par ces informations sont-elles comparables avec les unités utilisées dans l'entreprise ? Cela conduit à bien connaître les unités de mesure afin de ne pas faire des comparaisons fausses ou illusoires (comparaison d'euros constants avec des euros courants, de chiffres d'affaires hors taxes avec des chiffres d'affaires toutes taxes comprises…). Certaines données syndicales sont souvent mal définies au niveau des unités ; si tel est le cas, il importe au chargé d'étude de demander à l'organisme fournisseur des précisions sur ces dernières.

- Les définitions des classes de références sont-elles compa-rables ? C'est fréquemment un problème posé par les classes d'âge. Tel est aussi le cas de la définition du « ménage » qui est différente selon les organismes.

- Les chiffres obtenus sont-ils les plus récents ? Des chiffres trop vieux peuvent n'être d'aucune utilité ou d'une utilité très secondaire. Lorsque les chiffres procurés ne sont pas ceux de l'année même ou de l'année précédente, le chargé d'étude doit toujours se demander avant leur utilisation s'il ne peut pas obtenir des données plus récentes.

◆ Évaluer la validité des informations

Il est important de **connaître la provenance des informations col-lectées.** Le chargé d'étude doit d'abord se demander si cette dernière est une source originale ou secondaire. Dans le cas où elle est secon-daire il lui faut se procurer la source originale. Le grand avantage des sources originales est souvent d'expliquer à partir de quoi les infor-mations ont été recueillies (plan de sondage, échantillon…), il est alors possible de mesurer leur degré de validité.

Une fois réglé le problème des sources d'informations, le chercheur a ensuite à **s'assurer de leur validité ;** et surtout savoir si l'échantillon choisi est représentatif lorsqu'il s'agit d'un sondage.

Parfois, les sources originales d'informations ne communiquant pas leur échantillon, le chercheur doit enfin s'adresser à l'organisme qui a publié les statistiques pour **savoir comment elles ont été consti-tuées**. Une recherche à partir du web permet d'accélérer ce processus de validation.

◆ Évaluer l'impartialité des informations

L'impartialité des informations secondaires dépend de nombreux facteurs, parmi lesquels :

- La réputation de l'organisme ;

- Les ressources de cet organisme (expérience de son équipe de recherche, autorité et prestige sur le marché, moyens financiers qui peuvent lui permettre d'entreprendre des enquêtes sur un échantillon plus représentatif, liberté, etc.) ;

- Les buts et intérêts de l'organisme (certains organismes ont parfois intérêt à gonfler ou minimiser les résultats statistiques obtenus et par conséquent nuire à leur objectivité).

Les principales sources d'informations secondaires et leur intérêt pour l'entrepreneur

Chaque pays possède ses propres sources extérieures d'informations. Elles sont souvent négligées par les entreprises. Pourtant, elles sont fréquemment d'un apport intéressant pour celui qui veut prendre le soin de les recueillir, de les traiter et de les utiliser. **Leur coût faible ou nul fait de ce type d'informations une aide efficace pour les jeunes entreprises.** Elles constituent bien souvent le seul type d'informations disponibles pour la petite entreprise. Nous ne saurions, par conséquent, que trop insister sur l'attention que doit porter le chercheur dans une petite société à ce type d'informations. A titre d'illustration, l'encadré n°7 reproduit une synthèse des principales sources d'informations secondaires disponibles en France à l'échelon national et régional. L'utilisation d'Internet constitue une aide de premier plan pour l'entrepreneur désirant obtenir rapidement et sans déplacement ce type de renseignements.

Encadré N° 7

Exemple non exhaustif de sources d'informations secondaires concernant le marché français

Sources officielles d'ordre général

Exemples :

INSEE (Institut national de la statistique économique européenne),

CREP (Centre de recherche économique sur l'épargne),

CERC (Centre de recherche et de documentation sur la consommation),

CREDOC (Centre de recherche et de documentation sur la consommation),

DATAR (Direction de l'aménagement du territoire),

INED (Institut national d'études démographiques),

CNCE (Centre national du commerce extérieur),

DGD (Direction des douanes),

CRDS (Centre renseignements statistiques douanières)…

Sources ministérielles

Ministères :

de l'Industrie et du Commerce,

de l'Economie et des Finances,

de l'Emploi et de la Cohésion sociale,

de l'Agriculture,

Commissariat Général du Tourisme…

Organismes internationaux

ONU,

BIT,

BIRD,

OCDE,

CEE…

Organisations professionnelles

Organismes divers parapublics et privés

Annuaires, bottins, guides, publications économiques et financières, revues diverses

Universités et grandes écoles (recherches, thèses, rapports de stage…)

Sources régionales et locales : mairies, chambres de commerce et d'industrie, établissements régionaux d'enseignement supérieur, entreprises de transport urbain, direction de la documentation fiscale, promoteurs immobiliers…

3.2. Recueil direct d'informations sur le marché

Le recueil direct d'informations sur le marché est souvent difficilement accessible à l'entreprise en création pour des raisons évidentes de coût. Cette réalité l'oblige à se livrer à des recherches indirectes. Ces dernières, tout en n'ayant ni la fiabilité ni l'objectivité des classiques études de marché lui permettent tout de même d'augmenter son information dans des conditions acceptables. Face à ce problème, l'entrepreneur est généralement confronté à deux types de problèmes :

- Se débrouiller pour faire une enquête par ses propres moyens ;
- Rechercher des méthodes indirectes permettant de recueillir des informations sur le marché sans être obligé d'entreprendre une coûteuse enquête à partir d'un vaste échantillon.

Se débrouiller seul pour réaliser des études directes auprès de la clientèle

Lorsque la jeune entreprise a déjà commencé à avoir une activité ou des relations diverses avec son marché ou ses réseaux de distribution, elle peut recueillir un ensemble d'informations précieuses auprès des clientèles susceptibles d'être intéressées par ses offres. Le type d'étude consiste par exemple à interroger les clients sur le lieu de vente.

Ces études sont assez fréquemment pratiquées par les entreprises ayant un contact direct avec leur clientèle ; notamment les entreprises de distribution (supérette, commerçant…) ou de service (hôtel, restaurant...). Les enquêtes sont réalisées dans les points de vente. Ce type d'études peut également se pratiquer à partir d'un fichier clientèle. Il est parfois élargi à la clientèle potentielle à l'occasion d'un salon ou d'une foire exposition, lors de la visite d'un stand...

Il n'est généralement pas nécessaire de faire appel à un spécialiste pour mener à bien de telles études. Néanmoins, il peut être utile, dans certains cas, de solliciter des conseils sur le libellé du questionnaire, et éventuellement de faire venir un étudiant pour poser les questions sur le terrain.

Les limites de l'enquête auprès de la clientèle résultent du fait qu'elle est réalisée sur place, dans les lieux de distribution. Seuls, des clients actuels suffisamment intéressés pour s'être déplacés, sont interrogés. On n'obtient pratiquement aucun renseignement sur la clientèle potentielle, sauf dans les très grandes unités où ils ne constituent qu'une fraction de la clientèle des points de vente. Les clients étant interrogés sur place, l'interview doit être brève. Ceci conduit à utiliser un questionnaire fermé.

Si un tel instrument est bien adapté pour le recueil de données factuelles (profil socio-économique et démographique du client, taux de satisfaction, conditions de venue au point de vente...), il se prête, par contre, assez mal à l'étude des motivations.

L'élaboration préalable d'un questionnaire pertinent constitue une condition de succès

S'il veut que son enquête donne de bons résultats, l'entrepreneur doit impérativement utiliser une bonne méthodologie dans l'élaboration, la passation et l'exploitation du questionnaire (figure n°4).

**Figure n°4 : Méthode de réalisation d'une enquête directe
par questionnaire pour un entrepreneur**

- **- 1 -**
  DÉFINITION DES INFORMATIONS RECHERCHÉES

- **- 2 -**
  DÉTERMINATION DES QUESTIONS À POSER

- **- 3 -**
  RÉDACTION DU QUESTIONNAIRE

- **- 4 -**
  PRÉ-TEST ET MODIFICATIONS ÉVENTUELLES DU QUESTIONNAIRE

- **- 5 -**
  RÉALISATION DE L'ENQUÊTE :
  INTERVIEW À PARTIR DU QUESTIONNAIRE

- **- 6 -**
  EXPLOITATION DES RÉSULTATS

La méthodologie comprend six principales phases commentées ci-après :

La **définition des informations recherchées** : un enquêteur, souvent un étudiant, ne peut réaliser un bon travail que si l'entrepreneur définit précisément ce qu'il veut savoir. L'utilisation de « check-lists » globales l'aidera à dresser une liste exhaustive des informations qu'il aimerait obtenir dans le cadre précis de cette étude.

La **détermination des questions à poser** constitue une autre difficulté. A ce niveau, il s'agit de définir les types d'informations à rechercher pour que les données collectées apportent une réponse aux questions posées.

Le problème est plus ou moins complexe suivant les buts de l'étude.

Si on cherche à mieux connaître la clientèle, on voit assez facilement quelles sont les questions à poser : questions sur les caractéristiques des personnes interrogées, âge, sexe, catégorie socioprofessionnelle, niveau des revenus, questions sur l'occasion de la venue au point de vente, et sur les raisons d'achat du produit…

S'il s'agit de mesurer le taux de satisfaction des clients, la rédaction des questions est moins évidente. On peut demander aux clients de se situer sur une échelle de satisfaction allant de « très mécontent » à « très content » avec un nombre variable d'échelons intermédiaires. Toutefois, l'information recueillie ne sera pas très satisfaisante dans la mesure où on n'aura aucune indication sur les motifs du contentement ou de mécontentement. Il est donc recommandé de mesurer la satisfaction du client non seulement d'une manière globale, mais encore sur tous les points susceptibles d'engendrer plaisir ou mauvaise humeur : qualité du service ou du produit, niveau des prix, ambiance de la distribution, qualité de l'après-vente…

La **rédaction du questionnaire** : cette rédaction constitue une opération difficile surtout pour un rédacteur occasionnel.

Il faut prêter attention à la formulation des questions, à la dynamique et à la longueur du questionnaire. L'expérience et la pratique jouent en la matière un rôle essentiel. On peut néanmoins formuler quelques recommandations :

- **Adopter un langage compréhensible** par tous, ne pas hésiter à recourir aux tournures du français parlé ;

- **Éviter toute question appelant avec une forte probabilité une réponse erronée ou biaisée**, soit que l'effort de mémorisation imposé à l'interviewé est trop important, soit que la question est une véritable « incitation à mentir » ;

- **Ne pas mettre les questions trop indiscrètes en début de questionnaire** (questions relatives à l'âge ou au salaire de l'interviewé, par exemple) ;

- **Organiser le questionnaire.**

Pour susciter et maintenir l'intérêt de la personne interrogée, **le questionnaire doit** lui **apparaître comme un ensemble cohérent** ayant sa logique interne. **Il commence par des questions générales** permettant une introduction progressive du sujet étudié et amenant l'interviewé à s'y intéresser. **La réponse aux premières questions doit être facile** pour que le répondant apprenne la tâche qui lui est demandée et prenne conscience de sa capacité à la remplir. On posera ensuite des questions plus spécifiques. **Le centrage progressif est appelé technique de « l'entonnoir »** (passage d'un cercle large à des cercles plus étroits). L'approche peut être inversée dans le cas où on poserait des questions précises sur les caractéristiques d'un produit. Pour faciliter la perception de la logique du déroulement du questionnaire par la personne interrogée, on introduit des phrases de liaison entre les parties principales.

Le pré-test et la modification éventuelle du questionnaire : le questionnaire doit être testé auprès d'un échantillon limité de personnes pour voir si les questions sont correctement formulées et si la durée de l'interview est acceptable.

La réalisation de l'enquête par oral ou par écrit, sur le web auprès des internautes, et la rédaction du rapport de synthèse.

L'exploitation des résultats.

3.3. Utilisation de méthodes indirectes permettant d'obtenir des informations pertinentes en engageant des études à moindre coût

Les informations sur la clientèle finale obtenues à partir d'interviews de vendeurs multicartes : exemple d'une approche « business to business » ou d'entreprise à entreprise destinée à connaître les processus de décision d'achat

Une PME n'ayant pas les moyens de s'adresser au marché peut tirer profit d'une synthèse de connaissances obtenues à partir de l'expérience de commerciaux habitués à travailler régulièrement avec certains types d'entreprises ou secteurs d'activités. L'objectivité des informations dépend largement de l'intérêt des vendeurs à communiquer la réalité sans la transformer en leur faveur. Tel est en particulier le cas lorsque la société cherche à **connaître les processus de décisions conduisant à l'achat de ses produits ou services.** Il s'agit plus spécifiquement de savoir : **qui dans l'entreprise décide réellement de l'achat de la catégorie de produits ou services proposés ? Qui influence cette décision ? Quels sont les différents critères de prise de décision** (critères techniques, financiers, de prestige…) ? Comment ces critères risquent-ils de varier en fonction des segmentations possibles des entreprises (taille, ancienneté, secteur d'activités…) ? Pour répondre à ce type de besoins le dirigeant de la société LOGITECH PERFORMANCE[1] a réussi à réunir, lors d'une demi-journée de réflexion suivie d'un bon repas, une vingtaine de technico-commerciaux multicartes, spécialisés dans la vente de logiciels de bureau auprès des entreprises, intéressés à la commercialisation de son produit. De surcroît, un cadeau significatif était proposé à chaque vendeur acceptant de participer à la séance. L'encadré n°8 reproduit cette expérience.

---

1. Le nom a été volontairement démarqué ; toute ressemblance de ce nom avec celui d'une société existante ne serait que pure coïncidence.

La connaissance des processus de décision d'achat des clients finaux à partir de l'expérience des commerciaux

Le cas LOGITECH PERFORMANCE

La société LOGITECH PERFORMANCE, fondée en avril 2002, s'est spécialisée dans la vente de logiciels performants destinés à la bureautique. Ils ont été conçus aux États-Unis et réadaptés pour le marché français. La société commercialise ses produits par l'intermédiaire d'un réseau constitué par 50 représentants multicartes, répartis sur l'ensemble du territoire français dans les principales villes. Les vendeurs sont pour la plupart spécialisés dans la commercialisation de matériels et de mobilier de bureau destinés aux entreprises. Désirant obtenir rapidement des informations sur la manière dont les entreprises clientes conduisent leur politique d'achat, n'ayant ni le temps ni les moyens de faire réaliser une étude directe auprès des clients, son dirigeant, Monsieur Marc TROUILLOT, décide de réunir les vendeurs volontaires. Vingt multicartes acceptent de participer à une réunion d'une demi-journée. L'objet de cette rencontre consiste à dresser une synthèse provenant des expériences partielles des 20 commerciaux, et de la reproduire sur une matrice destinée à formaliser le processus de décision d'achat de ce type de logiciels. A partir d'un débat avec les vendeurs, Monsieur Marc TROUILLOT peut élaborer une matrice globale, figure n° 5, mais aussi des matrices segmentées destinées à analyser les variations au niveau des processus et des intervenants internes à la décision d'achat selon les différents critères de segmentation pertinents. L'interview collective a permis de distinguer **quatre phases et six types d'intervenants** dans l'acte d'achat des logiciels. L'enquête repose sur un échantillon de 110 entreprises connues par les 20 commerciaux participant au débat.

• **La formulation du besoin** : c'est la prise de conscience d'un besoin, qu'il soit issu de la nécessité de renouveler un logiciel ou de la volonté de créer un poste qui exige de nouveaux logiciels ;

• **Le contrôle du besoin** : c'est la phase de vérification de l'existence réelle du besoin exprimé ;

• **L'instruction du dossier** : elle répond à la question : « *Comment le besoin pourrait-il être satisfait ?* » Elle réclame une recherche systématique d'informations, d'abord au sein de l'entreprise (on voit comment les autres services ont procédé), puis à l'extérieur (littérature professionnelle, documentation distribuée lors de foires, fournisseurs habituels…). La constitution du dossier se poursuit avec l'évaluation des propositions des fournisseurs, qui fait intervenir une appréciation technique s'appuyant souvent sur des essais ;

- **La décision financière** : elle représente l'autorisation d'investir dans l'achat des logiciels choisis.

On peut aussi distinguer une **cinquième phase** qui constitue une sorte d'**évaluation post-achat** permettant à l'utilisateur de vérifier si le logiciel acquis correspond, lors de son exploitation, aux exigences demandées.

Les décideurs
- *la Direction générale,*
- *la Direction financière,*
- *la Direction de l'informatique,*
  ou tout simplement *un ingénieur* qui fera signer un bon d'achat à son supérieur hiérarchique dans le cadre du budget qui lui est annuellement alloué.

L'enquête montre qu'il y a souvent, **dans les grandes organisations, six personnes au moins impliquées dans le processus d'achat :** l'utilisateur de l'équipement acheté, le chef de service de l'utilisateur, le chef des services administratifs, le responsable des achats, le représentant de la direction générale et le chef du service organisation, d'autres directions et en particulier celle de l'informatique.

De manière générale, ces intervenants peuvent être regroupés en trois catégories :

Les utilisateurs
- *le service production dans une usine,*
- *la secrétaire dans un bureau...*

Les prescripteurs
- *le chef de service des utilisateurs,*
- *le bureau d'ingénierie,*
- *le service organisation...*

Les acheteurs
- *le service achats...*

**Figure n° 5 : Tableau représentatif du processus d'achat
des machines de la Société LOGITEC-PERFORMANCE**

Diff...... au cours du processus	1e phase Formulation du besoin		2e phase	3e phase Instruction du dossier			4e phase
	Besoin de renouvellement	Besoin pour création de poste	Contrôle du besoin	Recherche d'information	Évaluation des fournisseurs	Décision technique	Décision financière
Utilisateur	33		2	2	3	3	3
Chef de service	28	12	23	17	14	23	9
Chef de service administratif	3	2	16	8	8	10	13
Service achats	5	4	25	44	43	30	23
Direction générale		4	25	44	43	30	23
Service organisation	1	1	6	6	7	7	5
Autre, principalement Direction de l'informatique	5	5	12	11	11	17	19

NB : *Le tableau indique le poids respectif des divers intervenants selon les phases. Le chiffre 44 (4e colonne) signifie que, sur l'ensemble des cas rencontrés, le service achats a joué 44 fois un rôle prépondérant dans la recherche d'informations qui constitue l'un des volets de la 3e phase dite d'instruction du dossier.*

Le choix est délicat. On est souvent tenté de considérer la personne la plus active, celle que l'on rencontre le plus fréquemment à tel ou tel stade, comme la personne ayant le plus de poids dans la décision, or cela est souvent faux. Dans toutes les entreprises, il existe ce qu'on pourrait surnommer des « centres de décision non apparents ». Dans le cas qui nous intéresse, ce peut être aussi bien un haut personnage qu'un employé situé à un poste stratégique : un contremaître pour l'achat d'une machine-outil, un camionneur lors de l'acquisition d'un semi-remorque...

La lecture du tableau figure n°5 est simple : les phases du processus d'achat sont visualisées en colonnes, tandis que les lignes correspondent aux intervenants.

A l'intersection des lignes et des colonnes apparaissent les pondérations. On voit par exemple que, lors de la phase « recherche d'informations », le service achats tient un rôle de premier plan dans la plupart des sociétés citées, il reçoit la pondération 44, alors que l'intervenant suivant, le chef de service, n'obtient que 17 citations.

Le poids de l'utilisateur ne se manifeste que dans la seule phase de la formulation du besoin.

La direction générale n'intervient d'une manière effective qu'au niveau de la décision financière. Autrement dit, elle approuve par sa signature du bon d'achat une décision qu'elle n'a pas, en général, contribué à élaborer. Il en va de même pour la direction de l'informatique.

Le service achats assume une charge majeure dans la recherche d'informations et l'évaluation des fournisseurs. Il a donc une fonction prépondérante en tant que « préparateur de décision ». En revanche, comme « preneur de décision », son rôle lui est disputé par le chef du service utilisateur.

Afin d'avoir une vision plus claire du problème, la société LOGITECH-PERFORMANCE décide de réaliser des tableaux comparables au tableau figure n° 5, pour cinq catégories de tailles d'entreprises clientes et pour six secteurs d'activités auxquels appartenaient ces mêmes entreprises clientes. Ces informations lui permettent de mieux comprendre les réactions des acheteurs de ses produits dans les entreprises, de définir des cibles prioritaires de prospection, d'informer les vendeurs sur le processus d'achat qu'ils risquent de rencontrer, et d'orienter la publicité informative en conséquence.

Selon l'avis même de Monsieur Marc TROUILLOT, grâce aux informations obtenues à très faible coût par cette méthode, l'entreprise a pu augmenter en moins d'un an, de 30 % l'efficacité de sa force de vente de multicartes, et de 50 % celle de son « mailing[2] » et de ses contacts Internet.

Des processus d'analyse comparables ont été mis en œuvre dans différentes PME (sociétés d'intérim, centres de formation, sociétés de conseil, agences de communication sur Internet...) dont la clientèle est essentiellement composée d'entreprises. Dans une très large majorité de cas, les résultats opérationnels obtenus sont considérés comme satisfaisants par les dirigeants, et excellents lorsqu'ils sont comparés au budget de recherche investi.

---

2. Mailing : publicité par lettre.

Les informations sur la clientèle finale obtenues à partir d'une enquête auprès de distributeurs : exemple d'une approche visant la clientèle des consommateurs

Une importante difficulté rencontrée par les entrepreneurs est d'appréhender les goûts, besoins et attentes de la clientèle des consommateurs particuliers. Les études quantitatives réclament des échantillons importants en face-à-face, par téléphone, ou sur Internet, dont l'utilisation se situe bien souvent en dehors des possibilités de la jeune entreprise. Les études qualitatives pour leur part sont souvent lourdes à mener si le dirigeant n'a pas la capacité de les conduire par ses propres moyens.

Un procédé est souvent utilisé. Dans le même état d'esprit que l'approche précédente, il consiste à réaliser une synthèse des besoins à partir d'une enquête auprès de personnes en relation constante avec la clientèle recherchée. La méthode pour effectuer une étude auprès de distributeurs connaissant bien les avis, attentes et opinions des clients finaux, est illustrée à partir du cas BRILLCAR dans l'encadré n°9.

Encadré N° 8

Obtention d'informations sur la clientèle des consommateurs à partir d'une étude indirecte auprès de distributeurs spécialisés

Le cas BRILLCAR[3]

Monsieur LIPINCOT[4], ancien dirigeant d'une importante société fabriquant des produits d'entretien pour automobiles décide de changer de vie, de prendre une retraite anticipée à 55 ans et de s'installer dans une île des Caraïbes : l'île des Boucaniers. Pour cela, il entreprend de créer une entreprise, la société BRILLCAR destinée à importer et commercialiser des cires automobiles à forte protection à destination de l'entretien des voitures. Le climat dans l'île des Boucaniers est

---

3. Tiré du « cas Brillcar », document HEC 2002, auteur Michel BADOC.
4. Nom démarqué.

rude : soleil, poussière, sel marin… ce qui entraîne une corrosion accélérée des véhicules. Pressé de prendre une décision et n'ayant pas les moyens de réaliser une étude de marché directement auprès de la clientèle, M. LIPINCOT choisit d'interroger un échantillon de 35 garagistes et distributeurs de produits d'entretien automobile. Le marché étant jusqu'à présent verrouillé par les grossistes et tenu par trois grandes marques travaillant exclusivement avec eux, il a besoin de connaître ses chances de pouvoir distribuer directement ses cires par ces intermédiaires en court-circuitant le canal traditionnel des grossistes… Pour cela il souhaite connaître :

- Le pouvoir réel de prescription des garagistes et accessoiristes auprès des clientèles lors de la vente de cire pour automobiles. Le client a-t-il une marque en tête ou demande-t-il conseil au distributeur ?

- Si ces derniers, seraient disposés à acheter ses produits en direct et à quelles conditions de prix et de remises.

- Le niveau d'intérêt envers une cire haut de gamme fortement protectrice à un prix plus élevé.

Les résultats de l'enquête s'étant révélés positifs, M. LIPINCOT décide de créer à partir d'une cire chère de très grande qualité, une marque de produits haut de gamme efficace d'entretien pour l'automobile sur le marché de l'île.

Les résultats de ses études ajoutés à ses propres convictions lui permettent de convaincre trois « business angels » qui acceptent d'apporter des fonds pour le lancement et d'obtenir des conditions importantes de la part de son fournisseur.

Son succès est foudroyant. En un an, sa société dépasse 16 % de parts de marché et en trois ans BRILLCAR devient la marque leader des produits d'entretien automobile de haute qualité sur l'ensemble de l'île mais également sur les îles voisines.

Dix ans après, M. LIPINCOT décide de revendre son entreprise à un prix particulièrement intéressant, non communiqué. Depuis il coule avec son épouse des jours paisibles, réalisant son rêve de passer la moitié de l'année à faire du bateau au soleil. A l'occasion il invite ses trois « business angels » avec lesquels il a gardé d'excellentes relations d'amitié.

L'enquête directe auprès de la clientèle

L'entrepreneur a aussi la possibilité de s'adresser directement au client final pour obtenir des informations. Il s'agit le plus souvent de renseignements de type qualitatif.

Parmi les méthodes les plus utilisées on notera : **l'écoute client** et le « **focus group** ».

La première méthode consiste à aller s'entretenir directement avec une vingtaine de clients pour obtenir leurs avis sur certaines hypothèses intéressant l'entrepreneur. La tâche préparée à partir d'un questionnaire léger peut être répartie entre les différents collaborateurs de la jeune entreprise.

La seconde méthode consiste à réunir un échantillon limité de clients appartenant aux cibles visées et, avec l'aide d'un psychologue développant des qualités d'animateur, de les faire parler de l'idée ou du produit d'une manière exhaustive et non directive. Cette méthode qui permet d'analyser les réactions des personnes concernées est souvent riche en informations. Elle fait éviter des erreurs dans les différents domaines de la politique marketing. Elle est connue sous le nom de groupes de travail ou de « Focus Group ».

Lorsque le nombre d'informations est limité, telle par exemple, la perception d'un prix psychologique d'acceptabilité, d'un délai… une enquête rapide peut être menée par le dirigeant en personne auprès d'un échantillon restreint. Nous étudierons cette technique dans notre partie consacrée à la détermination du prix des produits et services proposés par l'entreprise.

L'essentiel à retenir
pour la mise en pratique au quotidien

✔ La connaissance des marchés est aussi indispensable à la petite qu'à la grande entreprise.

✔ La politique d'informations permet à l'entrepreneur de mieux photographier et anticiper son environnement, ses marchés, sa concurrence. Cet éclairage le conduit à prendre des décisions plus rationnelles.

✔ La politique d'informations doit toujours commencer par une stratégie conduisant l'entrepreneur à définir avec précision ses besoins.

✔ Étant donné ses moyens limités, la politique d'informations dans une jeune entreprise doit être progressive : commencer par les sources d'informations extérieures gratuites, définir des hypothèses précises pour limiter l'investigation, faire appel à des méthodologies indirectes souvent peu coûteuses (études à partir des fichiers, de la force de vente, des canaux de distribution, utilisation d'enquêtes qualitatives menées par l'entrepreneur et ses collaborateurs, appel à des étudiants stagiaires bien encadrés, recherches d'informations sur Internet…).

3

UTILISATION DE L'INFORMATION PAR L'ENTREPRENEUR, CLÉ DE LA RÉUSSITE POUR UNE JEUNE ENTREPRISE

1. Anticipation des besoins et « *benchmarking* » afin de rechercher des idées innovantes pour créer et développer une entreprise

1.1 Le rapprochement des produits et services avec le marché

L'idéal pour les entreprises est de rapprocher autant que possible les avantages présentés par leurs produits ou services et les attentes des clients.

Toutefois, comme le montre la figure n° 6, cette corrélation est souvent imparfaite.

**Figure n°6 : La rencontre des produits
avec les besoins du marché**

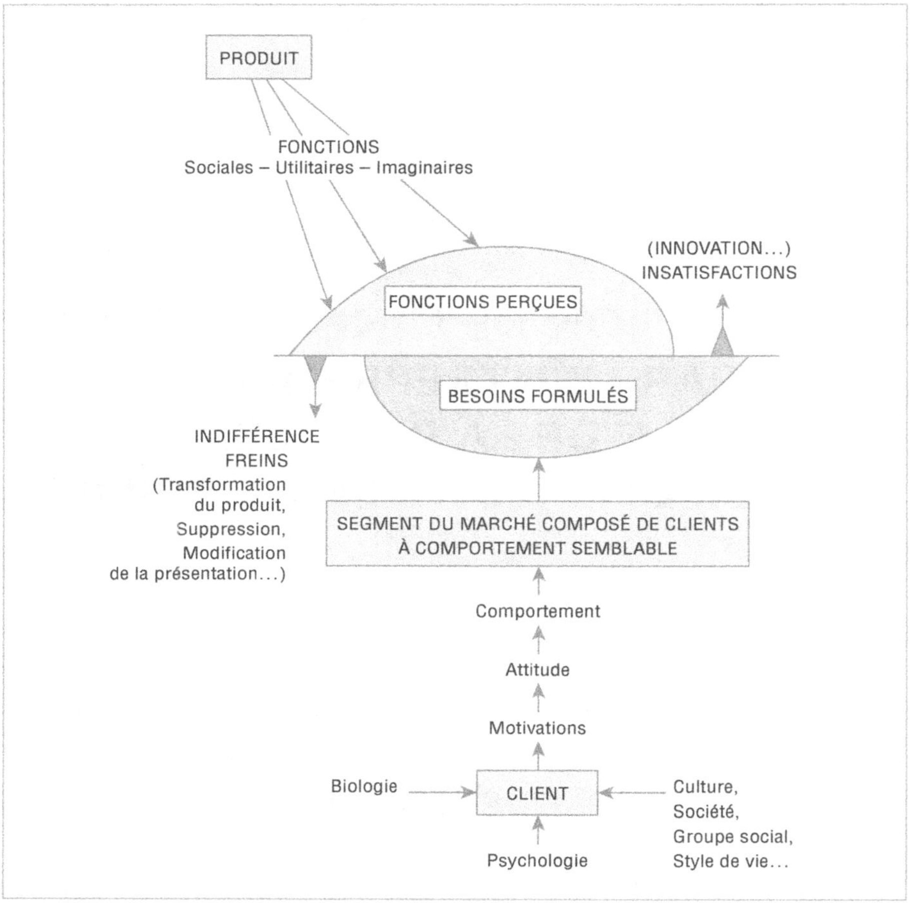

- Les avantages présentés par les produits ou services proposés ne rencontrent plus les besoins du marché. Les clients sont insatisfaits. Si l'entreprise veut continuer à se développer, elle doit, soit trouver de nouveaux produits et services mieux adaptés, soit songer à repositionner ses gammes actuelles.

- Les besoins formulés par le marché ne rencontrent pas de produits ou de services permettant de les satisfaire. Ces attentes constituent des créneaux pour l'innovation ou la diversification permettant aux entrepreneurs de positionner une gamme nouvelle de produits ou de services.

Le créateur d'entreprise doit s'efforcer de trouver des créneaux qui formeront une source pour des idées pertinentes.

1.2   La recherche d'idées créatives

La recherche d'idées créatives constitue la première tâche d'un entrepreneur. Les sources de réflexion fondées sur l'information préalablement recueillie sont multiples. Les plus utilisées sont :

1.2.1   L'analyse des besoins des marchés actuels

Une bonne analyse des comportements des marchés actuels permet parfois de déceler des besoins non satisfaits par les sociétés du secteur permettant la création d'entreprises. Le besoin de payer moins cher ses produits alimentaires a été dans les années 1960-70 une source importante d'idées créatives pour des entrepreneurs dans la distribution. Des noms d'entreprises devenus célèbres comme LECLERC, CARREFOUR, AUCHAN... sont l'émanation de créateurs avisés. Dans l'ensemble des secteurs d'activités, surtout lorsqu'ils sont détenus par des sociétés traditionnelles, existent des besoins insatisfaits de clients pouvant conduire à la création et au développement d'entreprises créatives. L'encadré n°10 illustre quelques exemples dans ce domaine.

Encadré N° 10	Création d'entreprises à partir des besoins non satisfaits des marchés actuels
DYSON	Aspirateur sans sac
ANTIX	Proposition de brocante à prix cassés présentée en grande surface.
SYNCHRONIX	Réponse au besoin d'accélération de transferts de données.
VERGNET	Réponse au besoin d'avoir des pompes à eau solides, faciles à entretenir, notamment pour les pays en voie de développement en utilisant les éoliennes.
JALATTE	Réponse au besoin d'avoir des chaussures de protection de haute qualité pour les ouvriers travaillant sur les chantiers.
BOURGOGNE & GRASSET	Réponse au besoin de se prémunir contre la fraude dans les casinos à partir de la création de jetons inviolables.
MDS	Répondre aux besoins d'expérimentation de produits pharmaceutiques sur l'homme

Les sources de création peuvent émaner de la volonté de répondre à des besoins divers à travers la proposition de politiques adaptées visant : l'offre, le produit / service, la distribution, le prix, la communication...

✓ *Être opportuniste...*

Lorsque, dans un secteur professionnel, l'ensemble de la concurrence se conduit de la même manière, des possibilités de trouver des créneaux différenciateurs apparaissent fréquemment pour un entrepreneur-créateur.

1.2.2 L'anticipation des besoins des marchés

Un autre type d'idées pour la création d'une société consiste à proposer une offre anticipant les besoins futurs d'un marché. Les sources sont multiples : analyse de l'évolution des styles de vie et préoccupations des populations ou des entreprises ; prévisions des conséquences issues de l'apparition de nouvelles réglementations, « benchmarking »[5] de pratiques originales recensées à l'étranger... Une étude attentive des changements au niveau de l'environnement, une recherche d'expériences réussies dans des pays avancés tels que les États-Unis, la Grande-Bretagne, l'Allemagne... peuvent constituer d'intéressantes voies d'inspiration pour un créateur. L'encadré n°11 reproduit quelques exemples destinés à illustrer ces propos.

Encadré N°11

Création d'entreprise fondée sur l'anticipation des besoins des marchés du futur

L'anticipation des besoins du futur peut concerner des domaines spécifiques à une jeune entreprise souhaitant évoluer dans un créneau particulier. Ainsi, la société PELTZ (matériel d'escalade, de spéléologie et de sécurité) demande à son personnel choisi en fonction de son intérêt pour la pratique de ces loisirs d'être à l'écoute permanente des nouveaux besoins qui apparaissent dans ce domaine, liés aux difficultés rencontrées par les sportifs...A partir de ces informations, elle s'efforce d'anticiper les besoins en proposant des matériels plus pratiques et performants.

Il en est de même pour la société BABOLA qui s'informe en permanence sur les nouveaux besoins des sportifs.

L'anticipation, source de création d'entreprise peut concerner l'ensemble d'un secteur d'activités. Nous choisirons deux domaines particulièrement propices à la création :

L'anticipation des besoins liés au développement d'Internet

Il s'agit probablement de la plus importante source de création de « start-up ». Tout le monde connaît le succès foudroyant des jeunes entreprises américaines, parfois créées par des étudiants dont certaines dépasseront en quelques années la capitalisation boursière de COCA-COLA. Des noms comme AOL, YAHOO, AMAZON, E. TRADE, GOOGLE... ont fait rêver de nombreux entrepreneurs en puissance. Bernard ARNAULT, le célèbre patron de LVMH, a investi une partie de sa fortune dans plusieurs « start-up » reliées à l'Internet, parmi lesquelles E. COLLECTOR (enchères en ligne), DATEK (courtage boursier en ligne), BOO.COM (vente de vêtements de sports en ligne), E. BAY (bourse en ligne) mais aussi de LIBERTY SURF COM, WINE AND CO... Il en va de même pour François PINAULT. La création de « start-up » émanant

---

5. Analyse approfondie des offres et pratiques de sociétés performantes dans un secteur.

d'Internet intéresse un nombre accru de créateurs indépendants. L'éclatement de la bulle Internet a limité beaucoup de projets en calmant les ardeurs inconsidérées de certains investisseurs. Après une période d'accalmie, le développement des adhésions au web risque d'être à nouveau une source importante de création d'entreprises au cours des prochaines années.

L'anticipation des besoins liés à l'attrait pour l'environnement, la nature, le bio…

Un des plus importants succès dans ce domaine semble être celui de PATAGONIA fondé aux États-Unis par Yvon CHOUINARD, ou encore de NATURE ET DECOUVERTE. Un nombre important d'entreprises se créent en Europe pour anticiper cette tendance. En France, l'anticipation de l'intérêt envers le bio a donné lieu à la création de sociétés aussi différentes que LE GOUT DE LA VIE (démocratisation de la vente de produits bio dans les rayons des grandes surfaces), INSTITUT VITAL (gélules aux plantes et céréales bio vendues en hypermarchés), ODJI (première chaîne de fast-food entièrement bio), LA BRASSERIE DU CORNADOU (bières biologiques)…

1.2.3 L'ouverture de nouveaux marchés à partir d'une révélation de besoins permis par l'apparition d'une technique ou technologie nouvelle

Le cas le plus fréquent vient de l'imagination d'un inventeur qui crée un produit ou un service nouveau. De nombreux ingénieurs sont à la base de la création d'entreprises célèbres. L'encadré n°12 nous relate certaines de ces expériences.

Encadré N° 12

Création d'entreprises à partir d'inventions technologiques

Dans l'ensemble des secteurs industriels, des techniciens éclairés créent des entreprises à partir d'une innovation « géniale ». De très nombreuses inventions « majeures » n'ont pas été le fait de laboratoires appartenant à de grandes sociétés mais de créateurs imaginatifs. Elles touchent l'ensemble des domaines d'activités de COCA-COLA (Azaak ANDLER) à l'aviation (Serge DASSAULT) en passant par la célèbre puce (MORENO).

A l'heure actuelle, deux domaines d'invention en dehors d'Internet sont particulièrement propices à la création d'entreprises : les logiciels et la biologie.

Le domaine des logiciels est, depuis MICROSOFT, une source permettant la création de multiples sociétés relativement récentes ayant connu un succès parfois foudroyant : SAP, ORACLE, BUSINESS-OBJECTS... Il est aussi à la base d'entreprises plus modestes, créant ou adaptant des logiciels dans des domaines spécifiques à l'image d'INFLUE (logiciels d'EDI et d'ECR (Effective consumer response) entre la grande distribution et les fabricants.

Un autre domaine de création pour le nouveau millénaire est celui des biotechnologies. Des entreprises telles que HYBRIGENICS (protéines à usage pharmaceutique), PROTEUS (bactéries « extrèmophiles »), GENSET et TRANSGENE (génome humain)... font partie de ces espoirs.

Un important problème pour ces inventeurs consiste d'abord à savoir protéger leurs idées, ensuite à pouvoir les exploiter. Il n'est pas rare de constater que l'inventeur génial d'une idée n'a pas toujours été celui qui a su la développer. L'acquisition du « savoir-faire » marketing lui sera très utile.

En dehors des idées propres d'un inventeur, l'apparition de nouvelles technologies majeures, même lorsqu'elles sont initiées par d'importantes sociétés, suscitent de multiples applications complémentaires innovantes permettant la création de sociétés. Le développement des logiciels et autoroutes de l'information a permis, tant aux États-Unis qu'en Europe, un bouillonnement d'idées originales, source de multiples créations de « start-up ». Quelques-unes d'entre elles ont atteint une taille importante en à peine quelques années.

2. Évaluation marketing de la faisabilité de l'idée

2.1. Interrogation fondamentale pour évaluer la faisabilité marketing de l'idée

L'évaluation marketing de la faisabilité commerciale de l'idée constitue un indispensable complément à celle de sa faisabilité technique.
Pour le créateur il s'agit d'appréhender les chances de réussite de son
idée en lui permettant de répondre à cinq importantes questions :

- L'intérêt des clients choisis pour développer l'idée est-il réel ?

- Le nombre de clients intéressés est-il suffisant pour permettre
  un amortissement des investissements engagés ?

- L'intérêt pour l'idée correspond-il à une mode passagère ou, au
  contraire, est-il durable ?

- Combien de temps risque de mettre la concurrence pour réagir efficacement ?

- Comment puis-je informer et rencontrer valablement la clientèle cible choisie pour développer une entreprise viable à partir
  de cette idée et en combien de temps ?…

La réponse à la première préoccupation émane largement de la pertinence des informations obtenues par les études décrites dans le
précédent chapitre. Les mêmes études peuvent également être riches
d'informations pour évaluer les possibilités de réaction de la concurrence. Elles permettent, aussi, d'obtenir des idées pour informer et
atteindre les marchés recherchés.

L'évaluation de la rentabilité prévisionnelle de l'idée émane d'une
confrontation entre le budget, le compte d'exploitation prévisionnel
issu du « business plan » et les potentialités des marchés choisis ainsi
que leur évolution prévisionnelle.

2.2. Évaluation du marché potentiel pour permettre à l'idée de se développer

Il s'agit pour le créateur d'évaluer la taille, la valeur et la part de marché potentiel nécessaire pour rentabiliser les investissements. Il doit calculer le chiffre d'affaires indispensable afin d'atteindre le point mort et réaliser un retour sur investissements attractif pour ses partenaires financiers.

L'encadré n°13 montre, à partir du cas GRUNBERG, une approche utilisée pour évaluer le marché potentiel nécessaire au lancement d'un produit permettant la création d'une entreprise.

Encadré N° 13

Marché potentiel, point mort et rentabilité des capitaux investis

Le cas GRUNBERG

a. Le calcul du point mort

Le point mort est le niveau d'activité auquel l'entreprise ne réalise ni bénéfices ni pertes. Le seuil d'équilibre s'apprécie en termes de :

– quantités à vendre,

– chiffre d'affaires,

– mois d'activité.

Le point mort est atteint lorsque les recettes de l'entreprise couvrent les frais fixes et les coûts variables. Cela revient à dire qu'à ce point, la marge totale sur coût variable est égale au montant des frais fixes. Le point mort, exprimé en nombre d'unités, est donc égal à la division de l'ensemble des frais fixes par la marge sur coûts variables (c'est encore la contribution unitaire aux frais fixes et aux profits). Son calcul se matérialise par les formules qui suivent et sa représentation par la figure n°7.

$$PM = \frac{\text{Somme des frais fixes}}{\text{Recette unitaire} - \text{coût unitaire}} = \frac{\text{Somme des frais fixes}}{\text{Contribution unitaire}} = \frac{(FF)}{Cu}$$

Le calcul du point mort est important pour la jeune entreprise. Il lui permet d'estimer, pour chaque hypothèse de prix, les quantités qu'elle doit vendre pour ne pas perdre d'argent.

Figure n° 7 : Représentation du point mort pour une entreprise

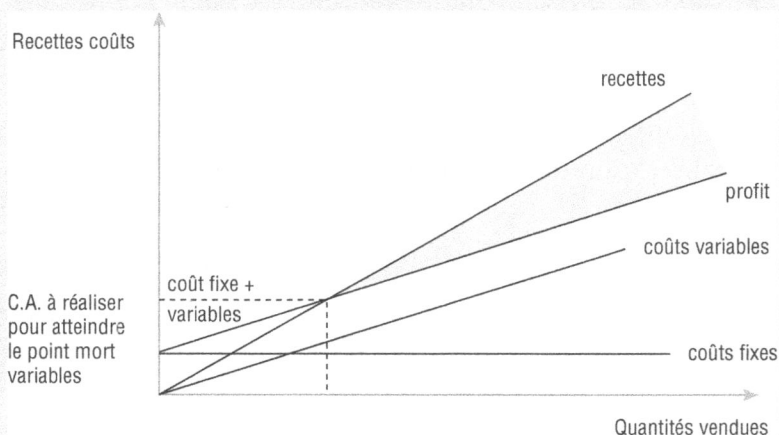

L'exemple présenté par le cas GRUNBERG nous montre les renseignements que peut tirer un entrepreneur de la détermination du point mort et de sa comparaison avec le marché potentiel.

b. Évaluation du marché potentiel et de la part de marché

Lors d'un voyage aux États-Unis, Charles GRUNBERG[6] rencontre un fabricant de caméras numériques spécialisé dans la production de deux produits originaux.

L'un est destiné au deuxième équipement du ménage à usage des mères et grands-mères de famille pour prendre des films d'enfants et de petits enfants, l'autre à des cinéastes amateurs.

Le premier produit a d'excellentes performances. Le prix unitaire concessionnaire fixé à 2 250 € semble attractif. La caméra est désignée sous le nom de code K8. La seconde proposition est celle de la commercialisation d'une caméra de taille réduite et de grande qualité à destination des cinéastes amateurs. Elle est désignée par le code B22. Son prix est nettement plus élevé, se situant à 4 470 €, prix de vente aux concessionnaires. Rentré dans son pays d'origine, la Belgique, Charles GRUNBERG décide d'envisager la création d'une entreprise, la société GRUNBERG, destinée à l'importation et à la commercialisation des deux caméras. L'entreprise américaine est disposée à investir pour l'aider. De son côté, Charles GRUNBERG pense réunir des fonds venant de son propre patrimoine ainsi que de parents et amis. Avant de se lancer, il envisage de réaliser un calcul de point mort comme suit :

---

6. Le nom et l'expérience ont été démarqués pour des raisons de confidentialité.

Produits	Caméra B22	Camera K8
Prix de vente unitaire concessionnaire	4 470,00	2 250,00
Prix d'achat aux fabricants	− 3 130,00	− 1 570,00
Frais de représentation répartis en prix unitaire	− 220,00	− 110,00
Contribution pour autres frais	1 120,00	570,00

Charles GRUNBERG estime qu'il doit couvrir un ensemble de frais (généraux, commerciaux, publicitaires…), quel que soit son choix, qui se montent à 788 000 € pour la première année. Le point mort sera donc atteint si sa société vend :

$$570 \text{ x (x caméras K8} = 788\ 000\ € \text{ ou } \ldots : \text{x caméras K8} = \frac{788\ 000}{570} = 1\ 300 \text{ unités}$$

$$112 \text{ x (y caméras B22} = 788\ 000\ € \text{ ou } \ldots : \text{x caméras B22} = \frac{788\ 000}{112} = 7\ 000 \text{ unités}$$

En parallèle, Charles GRUNBERG entreprend un ensemble d'études indirectes pour évaluer la potentialité du marché pour ces deux caméras au Benelux.

Grâce à une recherche effectuée par des étudiants de l'université de Louvain et à trente interviews réalisées par lui-même auprès de distributeurs et centrales d'achats de magasins, il est à même d'évaluer approximativement son marché. Au niveau quantitatif son estimation du marché potentiel pour la caméra K8 ressort à 1 400 unités et celui de la caméra B22 à 70 000.

L'étude montre que dans le premier cas il lui faut conquérir presque 100 % du marché en un an pour atteindre son point mort, ce qui lui paraît impossible à réaliser. Dans le second cas il lui suffit d'obtenir 10 % du marché. Les interviews auprès des distributeurs ayant révélé un vif intérêt pour la caméra B22, Charles GRUNBERG décide de créer une entreprise destinée à commercialiser ce produit.

Son pari est une réussite. En un an, sa société dépasse 15 % de part de marché. Elle atteindra 25 % la deuxième année.

c. Le taux de rentabilité des capitaux engagés

Cette méthode que les Américains appellent ROI (*Return On Investment*) s'applique dans les grandes entreprises. Si elle est encore peu développée au sein des petites sociétés, son intérêt n'en est pas pour cela négligeable. Elle consiste à déterminer un taux de rentabilité pour les capitaux qui sont engagés. Ce taux peut être choisi à l'avance par l'entrepreneur notamment en comparaison avec d'autres possibilités d'investissement (immobilier, bourse). Le dirigeant peut aussi se contenter d'évaluer pour chaque projet si le taux de rentabilité prévisionnel qui en découle lui semble acceptable. Par voie de conséquence, le taux de rentabilité des capitaux engagés devient un outil de détermination des prix. On l'obtient de la manière suivante :

$$T = \frac{Revenu\ (R)}{Capitaux\ engagés\ (C.E.)}$$

NB : Il est nécessaire de préciser, lors du choix, s'il s'agit de bénéfices avant ou après impôts.

A partir de chaque hypothèse de prix de vente, la jeune entreprise peut déterminer les quantités qu'il lui faut vendre pour atteindre T.

Si PVa est le prix testé, CUa la contribution unitaire qui lui correspond et QUa les quantités à vendre pour atteindre l'objectif de taux T :

$$(CUa \times QUa) - FF$$

FF = total des frais fixes

$$T = \frac{(CUa \times QUa) - FF}{CE}$$

$$Qua = \frac{CE \times T + FF}{CUa}$$

ou

$$QUa = Point\ mort\ en\ Quantité + \frac{CE \times T}{CUa}$$

La quantité QUa doit être comparée à la capacité d'approvisionnement, de stockage et de production de l'entreprise permise par l'investissement CE. Cette quantité doit aussi être compatible avec la demande comme dans l'exemple précédent.

2.3. La vulnérabilité de l'idée

L'autre problème auquel doit s'attacher l'entrepreneur consiste à évaluer la vulnérabilité de son idée.

La première question est de savoir comment risque d'évoluer dans le temps le marché qu'il vise mais également les canaux de distribution qu'il a choisis d'utiliser comme partenaires. Les études sur l'environnement (démographie, économie, secteurs...) peuvent se révéler riches en enseignements.

Le dirigeant doit en particulier s'assurer que l'engouement pour son idée ne relève pas d'une mode éphémère tel que ce fut par exemple le cas en France pour les sociétés fabriquant des pin's ou les clubs de collectionneurs de porte-clés publicitaires. Dans ce cas, il est indispensable d'obtenir un retour sur investissement très rapide.

Une autre interrogation concerne le délai que risque de mettre la concurrence pour combler son retard. L'attaque de front d'un concurrent dynamique de taille importante peut se révéler parfois dangereuse pour le développement d'une offre lancée par une petite entreprise. Tel fut le cas du succès du BA, yaourts au « Bifidus Actif », lancé par une PME inventive qui conquit rapidement une part significative du marché de ce type de produits. Malheureusement, son succès fut éphémère ; la machine de guerre marketing de DANONE, grâce à d'importants investissements, reconquit le marché en quelques années. BA fut rachetée par le Groupe BESNIER.

Lorsque l'entreprise est créée à partir d'innovations technologiques, une forte interrogation doit porter sur le risque d'obsolescence du produit face aux projets émanant de la concurrence. Les chances de succès des « start-up » technologiques sont parfois difficiles à évaluer faute de pouvoir répondre à cette interrogation.

Sur les marchés où l'innovation technologique est rapide, le principal danger vient du risque de voir l'offre dépassée par un produit concurrent avant d'avoir pu être amortie.

Lorsqu'un entrepreneur propose des idées fondées sur des innovations technologiques, il est indispensable de se référer à des experts du domaine pour évaluer le risque d'obsolescence en parallèle de celui issu de la potentialité du marché.

3. Segmentation des marchés et recherche de clientèles cibles

3.1. Définition de la segmentation : les critères classiques

Parmi les multiples utilisations de la politique d'informations, la segmentation des marchés constitue une des clés pour la réussite du marketing.

Comme le rappellent Philip KOTLER, Bernard DUBOIS et Delphine MANCEAU[7] « La segmentation est une technique consistant à séparer une population globale de consommateurs ou d'acheteurs en plusieurs sous-ensembles homogènes pour résoudre un problème de marketing en déterminant à l'intérieur des groupes certains critères de séparation capables d'expliquer les différences de comportement ».

Selon Jacques LENDREVIE, Denis LINDON[8] et Julien LEVY[9] « Les critères de segmentation les plus fréquemment utilisés se classent généralement en quatre catégories principales : démographiques, géographiques, sociales et économiques ; de personnalité et de style de vie ; de comportement ; d'attitude psychologique à l'égard du produit ou du service à commercialiser ».

Les quelques exemples reproduits dans l'encadré n°14 donnent une idée de l'utilisation des critères de segmentation pour créer ou développer une entreprise.

---

7. Ph. KOTLER, B. DUBOIS, D. MANCEAU, *Marketing Management*, Publi-union.
8. J. LENDREVIE, D. LINDON, J. LEVY, *Mercator. Théorie et Pratique du Marketing*, Dalloz.
9. *Ibid.*

Exemple d'utilisation générale des critères de segmentation. Applications pour un entrepreneur

Critère	Utilisation	Critère	Utilisation
SEXE	Marché des montres Marché des déodorants corporels Marché des sous-vête-ments	REGION	Marché des appa-reils de chauffage Marché des produits alimentaires Marché électoral
AGE		REVENU	Marché automobile Marché bancaire
	Marché du tourisme, des loisirs, des voyages, de l'assurance, des types de logiciels…		
TAILLE ET POIDS		NIVEAU D'INSTRUC-TION	Marché du livre Marché du disque et des spectacles
	Marché de la confection Marché des produits dié-tétiques		

NB : Source : Denis LINDON, Jacques LENDREVIE et Julien LEVY, *Mercator* (réf. citée).

Certains entrepreneurs utilisent la segmentation des marchés comme base d'idées créatives. Ils cherchent à obtenir une forte présence sur un segment spécifique largement délaissé par la concurrence au moment de leur création.

A titre d'exemple, on pourrait mentionner NOUVELLES FRONTIERES (voyages internationaux bon marché à destination des étudiants), AUFRAY CLAIR (création de sous-vêtements et de soutiens-gorge pour jeunes filles entre 13 et 17 ans), GAUTHIER (spécialiste de meubles pour chambres d'enfants), LESTRA (sacs de couchage pour randonneurs dans des conditions extrêmes)… Dans ce domaine, le sexe constitue un segment particulièrement propice à la création d'entreprises dont certaines ont connu un succès foudroyant en s'intéressant aux multiples inventions possibles dans le « porno business » (Internet, messagerie, télé à péage…).

3.2. La recherche de segmentations plus élaborées : segmentation comportementale, « ethnique », par tribus…

En dehors de critères de segmentations classiques, dans chaque domaine ou secteur d'activités, existent des comportements types en constante évolution qui conduisent à la recherche de typologies comportementales encore appelées segmentations comportementales.

L'encadré n°15 reproduit quelques exemples de créations d'entreprises dont l'idée originale est destinée à des typologies d'attentes comportementales des clientèles.

<table>
<tr><td>

Encadré N° 15

</td><td>

Idées créatives pour répondre aux typologies d'attentes comportementales des clientèles

Les besoins fondamentaux des populations sont à la base des budgets de recherche très importants de la part des grandes sociétés. Certains d'entre eux restent encore sans solution valable, comme, par exemple, faire repousser les cheveux des chauves et attendent encore un inventeur génial. D'autres ont trouvé des réponses porteuses d'importants bénéfices : telles que la découverte du VIAGRA.

En dehors de ces grands types de besoins, les solutions destinées à faciliter la vie des consommateurs constituent une source de création. Dans chaque secteur d'activités, des sociétés se créent en proposant une réponse astucieuse à des préoccupations insatisfaites… A titre d'exemple, les services de proximité présentent une source importante pour la création : UNIPOLE (dépannage à domicile, quoiqu'il arrive), ULYSSE (aide aux handicapés), L'AGE D'OR SERVICE (service à domicile pour personnes âgées), ALLO APERO (organisation de repas et apéritifs à domicile)…

</td></tr>
</table>

Certains groupes spécifiques de personnes ont l'habitude de se retrouver en « tribus ». Ils permettent de dresser ce que les Américains appellent des segmentations « ethniques ». Il peut s'agir de nationalités ou de races ayant des comportements ou habitudes différentes de celles de la majorité de la population.

Lorsque ces groupes se retrouvent mélangés à un plus grand ensemble, ils peuvent constituer des segments spécifiques intéressés par des offres particulières.

Les critères de distinction sont multiples, comme par exemple : les régions d'origine (Bretons, Auvergnats, Corses, Catalans, Basques...), les nationalités (en France : Portugais, Marocains, Algériens...), les populations (à l'Ile de la Réunion : Européens, Arabes, Chinois, Indiens...), les religions (catholiques, protestants, juifs, musulmans...). D'autres critères peuvent venir de comportements différents face au style de vie de référence

---

✓ *Tendance...*

Aux États-Unis, plusieurs PME s'intéressent spécifiquement au marché des « gays ». A Paris, dans le quartier du Marais où l'on rencontre une importante population « gay », certaines créations dans l'industrie de la rénovation immobilière se sont positionnées quasi exclusivement sur cette niche de marché.

Dans certains secteurs comme la communication (presse, radio, TV...), la segmentation « ethnique » est largement utilisée. Toutefois, la plupart des secteurs peuvent permettre la création fondée sur une segmentation « ethnique ».

✓ *...mais prudence !*

Aux États-Unis, des créatrices l'ont utilisée jusque dans le secteur bancaire en créant une banque destinée uniquement aux lesbiennes. Toutefois avant de faire un choix dans ce domaine, le dirigeant doit s'entourer d'un ensemble de précautions sur le plan juridique et éthique et également vérifier le potentiel du marché choisi dans l'aire géographique où il souhaite se développer.

3.3. L'utilisation de la segmentation : la recherche de niches de développement

Un des vecteurs pour la création consiste à rechercher des niches de développement étroites sur des créneaux issus de besoins inexploités. Ils émanent d'une étude préalable liée aux différentes formes de segmentation décrites dans le paragraphe précédent. Après un démarrage réussi, en exploitant la transversalité de leurs niches, certaines jeunes entreprises sont parvenues à devancer en quelques années des leaders nationaux, voire internationaux, de leur domaine d'activités : BOIRON (médicaments homéopathiques), IMAJE (matériel de codage par jet d'encre), GASCOGNE (papier Kraft frictionné), BENETEAU et RODRIGUEZ-GROUP (navigation de plaisance), FAIVELEY (pantographe pour locomotive), AUDIKA (appareil pour malentendants), PINGUELY-HOULOTTE (nacelles)…

Trouver une bonne niche, proposer des produits et services de très haute qualité, y rester, occuper toute sa transversalité, s'internationaliser en y restant fidèle… constituent, au dire de l'entrepreneur ayant réussi, une recette conduisant au succès.

De tels choix semblent être à la base du développement d'entreprises, en dehors des sentiers battus d'internet, des logiciels, des biotechnologies… Elles sont aussi différentes que FRANCE LAMES (lames pour escrimeurs), BEAL (spécialistes des cordes d'escalade hautement performantes), SIEGEL & STOCKMAN (bustes de couturiers), WICHARD (produits d'accastillage extrêmement résistants), BUVETTE sa (abreuvoirs pour bestiaux adaptés à des multiples circonstances : taille du troupeau, pays, climat…), THIBAULT (machines à surfacer et à polir hautement professionnelles), CYBER-GUN (répliques modernes d'armes anciennes), MDS (laboratoires permettant des expérimentations de produits sur des humains)…

4. Création de banques de données marketing et commerciales pour un entrepreneur

Un des premiers soucis de l'entrepreneur après avoir défini les segments cibles qui l'intéressent et choisi un positionnement pour ses offres, doit être de se constituer une banque de données marketing (BDDM) et commerciale permettant de bien connaître la clientèle afin de conquérir les prospects, et de fidéliser les clients existants. Elle repose sur l'élaboration de deux types de fichiers :

- Un fichier prospects destiné aux activités de commercialisation, communication et marketing direct.

- Un fichier clients permettant une politique de suivi, fidélisation mais également parrainage et vente croisée.

4.1. L'intérêt de la banque de données marketing (BDDM)

Les avantages d'une banque de données marketing (BDDM) reposant sur des fichiers pertinents, outre la fiabilité, les gains de temps et de coût, sont ceux d'un service consommateurs bien organisé qui permet à l'entreprise de mieux agir sur la clientèle existante et future. La base de données marketing permet de transformer une information inutilisable en outil de développement. La BDDM peut se comparer à un barrage comme le fait remarquer Jean-Claude HARRARI consultant et créateur de plusieurs entreprises :

« Un barrage retient le flot d'un torrent dont, sans lui, la force vive aurait été gaspillée. Quand on le relâche, l'eau produit un travail (ou de l'énergie). Mais le barrage lui-même ne « crée » pas l'eau, et, s'il en change l'usage, il ne « rend » certes amélioré, que ce qu'il a accumulé en fonction du temps passé et de sa propre capacité. Et quand toute l'eau a été utilisée, seuls de nouveaux apports redonnent un potentiel ».

Selon le même principe, une BDDM constitue un système qui retient des informations techniques et commerciales qui, sans sa présence, auraient été perdues. Il peut les « ressortir », soit en l'état, soit sous des formes synthétisées (ou traitées), et leur faire ainsi produire un « travail » utile pour l'entreprise. Le rapprochement d'informations de différents types permet de tirer des « conclusions », leur tri de conduire à des actions. Une BDDM, comme un barrage, ne peut restituer (sous quelque forme que ce soit) que ce qu'on y a mis. Sa taille, ou « capacité » doit donc être en fonction de ce qu'on en attend. Son coût de fonctionnement étant également fonction de cette même capacité, il faut, pour qu'elle ne soit pas hors de prix, définir au préalable (avant de la créer), ses usages, immédiats et ultérieurs (afin de limiter au minimum nécessaire les éléments qu'on va y faire entrer). La notion de mise à jour (alimentation en nouvelles informations) est tout aussi fondamentale, pour que la BDDM reste valable (ou « fiable »).

✓ *Un chiffre qui fait réfléchir...*

On a coutume de dire qu'un fichier non réactualisé connaît un taux d'obsolescence d'environ 25 % de ses informations par année.

4.2. Contenu d'une BDDM pour une jeune entreprise

Une BDDM centralisée ne doit pas être une simple liste d'adresses avec quelques renseignements ajoutés. Nous ne voulons pas dire par-là qu'un système d'« adressage » plus ou moins complexe et performant ne peut pas rendre d'utiles services à un entrepreneur mais que ces listes ne peuvent pas être qualifiées de BDDM. On admet souvent que les informations de base souhaitables dans la BDDM sont les suivantes :

- Identification des clients : nom, adresse, téléphone et autres renseignements de ce type, relatifs aux personnes ou aux entreprises concernées.

- Description de cette clientèle dans une optique marketing et commerciale. Cette description peut se faire en termes de segmentation classique : âge, sexe, revenus... pour des individus ; taille, secteur d'activités, secteur géographique... pour des entreprises. Elle peut aussi comporter des critères relevant davantage d'un comportement, d'une attitude ou de l'appartenance à une « tribu ». A cet égard, il est impératif de tenir compte des préconisations de la loi informatique et libertés.

- Normes ou indices. Il s'agit de fournir, par référence aux informations précédentes, des indications standard sur les individus ou entreprises ayant les mêmes caractéristiques que les segments de clientèles inclus dans la base de données marketing.

- Historique des relations de l'entreprise avec sa clientèle. Il peut s'agir d'une description analytique ou synthétique des relations commerciales passées et de leurs résultats.

- Liste des produits vendus à chaque client significatif. Parfois difficile à réaliser avec le marché des particuliers, une telle liste est importante lorsqu'il s'agit d'entreprises clientes ou de distributeurs. La base de données peut comporter une distinction qui tienne compte de l'importance des clients pour la PME.

- Description des actions en cours (actions entreprises, propositions faites, quand et avec quels résultats ?...).

- Planification des actions à venir : Relances prévues ? A quelle date ? Sous quelle forme ? Par qui ? Pour proposer quoi ? Avec quels moyens ?
  Chaque entreprise cliente peut ainsi se voir affecter l'ensemble des produits avec un code allant de 1 à n, destiné à matérialiser l'intérêt plus ou moins grand de ce client pour chacun d'entre eux.

- Eléments permettant un contrôle des réalisations par une analyse des écarts. La BDDM peut être utilisée dans le but d'améliorer la gestion globale de la jeune entreprise.
- Remarques spécifiques concernant certains clients importants.

L'élaboration des BDDM constitue une base indispensable pour la GRC (Gestion de la relation client) en anglais CRM (Customer relationship management).

L'encadré n°16 présente les principes d'élaboration d'une BDDM pour un entrepreneur.

Encadré N° 16

Élaboration de la banque de données marketing pour un entrepreneur

Un des principaux problèmes que rencontrent de nombreux entrepreneurs dans l'élaboration de leur BDDM est relatif au manque de liaison existant entre les différentes sources d'informations internes. Tel est le cas, notamment, entre les sources qui ont pour origine la vente. A cet égard, il est fréquent qu'aucun lien véritable n'ait été créé entre le fichier clients et le fichier produits. L'entrepreneur ne doit pas mésestimer certaines règles de base dans la création d'une BDDM. Parmi ces règles :

- Toujours partir d'un individu (ou d'un foyer), et jamais d'un produit ;
- Bien réfléchir à ce que l'on veut mettre dans la base de données avant de se lancer. Un fichier n'est pas une fin en soi. Il faut partir des besoins réels de l'entreprise en termes d'informations, de ce que l'on peut et veut en faire, pour en configurer les composantes et les « entrées » ;
- Procéder progressivement. Cela permet, sinon d'éviter totalement des erreurs, tout au moins de pouvoir les redresser à temps. Un départ modeste permet aussi un autofinancement de l'opération, d'habituer et de former les collaborateurs concernés et d'obtenir vite de premiers résultats qui seront utilisés rapidement à des fins opérationnelles. La constitution d'une base de données marketing peut se faire par une approche modulaire ;
- Accompagner la constitution d'un état d'esprit. La valeur d'une BDDM est liée à celle des informations contenues. Il est important que tous les apporteurs de ces informations comprennent bien leur utilité opérationnelle pour l'entreprise. Le recueil de l'information, même dispersé, et sa réactualisation, sont

---

souvent considérés par les collaborateurs comme des tâches pénibles et peu intéressantes qui dérangent leurs habitudes. Ils vont devoir s'astreindre à une nouvelle discipline qui doit être expliquée et « bien vendue » par l'entrepreneur.

Une fois ces précautions prises en compte, l'élaboration de la BDDM peut suivre le processus suivant :

- Définir l'information à recueillir en amont. Que mettre dans les fichiers ? A quelles fins ? Est-ce possible techniquement ? Une sélection préalable de l'information est-elle indispensable ? Un trop grand nombre de critères retenus pour un client ne risquerait-il pas de rendre les fichiers peu opérationnels ?
- Obtenir l'information. Il faut définir les circuits en amont et en aval du système et revoir les moyens administratifs jusqu'ici utilisés pour la recueillir. Cela peut amener un bouleversement complet de ces moyens, entraîner dans certains cas la création de nouveaux formulaires, de questionnaires aux clients, l'utilisation ou l'appel à la sous-traitance de moyens informatiques ;
- Mettre sur pied un système de mise à jour des informations recueillies. Cette phase est aussi importante que celle de leur recueil. Faute d'avoir réactualisé régulièrement leurs données, certaines PME se retrouvent à l'heure actuelle avec des bases de données parfaitement inutilisables pour leur politique commerciale, donc à reconstituer presque totalement.

L'utilisation de la banque de données marketing par un entrepreneur est multiple. Parmi les utilisations les plus fréquentes, et si on se réfère à des interviews réalisées auprès de dirigeants de PME, on remarque habituellement :

- L'aide à la connaissance de sa clientèle suivant des critères de segmentation ;
- L'aide à la connaissance du marché ;
- L'aide à la connaissance de la concurrence ;
- L'aide à la définition de la politique commerciale procurée par une meilleure connaissance du marché actuel, potentiel et de la concurrence ;
- L'aide à l'élaboration d'actions commerciales. Les résultats obtenus par l'action de la force de vente, d'une campagne promotionnelle ou sur Internet, d'un « mailing[10] » spécialisé... sont souvent liés à la qualité du fichier commercial utilisé.

Il est à noter qu'à l'heure actuelle certaines sociétés, telles que SAP avec my SAP proposent aux « start-up » et aux PME des logiciels spécifiques, d'un coût abordable, permettant d'intégrer les bases de données.

---

10. Publicité directe par lettre.

**L'essentiel à retenir
pour la mise en pratique au quotidien**

✔ Une bonne information constitue une source indispensable permettant à l'entrepreneur d'innover et de diversifier avec de bonnes orientations.

✔ L'information bien segmentée compose une base indispensable pour la recherche d'idées créatives. Parmi les principales sources de réflexion : la recherche des besoins non satisfaits des segments actuels du marché, l'anticipation des besoins futurs, l'ouverture de nouvelles attentes issues de l'évolution technologique....

✔ L'information permet à l'entrepreneur d'évaluer la faisabilité de son idée ou de son projet à travers :

- L'analyse de la potentialité du marché ;

- Le calcul du point mort et du délai pour obtenir une rentabilité satisfaisante des capitaux engagés ;

- L'appréhension de la vulnérabilité du projet.

✔ L'information à travers la segmentation des marchés conduit l'entrepreneur vers la découverte de clientèles cibles intéressantes permettant de nouvelles « niches » de développement inexploitées ou mal exploitées par les sociétés traditionnelles vivant sur leur acquis.

✔ L'utilisation des banques de données marketing est à la portée des entrepreneurs. Elles constituent un outil de guerre redoutable.

Deuxième partie

Décider et planifier le développement de la jeune entreprise pour mieux convaincre dirigeants, collaborateurs et partenaires

Une véritable réussite pour la création et le développement d'une jeune entreprise doit s'appuyer sur une planification marketing et s'accompagner d'un « business plan ». La planification a comme première **utilité d'apporter au dirigeant une vision claire des choix possibles face à l'avenir.** Elle lui permet de s'assurer que les actions proposées et les budgets engagés sont cohérents avec les orientations choisies et l'ambition du projet. Grâce à un échéancier précis de réalisations dans le temps et à la mise en place de moyens de contrôle, il sera mieux à même de suivre les phases de développement de son idée et d'envisager d'éventuelles actions correctives.

Le plan marketing est aussi indispensable au dirigeant d'une petite société que l'étude préalable des cartes, des conditions atmosphériques, le choix de la route et le tracé du cap est nécessaire au capitaine d'un vaisseau. Tel un voilier, une entreprise ne peut pas s'arrêter, virer de bord, revenir en arrière en un tour de main quelles que soient les conditions extérieures. La planification est précisément ce qui doit permettre à l'entrepreneur de prévoir les opportunités ou les risques sur la route et de réfléchir par avance aux réponses qu'il pourra apporter aux aléas rencontrés. **Élaborer un plan marketing consiste à prendre à l'avance et d'une manière explicite, un ensemble de décisions nécessaires pour le futur.** Cela s'oppose à l'improvisation, qui consiste à prendre au coup par coup, et généralement sans les expliciter d'une manière formelle, des décisions d'application immédiate. **La conception d'un plan marketing revêt une grande importance pour l'entreprise car sans lui, il est impossible d'avoir des lignes directrices pour l'exécution et le contrôle.** Cette nécessité ne concerne pas seulement les sociétés arrivées à un stade élevé de leur développement. Elle vise l'ensemble des PME quelle que soit leur taille ou leur ancienneté. L'apprentissage de la planification doit se faire dès le début. C'est « le bon mouvement » que doit acquérir le patron entrepreneur. Tel un sportif débutant, il est nécessaire qu'il l'intègre dès le commencement car par la suite, après plusieurs années de pratique, il lui sera beaucoup plus difficile de le corriger et de l'améliorer. **Une très petite entreprise, un simple commerçant, un centre de**

distribution désireux d'étendre sa clientèle, obtiennent beaucoup de l'élaboration d'un plan marketing, même très simplifié, adapté à leur niveau.

Les experts en management n'hésitent pas à avancer qu'une des principales causes de l'échec d'une jeune entreprise ou de sa mortalité prématurée, vient de l'absence d'une planification sérieuse de son développement.

Aux États-Unis comme en Grande-Bretagne ou en Allemagne, la nécessité de réaliser un plan marketing est largement ancrée dans la mentalité des entrepreneurs. Dans la plupart des pays européens, la présentation d'un plan est exigée par les partenaires investisseurs, banquiers ou « business angels » pour accepter de s'engager avec une entreprise.

En France, la planification revêt un côté négatif à cause de sa référence à la planification étatique destinée à tout prévoir, issue de l'économie dirigée. On lui reproche en particulier le défaut de la rigidité handicapant l'innovation. **Dans l'environnement anglo-saxon, le plan est au contraire un élément moteur permettant à l'entrepreneur de prendre des risques. Grâce à la vision pertinente et rapide qu'il apporte au dirigeant par la comparaison régulière des résultats obtenus avec les objectifs prévus, il constitue un atout pour corriger les erreurs sans délai.**

La méthode de planification marketing développée dans les pages qui suivent est directement héritée de l'approche anglo-saxonne. **Le plan marketing pour un entrepreneur doit revêtir la triple qualité d'être : simple, souple et glissant dans le temps.**

Le dirigeant entrepreneur tirera un profit maximum de la planification marketing à deux importants moments de la vie de son entreprise :

- lors du lancement de son idée ;
- après le démarrage de sa société, pour lui assurer une saine croissance.

> ✓ *Tendance…*
>
> *Comme dans les pays anglo-saxons, l'appel à la planification devient en France un élément incontournable pour obtenir l'aide des différents types d'investisseurs, mais également pour s'assurer du soutien des banquiers et des fournisseurs.*

4

LA PLANIFICATION MARKETING POUR PROMOUVOIR LE PROJET D'UN ENTREPRENEUR

Suite à une réflexion alimentée par les études développées au cours des précédents chapitres, l'entrepreneur se trouve en présence d'une ou de plusieurs idées originales.

Après avoir vérifié leur faisabilité « technique », il lui faut élaborer un projet pour leur développement. Il va devoir évaluer les chances de mise en œuvre de son projet au niveau commercial.

Le plan marketing du projet reproduit figure n°8 est destiné à l'aider dans sa démarche. Il comprend habituellement quatre phases.

1. Phase 1, la réflexion : recueil, analyse et traitement des informations

La phase 1 du plan marketing consiste à synthétiser les éléments nécessaires à l'appréciation de la faisabilité du projet.

Lors de cette phase, les forces et les faiblesses des propositions sont comparées aux réalités de l'environnement, du marché et de la concurrence.

L'encadré n°17 présente une « check-list » de questions que peut se poser l'entrepreneur afin d'évaluer la faisabilité de son projet lorsqu'il repose sur le lancement d'un produit ou d'un service.

Figure n° 8 : Plan marketing pour promouvoir un projet

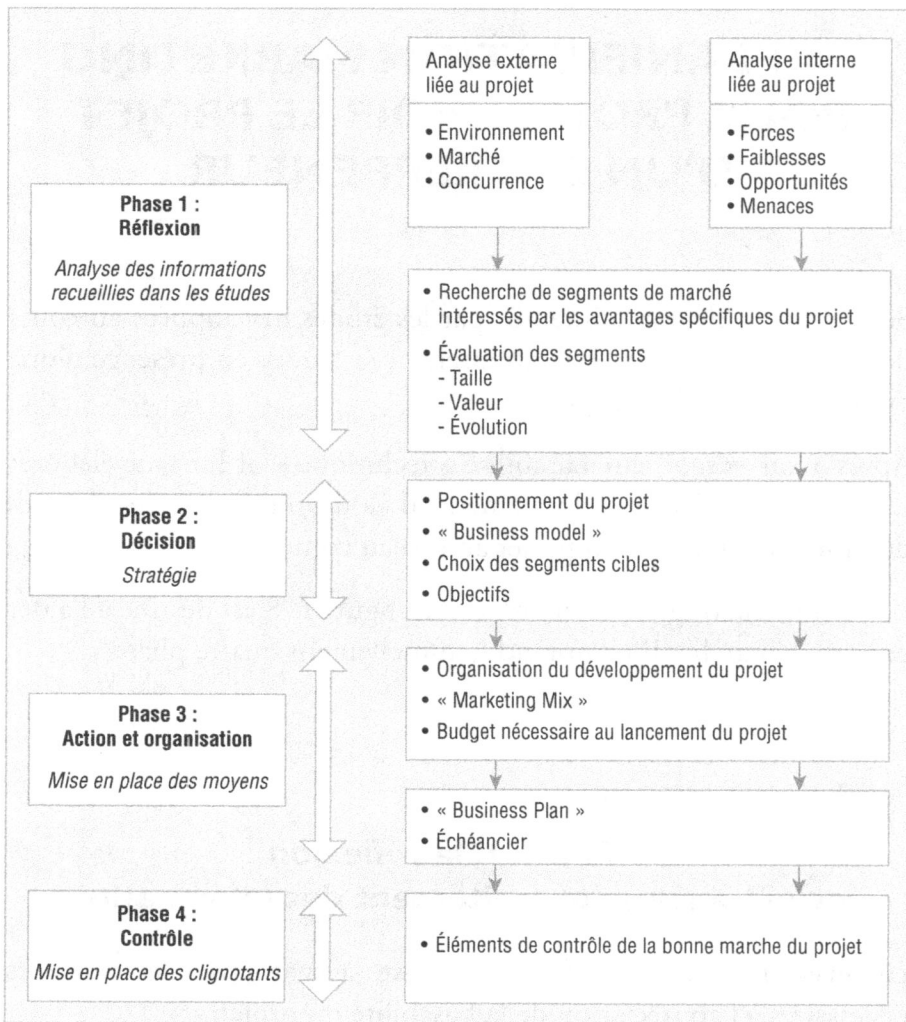

Encadré N° 17

Check-list d'évaluation de la faisabilité d'un projet de lancement d'un produit ou d'un service

RUBRIQUES	ÉVALUATION	
	Forces	Faiblesses

1. Le Produit / Service
– Originalité par rapport
  - à la gamme actuelle (si elle existe)
  - à la concurrence
– Rentabilité pour l'entrepreneur
Comparaison avec :
  - d'autres projets internes
  - les produits concurrents
– Complémentarité par rapport à la gamme actuelle
– Avantages spécifiques du produit / service proposé
– Risque de concurrence technologique
– Adaptation du produit à la distribution actuelle
– Adaptation à l'équipe de commerciaux.		

2. Le couple produit / marché – Adaptation du produit aux attentes du marché – Intérêt du projet pour les prescripteurs présumés – Taille du marché ou des segments de marché susceptibles d'être intéressés par ce projet – Possibilité d'évolution des marchés ou des segments.		

3. La tarification
– Evaluation de la tarification par le marché
– Evaluation de la tarification par rapport
  à la concurrence
– Souplesse pour modifier la tarification
– Evaluation de la tarification par la distribution
  et les commerciaux…		

RUBRIQUES	ÉVALUATION	
	Forces	Faiblesses
4. Les soutiens promotionnels au projet – Fichier clients ou prospects – Objectifs de vente – Organisation logistique – Organisation informatique – Argumentaires de vente – Aides audiovisuelles – Formation préalable des commerciaux – Aides promotionnelles – Publicité, équipement, Internet…		
5. Produit et qualité – Délais en matière d'obtention du produit – Organisation pour éviter ou traiter les erreurs – Suivi des clients, après la vente – Autre		
6. Conclusion Principales forces et faiblesses du projet		
Recommandations suite au diagnostic :		

Si le bilan est globalement positif, l'entrepreneur s'attachera à rechercher des segments de marché susceptibles d'être intéressés par son offre. Une fois décrits, ils seront quantifiés au niveau de leur potentialité actuelle et future (taille en nombre de clients, valeur en chiffre d'affaires, potentiel, évolution dans le temps…).

A partir de cette évaluation et avec une bonne connaissance des marges, l'entrepreneur déterminera la potentialité du marché nécessaire pour atteindre le point mort dans un délai choisi et pour réaliser un retour sur investissement acceptable.

La part de marché nécessaire résultant de cette analyse se révèle d'un intérêt capital pour évaluer les chances de réussite du projet et conforter les éventuels investisseurs de sa faisabilité.

2. Phase 2, la décision stratégique : positionnement et « business model », choix de segments cibles, détermination des objectifs

2.1. Le positionnement du projet et le « business model »

Positionner un produit ou un service issu d'un projet créatif, **c'est chercher à le différencier par rapport à la concurrence en sachant mettre en valeur ses avantages spécifiques.** L'intérêt est de sortir de la banalité et d'éviter de se contenter de copier les produits « leaders ».

Le positionnement est une définition que l'on se propose de donner de ses propres produits par rapport aux produits et marques concurrents. Cette position peut être définie en termes de présentation des produits ou des services procurés, de prix, d'usages, d'occasions de consommation, d'image. Le choix du positionnement est lié aux cibles visées et aux orientations de l'entreprise en matière de stratégie et de politique d'image.

Le concept de positionnement a été présenté pour la première fois en 1972 par deux dirigeants d'agences de publicité nord-américaines Al RIES et Jack TROUT. Le positionnement s'efforce de sortir le produit de l'anonymat en tentant d'évoquer une idée précise dans la conscience des consommateurs. Le choix repose sur une recherche préalable des créneaux déjà détenus par les produits ou les services proposés par les concurrents.

Après avoir découvert le créneau adéquat, le marketing procède par étapes pour parvenir au positionnement. Il consiste à choisir les différences à promouvoir, en évaluer l'intérêt auprès des cibles de clientèles visées, adapter une communication efficace. **Pour un entrepreneur le positionnement consiste à occuper un univers intéressant une partie du marché et délaissé par la concurrence.**

Se limitant à cet univers le projet s'efforce de devenir le champion d'une niche en proposant une offre adéquate et originale. WEBVAN dans la Silicon Valley se positionne comme le champion des épiciers à domicile *via* Internet.

En France, PROVAL se présente comme la spécialiste des progiciels de gestion intégrés pour l'assurance de personnes alors que CEGID propose un positionnement identique pour la profession des comptables. dans d'autres domaines ŒUNOBIOL conçoit un ensemble de produits permettant de bronzer à l'ombre, MICHEL THIERRY se présente comme le professionnel des tissus pour l'automobile, CYBERGUN : le spécialiste de la réplique d'armes anciennes…

Le positionnement s'accompagne fréquemment d'un « business model ». Il représente une synthèse de « l'astuce stratégique » choisie par le dirigeant qui doit conduire au succès face au marché et aux concurrents s'ils sont déjà présents. Le « business model » largement utilisé dans la création des « start-up » constitue un élément fondamental pour convaincre les investisseurs et différents partenaires. Le choix d'un « business model » a été celui de la société BRILLCAR qui, après vérification de l'intérêt des distributeurs, a décidé d'offrir un produit performant pour protéger les automobiles en court-circuitant les grossistes. Une réponse rapide des concurrents en place était difficile étant donné leur fort engagement avec ces derniers. Des entreprises aussi célèbres qu'AMAZON, DELL, ALTRAN… ont dû leur succès à la mise en place de « business models » astucieux et difficilement copiables par la concurrence : vente exclusive de livres, disques sur Internet pour AMAZON, circuit de vente direct pour DELL, méthode d'engineering particulier pour ALTRAN.

2.2. Le choix de segments cibles

Le choix de segments cibles consiste à préciser les types de clientèle que l'entrepreneur privilégie d'atteindre pour développer son projet. Bien évidemment, la sélection de cibles prioritaires ne l'empêche pas d'avoir une action secondaire sur d'autres sous-groupes. La cible marketing peut consister, comme le montre la figure 9; en :

**Figure n°9 : Choix de segments cibles
pour développer le projet d'un entrepreneur**

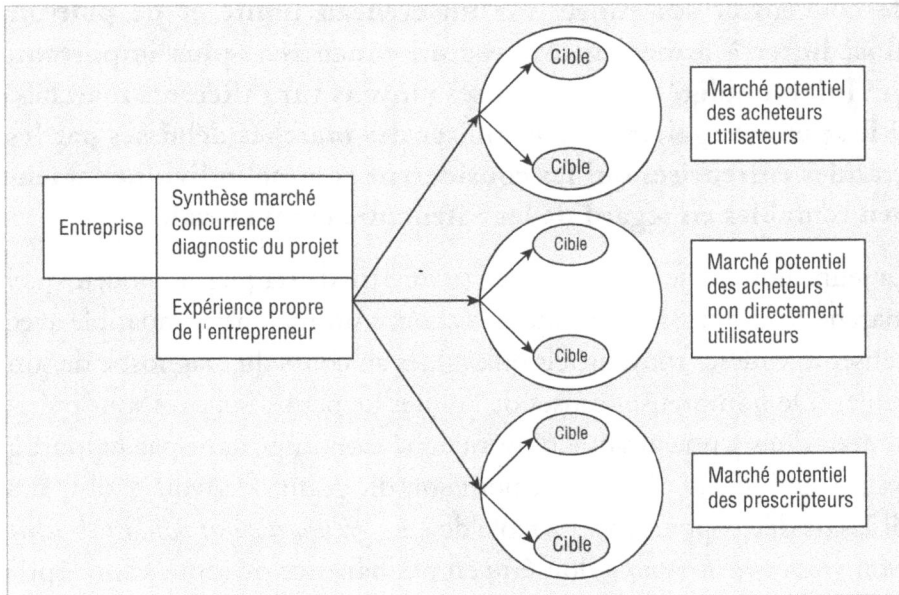

- Un ou plusieurs sous-ensembles du marché potentiel global des acheteurs-utilisateurs (hommes, femmes, riches, pauvres, jeunes, personnes du troisième âge, professions libérales, hommes d'affaires, étudiants, entreprises appartenant à un secteur d'activités défini...).
- Un ou plusieurs sous-ensembles du marché des acheteurs non utilisateurs, c'est-à-dire d'intermédiaires participant directement à l'acte d'achat mais dans le but d'une consommation ou

d'une utilisation différée par un tiers (parents pour leurs enfants, propriétaire d'un animal, entreprise fabriquant des produits intermédiaires...).

- Un ou plusieurs sous-ensembles du marché des prescripteurs, qui ne participent qu'indirectement comme conseillers à la décision d'achat (syndicats, comptables et cabinets de conseillers financiers pour les entreprises, médecins...).

Le choix de marchés cibles volontairement restreints peut être particulièrement profitable pour une jeune entreprise. **Il lui permet de concentrer ses efforts sur un créneau limité et de pouvoir ainsi lutter à armes égales avec un concurrent plus important, qui lui, est obligé de disperser ses moyens sur différents marchés. Il lui permet également d'exploiter des marchés délaissés par les grandes entreprises qui les considèrent comme individuellement peu rentables en regard de leur structure commerciale.**

La jeune entreprise ne peut pas se permettre d'attaquer n'importe quel marché. Elle doit savoir limiter ses choix à un marché compatible avec l'ensemble de ses moyens tels qu'évalués au cours du diagnostic de son projet. De nombreuses causes de faillites de petites sociétés sont précisément dues à une attaque d'un marché trop important par rapport à ses possibilités. D'où l'intérêt pour son dirigeant de savoir choisir des cibles de développement. La fable de « *La grenouille qui voulait devenir aussi grosse que le bœuf* » doit être en permanence présente à son esprit dans la détermination de marchés cibles.

Les exemples reproduits dans l'encadré n°18 montrent une illustration de choix de segments cibles de départ limités qui ont permis à des entrepreneurs de démarrer et de se développer. Leur découverte est directement issue d'une bonne évaluation de créneaux disponibles à partir de besoins du marché inexploités ou mal exploités par la concurrence. Elle émane d'une réflexion préalable sur la segmentation telle que décrite au cours des chapitres précédents. Le succès vient aussi du choix d'un positionnement précis sur une cible spécialisée permettant de tenir les promesses de professionnalisme et de compétences élevées souvent faites à la clientèle. L'intérêt d'un marché limité, composé de personnes qui se connaissent, permet une circulation maximale du « bouche-à-oreille » ou « buzz marketing » (marketing viral) auprès des futurs clients, si la proposition faite et le suivi présentent de réels avantages. Elle dispense l'entrepreneur de faire des efforts trop importants en matière de communication publicitaire et promotionnelle.

Encadré N° 18

Choix de segments cibles limités permettant à l'entrepreneur de se positionner sur un marché et d'assurer le lancement de son projet

Exemple de « start-up »	Positionnement	Cibles niches
ALTER EGO	Une marque d'accessoires à destination des chiens et chats	Les propriétaires de chiens et chats
LA FERME TROPICALE	Le spécialiste de la commercialisation de reptiles	Les personnes désirant se procurer des reptiles
KATANA-YA	Le spécialiste des armes orientales	Les collectionneurs d'armes orientales
ARTPRICE.com	Le spécialiste de la vente d'œuvres artistiques par Internet	Les amateurs d'art internautes
LIBERTY SURF	Permet d'accéder gratuitement à l'Internet	Les internautes souhaitant la gratuité
LEON DE BRUXELLES	Le spécialiste de la restauration à partir de moules	Les amateurs de moules et de frites
SIXIEME SENS	Création d'identités sonores pour les entreprises	Les entreprises intéressées
AQUARELLE	Spécialiste de ventes de fleurs sur le web	Les internautes intéressés

2.3. La fixation des objectifs

Les objectifs ont une importance essentielle dans Ie processus de planification car ils servent de guide à la mise en œuvre d'activités qui doivent assurer leur réalisation. Les objectifs sont des résultats que l'on se propose d'atteindre en principe dans un délai déterminé. Les entreprises qui pratiquent la planification marketing fixent des objectifs de profit et de vente. Peter DRUCKER affirme qu'il faut fixer des objectifs pour tous les domaines d'activités dans lesquels les performances et les résultats atteints ont une influence directe sur la survie et la prospérité de l'entreprise[1].

On peut établir les objectifs à partir d'éléments très différents. Ils peuvent être fixés par l'entrepreneur sans procéder à aucune analyse approfondie ou être élaborés à partir des résultats d'une étude sérieuse qui repose sur les éléments précédemment analysés.

Quelles que soient leur définition et leur provenance, pour être opérationnels, les objectifs définis doivent comporter trois caractères essentiels :

- Être véritablement en mesure de guider et de motiver. Plus ils sont concrets et spécifiques, plus ils ont des chances de remplir ce rôle directif. Dire que la jeune entreprise doit augmenter son chiffre d'affaires est beaucoup moins spécifique et motivant que d'annoncer qu'elle doit atteindre 1 million d'euros au bout de trois ans ;

- Être réalistes. Pour être motivants ils ne doivent pas être trop surestimés par rapport aux prévisions ;

- Être bien assimilés et compris par ceux qui ont la charge d'assurer leur réalisation, en particulier des commerciaux.

---

1. Peter DRUCKER, *La pratique de la direction des entreprises*, Éditions d'Organisation, Paris.

Si l'entrepreneur désire intégrer les commerciaux dans le processus de fixation des objectifs, il doit savoir expliquer les écarts entre les prévisions formulées et les objectifs définitivement retenus.

3. Phase 3, l'action : mise en œuvre des moyens, le « *marketing mix* »

Une fois la stratégie arrêtée, le but de la planification marketing est d'optimiser les moyens choisis. Comme en cuisine, avoir de bons ingrédients pour réussir un plat n'est pas un gage de succès. De même il ne suffit pas d'avoir fait les bons choix marketing relatifs au projet, encore faut-il savoir les marier harmonieusement pour parvenir aux résultats recherchés. Cet art les Américains l'ont nommé « marketing mix ». Il s'agit d'une coordination dosée et cohérente des actions marketing que constituent les politiques de produit, prix, distribution, vente, qualité (après-vente), communication (figure n°10). Philip KOTLER, un expert international de cette discipline, les regroupe sous l'appellation des « 4 P » (Product, Price, Promotion, Place).

A ce niveau de la décision, l'entrepreneur s'efforce d'harmoniser les éléments du « marketing mix » avec la stratégie choisie pour développer son projet. Grâce à cette harmonisation, il obtiendra un maximum de rendement de l'ensemble des moyens marketing et commerciaux engagés.

Pour obtenir sa pleine efficacité, l'élaboration du « marketing mix » relatif au projet doit répondre à trois règles fondamentales déterminées par les experts en marketing.

**Figure n°10 : Mise en œuvre et organisation des moyens :
le « marketing mix » du projet**

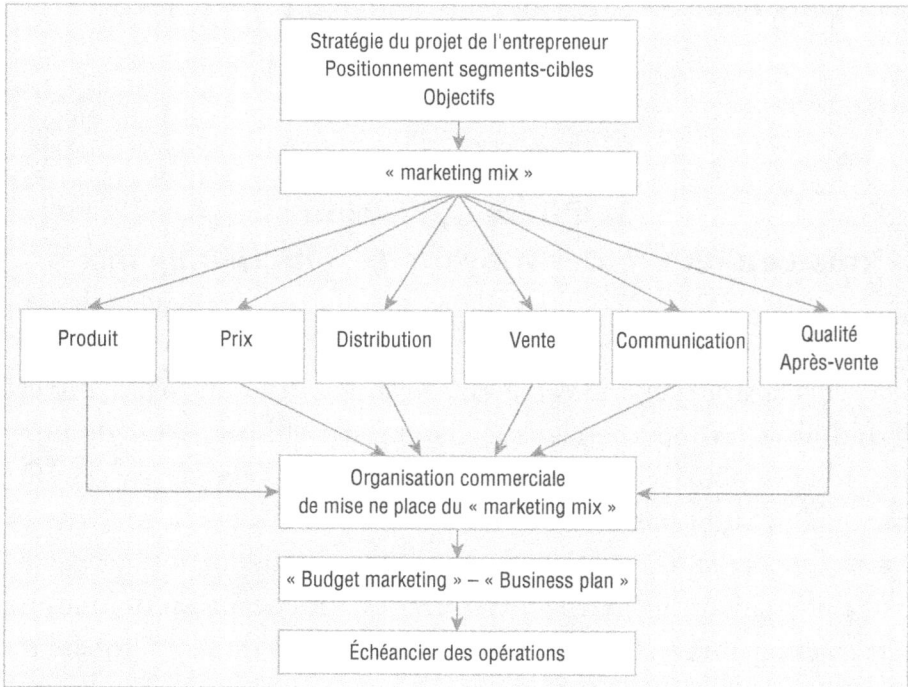

```
┌─────────────────────────────────────────────────────────┐
│            Stratégie du projet de l'entrepreneur          │
│            Positionnement segments-cibles                 │
│                      Objectifs                            │
│                          ↓                                │
│                  « marketing mix »                        │
│                                                           │
│  Produit  Prix  Distribution  Vente  Communication  Qualité
│                                                   Après-vente
│                                                           │
│              Organisation commerciale                     │
│           de mise ne place du « marketing mix »           │
│                          ↓                                │
│        « Budget marketing » – « Business plan »           │
│                          ↓                                │
│              Échéancier des opérations                    │
└─────────────────────────────────────────────────────────┘
```

3.1   L'interdépendance des politiques

La définition et la mise en œuvre du « marketing mix » résultent de la prise en considération globale de l'ensemble des politiques. Ainsi toute décision prise au niveau d'une politique se répercute obligatoirement sur les autres. Par exemple, lorsque l'on modifie la politique de distribution, il faut tenir compte de toutes les incidences que cette modification peut avoir au niveau de celle des produits et de communication. Il est impossible d'ignorer l'une d'entre elles sans risquer de ruiner les effets que l'on est en droit d'attendre sur l'action entreprise au niveau des autres.

Le choix d'un canal de distribution a des répercussions sur la politique des produits (sélection, conditionnement...), sur celle de la communication (image, adéquation de la publicité...), sur la vente (adaptation des vendeurs...).

3.2. La cohérence des politiques

Cette règle découle directement du principe d'interdépendance. Le créateur de projet, après avoir élaboré ses différents choix, doit s'assurer de la cohérence de l'ensemble. Une incohérence risque de vouer à l'échec la totalité du « marketing mix ». **Il doit s'assurer que les différentes politiques élaborées en matière de produit, prix, distribution, force de vente, communication... sont parfaitement cohérentes entre elles.**

La qualité des produits et leur présentation doivent s'harmoniser avec la politique d'image que l'entrepreneur veut présenter de son projet au consommateur. **Un prix trop faible peut, par exemple, conférer une image dégradée à un produit qui se voudrait de grande qualité.** Tel fut le cas du parfum BIC reconnu parmi les meilleurs parfums en tests aveugles (« blind tests ») mais dont le bas prix connotait un indéniable effet de basse qualité parce que trop bon marché.

3.3. La rentabilité de la politique la plus faible

Ce dernier principe constitue ce que certains appellent l'effet de « chaîne ». On sait qu'une chaîne casse toujours à son maillon le plus faible. De même, le rendement d'une chaîne digitale est lié au rendement de l'élément le plus médiocre. Il est absurde de connecter un très mauvais lecteur à des enceintes hautement perfectionnées. La qualité du son obtenu ne peut être supérieure à celle du lecteur, au contraire, les défauts risquent d'être amplifiés.

> ✓ *Une addition qui tire vers le bas…*
>
> *Il en va de même pour le rendement de la politique commerciale : si le produit vaut 10/10 et la distribution 2/10, le rendement final risque d'être égal à 2/10.*

Il est inutile d'augmenter le budget communication si une rupture du stock au niveau de la distribution persiste. **Les sources de fuites doivent être prioritairement taries avant de procéder à des engagements d'investissements significatifs dans les actions du « marketing mix » jugées les plus pertinentes.**

4. Phase 4, l'organisation : élaboration des budgets, du « business plan », des éléments de contrôle

4.1. Budgétisation du plan marketing relatif au projet d'un entrepreneur : « business plan » et budget marketing

Une fois déterminées les principales options du plan marketing, l'entrepreneur doit réaliser un tableau financier comprenant à la fois les prévisions de vente et leur coût, de manière à évaluer le rendement prévisionnel des opérations sur plusieurs années. Un exemple de budgétisation ou « business plan » pour le lancement d'un produit de grande consommation, une cire automobile anti-corrosive haute performance, lancée par une jeune entreprise britannique, la société BRILLCAR est reproduit, à titre d'illustration, figure n° 11. Il concerne le lancement de la cire liquide BRILLWAX.

Grâce au « business plan », le dirigeant-créateur est à même de faire des choix en tenant compte, à la fois des contraintes issues des analyses de marché et de celles liées aux données financières. La planification marketing accompagnée du « business plan » se réalise fréquemment sur une période de 3 ans. Elle est glissante, c'est-à-dire réactualisée chaque année en fonction des résultats obtenus.

Le « business plan » s'accompagne souvent d'un budget séparé synthétisant les principaux postes de dépenses liées aux actions marketing. Le budget permet d'éclairer les investisseurs sur l'importance des moyens qui seront mis en œuvre au niveau des principales actions du « marketing mix ».

Figure n° 11 : Élaboration d'un « business plan » pour un produit.

Rubriques (Évaluation en francs)	Produits	Années					
		1ère année		2e année		3e année	
		Cire liquide Brillwax	Autres produits de la gamme	Cire liquide Brillwax	Autres produits de la gamme	Cire liquide Brillwax	Autres produits
Nombre de caisses à vendre	Qté	6 000	2 200	12 000	5 000	20 000	10 000
Chiffre d'affaire	en F	280 000	92 400	12 000	5 000	20 000	10 000
Part de marché	en %	16,5	2	30	5	45	9
Marge brute disponible[a] par caisse	en F	25	35	20	30	20	30
Moins frais généraux par caisse*	en F	5	5	5	5	5	5
Solde disponible pour frais commerciaux et bénéfice par caisse	en F	20	30	15	25	15	25
TOTAL	en F	120 000	66 000	180 000	125 000	300 000	250 000
Total de l'ensemble des produits	en F	186 000		305 000		750 000	
Moins : salaires (vente et livraison)	en F	60 000		70 000		70 000	
Disponible pour bénéfice et publicité	en F	126 000		235 000		380 000	
Dépenses de publicité et promotion	en F	67 000		100 000		150 000	
Bénéfice annuel net	en F	59 000		135 000		530 000	
Bénéfice cumulé		59 000		194 000		724 000	

a. *La société ne produisait pas la cire directement mais l'achetait à un fabricant ; cette marge tient compte de la remise aux distributeurs*

Le plan à moyen terme est fréquemment complété de prévisions intermédiaires permettant un contrôle progressif des réalisations par mois, quinzaines… Il intègre des éventuelles variations saisonnières liées aux achats de l'entreprise. Dans l'exemple ci-dessus, la ventilation est présentée en tenant prioritairement compte de la promotion d'un produit : la cire automobile anti-corrosive BRILLWAX parmi une gamme existante plus large.

La commercialisation des autres produits que l'entrepreneur peut se procurer est considérée comme secondaire, du moins pendant la période de lancement de l'entreprise.

Afin de bien préparer le « business plan », il est souvent conseillé au créateur d'effectuer des simulations (figure n°12) élaborées à partir de différentes hypothèses. Elles sont réalisées à l'aide de logiciels type Excel ou de modèles de simulation.

Le coût des logiciels spécifiques permettant de dresser un « business plan » pour une jeune entreprise varie entre 150 euros et 1 500 euros selon la complexité de ses besoins.

**Figure n°12 : Exemple de simulation d'un « business plan »
à partir d'hypothèses avec l'utilisation d'Excel.**

	Hypothèse 1	Hypothèse 2	Hypothèse 3
Taille du marché (nombre de caisses de 12)	5 488,00	5 488,00	5 488,00
Prix de vente client à l'unité	**2,90**	**3,35**	**3,96**
Prix de vente au kilo (8,45 € pour Carwax et 9,53 € pour One Step)	9,67	11,17	13,20
Prix d'une caisse	38,40	40,20	47,52
Marge détaillant (caisse)	0,30	0,30	0,30
Prix détaillant (caisse)	24,36	28,14	33,26
Prix cession interne (caisse)	12,20	12,20	12,20
Frais généraux	1,14	1,14	1,14
Marge brute	**11,02**	**14,80**	**19,92**

Salaire FdV permanente	27 441,00	27 441,00	27 441,00
Nombre de vendeurs SFL[a]	5	5	5
Salaires vendeurs SFL	4 573,00	4 573,00	4 573,00
Publicité/promotion et frais commerciaux	21 495,00	21 495,00	21 495,00
Étude de marché	0,00	3 811,23	3 811,23
Réserves	4 573,00	4 573,00	4 573,00
Total frais commerciaux	**58 082,00**	**61 893,23**	**61 893,23**
Point mort en volume	**5 270,60**	**4 181,98**	**3 106,47**

a. *SFL = Sale force limited*

Préalablement à l'élaboration du « business plan », l'entrepreneur prépare une budgétisation des dépenses marketing et commerciales.

La figure n°13 illustre un exemple de budgétisation relatif aux frais de communication et de promotion. Des budgets comparables sont élaborés pour chaque dépense émanant du « marketing mix » puis synthétisés dans le cadre du budget global qui figure dans le « business plan ».

Figure n° 13 : Exemple de budget issu du « marketing mix » : le budget de communication et de promotion.

Années Rubriques en euros	Hypothèse 1	Hypothèse 2	Hypothèse 3
Publicité de presse spécialisée	1 979,59	35 000,00	60 000,00
Affichage local	7 000,00	10 000,00	15 000,00
Publicité par lettre	3 000,00	5 000,00	5 000,00
Total Publicité	**23 000,00**	**50 000,00**	**80 000,00**
Force de vente pionnière	10 000,00		
Echantillons	5 000,00	5 000,00	5 000,00
Présentoir	7 500,00	10 000,00	10 000,00
Promotion auprès des garagistes	1 500 ,00	20 000,00	30 000,00
Offre de détaillant 1ère année	10 000,00		
TOTAL DES DÉPENSES DE PROMOTION	**34 000,00**	**35 000,00**	**45 000,00**
Réserves	10 000,00	15 000,00	25 000,00
TOTAL DES DÉPENSES DE COMMUNICATION			

4.2. Programmation des actions marketing dans le temps

Le plan marketing pour un entrepreneur ne peut se contenter de tableaux comptables chiffrés. Les décisions doivent être programmées dans le temps. Leur programmation peut éviter des erreurs qu'une vision trop limitée du problème entraîne parfois.

> ✓ *Rien ne sert de courir ; il faut partir à point...*
>
> *Une petite entreprise avait programmé, il y a quelque temps, sa campagne publicitaire de lancement d'une gamme de lunettes de soleil en septembre et octobre sous prétexte que sa production avait été retardée de quatre mois. Le besoin d'achat n'étant plus ressenti par la clientèle, le lancement fut un échec.*

L'échéancier permet de coordonner les actions engagées. Il constitue un élément indispensable de concrétisation du plan marketing de l'entrepreneur.

Plusieurs méthodes ou graphiques permettent de représenter l'ordonnancement des tâches marketing dans le temps.

La figure n° 14 montre une représentation simple accompagnée d'un budget. Elle a été réalisée dans le cadre de l'élaboration du plan marketing d'un petit tour-opérateur, la société LUSITANIA[2], une agence de voyages portugaise dont la vocation est la vente de voyages et séjours au Portugal sur le marché français.

---

2. Tiré du « cas LUSITANIA », *Groupe HEC*.

**Figure n° 14 : Exemple d'une programmation simplifiée
des actions dans le temps.**
(tiré du « cas LUSITANIA », *Groupe HEC*).

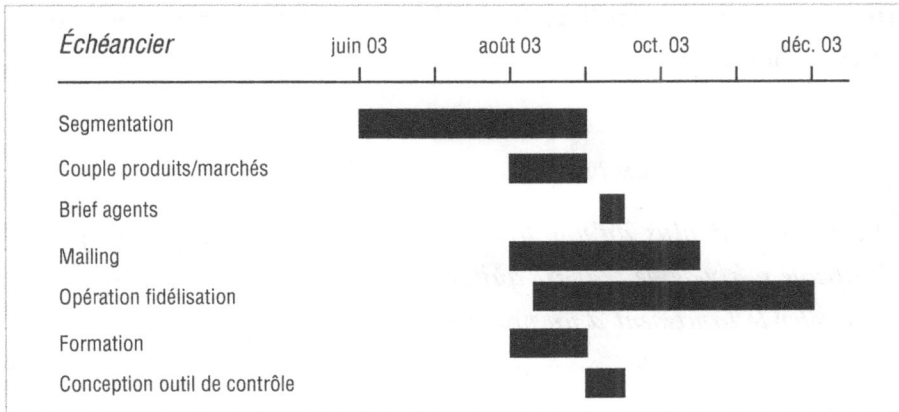

Échéancier	juin 03	août 03	oct. 03	déc. 03

Segmentation

Couple produits/marchés

Brief agents

Mailing

Opération fidélisation

Formation

Conception outil de contrôle

Parmi les méthodes d'élaboration d'échéanciers, une des plus utilisées est la traditionnelle méthode PERT (Programme, évaluation et revue technique). La méthode, fort pratique et très illustrative, est relativement simple à utiliser, surtout si le nombre de tâches n'est pas trop important. Dans le cas contraire, l'utilisation des logiciels adéquats s'avère indispensable.

4.3. La méthode PERT, outil de programmation des actions marketing

Pour un travail de coordination, le PERT est supérieur au planning classique. Il introduit une rigueur mathématique dans des représentations graphiques auparavant fondées sur l'intuition. Le planning traditionnel permet de visualiser la durée de chaque opération et de la situer dans le temps. Le PERT fait apparaître l'enchaînement des opérations et leurs relations de dépendance. Mieux, une fois déterminées la durée totale du programme et sa date finale, le planning PERT permet de mettre en évidence le « chemin critique », c'est-à-dire la séquence constituée par l'ensemble des tâches pour lesquelles tout délai non prévu d'exécution entraîne un retard du programme total. L'entrepreneur est amené à contrôler avec une attention toute particulière les opérations de lancement se situant sur ce « chemin ».

✓ *Le PERT, un plus…*

Le PERT est plus qu'une technique de représentation graphique : c'est une méthode de travail qui permet de préparer, de décider et de contrôler le lancement d'un projet nouveau.

La méthode peut aussi être utilisée lorsque l'entrepreneur est amené à planifier un ensemble d'opérations complexes. Une jeune entreprise évoluant dans le secteur de la promotion immobilière utilise la planification PERT afin de coordonner l'ensemble des opérations techniques, juridiques, administratives et financières nécessaires à la mise en route de la construction d'un immeuble. Outil de coordination, il peut servir également à l'organisation de l'ensemble des actions marketing.

La construction et l'utilisation d'un réseau PERT s'effectuent en quatre étapes :

- La première est l'étape analytique : toutes les opérations nécessaires à la réalisation du programme ou des « tâches » sont recensées. On affecte à chacune une durée évaluée assez empiriquement, c'est-à-dire d'après l'expérience. On établit alors une liste d'ensembles ou « check-list » ;

- La deuxième est l'étape synthétique : c'est celle de la représentation graphique. Les tâches sont mises en ordre dans un « process », ce qui permet de définir la durée totale du programme et le chemin critique.

- La troisième étape est l'arbitrage : après avoir construit le « process », calculé la durée totale du programme et découvert le chemin critique, on essaie de réduire cette durée en agissant sur les tâches situées sur le chemin, celles qui sont responsables de la durée totale du projet.

- La quatrième étape est le contrôle : le PERT permet à l'entrepreneur de constater immédiatement tout retard dans l'avancement du projet. Et, plus intéressant encore, en cas de perturbations dans la réalisation de certaines opérations, d'apprécier immédiatement la gravité de la situation et de décider éventuellement la construction d'un nouveau « process ».

L'encadré n°19 reproduit deux expériences d'utilisation du PERT par une PME évoluant en milieu industriel ou encore « business to business ».

Encadré N° 19

Exemple de l'application de la méthode PERT en milieu « business to business »

Exemple de la société LEGAL ELECTRONICS[3] :

La société LEGAL ELECTRONICS est une PME britannique, ancienne de quatre années, fondée par trois ingénieurs dans le cadre du rachat d'une entreprise (filiale d'un grand groupe industriel) par son personnel.

Sa spécialité consiste en la fabrication de systèmes électroniques de haute précision à destination des entreprises de différents secteurs : aéronautique, automobile, spatial, maritime, militaire…

En janvier 2004, la société décide de lancer un nouveau produit sélectionné après une série de tests techniques. L'équipe de fondateurs pense que le meilleur moment pour le lancement est l'ouverture d'un salon-exposition international qui a lieu à Londres. L'ensemble doit être impérativement prêt pour une présentation à la clientèle de ce salon.

---

3. Le nom a été démarqué ainsi que certains éléments.

L'entreprise décide de faire appel à la méthode PERT pour préparer le lancement (schéma figure n°15).

A partir de ce schéma, l'ensemble des collaborateurs réfléchit sur les moyens de diminuer les délais liés aux tâches sur le chemin critique risquant de retarder le processus de présentation au salon.

Figure n°15 : Exemple de réalisation d'un diagramme PERT pour le lancement d'un produit industriel par la société LEGAL ELECTRONICS

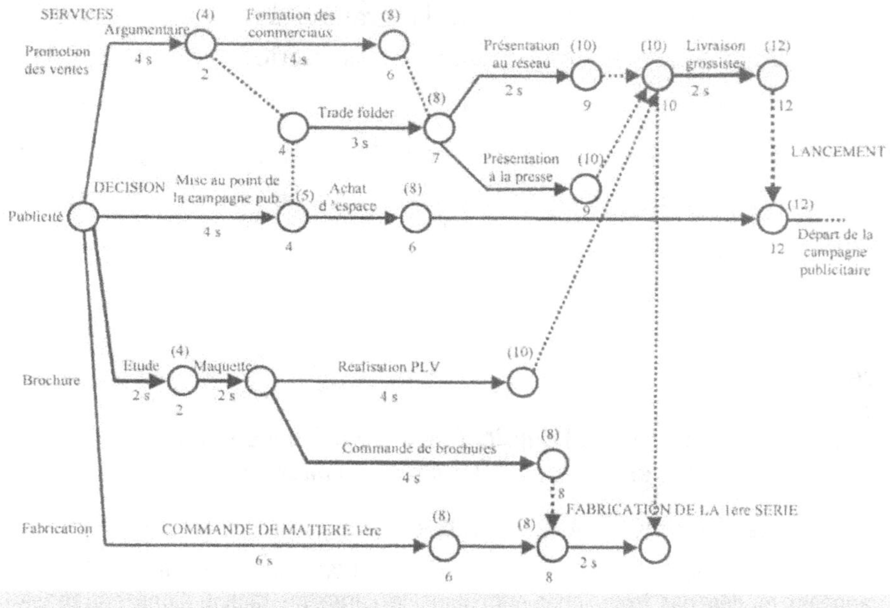

Conventions graphiques utilisées	
············	Tâche ou liaison fictive. Il s'agit d'une contrainte temporelle qui ne correspond à aucun travail réel. Par exemple, la fabrication ne peut pas démarrer avant que les matières premières aient été réceptionnées. Il y a entre ces deux tâches une contrainte logique et de temps qui ne correspond à aucune tâche matérielle.
3	Date de fin « au plus tôt » de la tâche qui précède et date de début « au plus tôt » de la tâche qui suit

(3)	Date de fin « au plus tard » de la tâche qui précède et date de début « au plus tard » de la tâche qui suit.
2s	Durée de la tâche (ici en semaines)

Tâches de lancement d'un nouveau produit	Durée estimée (en semaines)
Mise au point de l'argumentaire commercial	2
Formation des commerciaux	4
Mise au point de la campagne publicitaire	4
Achat d'espace dans la presse	2
Mise au point de présentation du lancement (Trade Folder)	3
Etude technique	2
Mise au point de la maquette	2
Réalisation de la publicité sur le lieu de vente	4
Commande de matériaux nécessaires	6
Commande d'emballages	4
Fabrication de la première série	2
Présentation au réseau de distribution	2
Présentation à la presse	2
Livraison aux grossistes et mise en place dans la région londonienne	2

Grâce à l'application de la méthode PERT, les dirigeants de la jeune entreprise affirment que cette méthode fut d'un grand apport pour la réussite de leur projet. Son efficacité a été particulièrement significative dans certains domaines :

- Accomplir le programme de lancement dans le délai voulu, ce qui était essentiel pour la réussite de l'opération commerciale ;

- Atteindre l'image de marque désirée en coordonnant et en donnant le maximum d'efficacité aux activités de promotion ;

- Faire partager la responsabilité du déroulement du programme par toutes les personnes intéressées ;

- Contrôler l'avancement du programme.

Il est difficile d'imaginer une méthode aussi simple que le PERT et qui rend les mêmes services à autant de niveaux de l'entreprise.

Les entrepreneurs confrontés à une multiplicité de tâches peuvent tirer profit de l'utilisation du PERT.

4.4. Le contrôle de la réalisation du plan

Quel que soit le soin avec lequel a été préparé le plan marketing pour l'entrepreneur, il est nécessaire d'en contrôler sa réalisation. Le contrôle permet non seulement d'évaluer les résultats obtenus mais aussi d'analyser les écarts constatés entre prévisions et réalisations et d'en tirer des informations importantes pour l'élaboration des plans futurs.

Tout contrôle comporte nécessairement trois phases :

- La première consiste à définir avec précision les objectifs poursuivis et les normes à respecter ;

- La deuxième consiste à comparer la situation réelle, à un moment donné, avec la situation normale, à noter et expliquer les déviations éventuelles ; c'est une étape d'information, de comparaison et d'explication ;

- La troisième, consiste à prendre des mesures correctives, permettant de pallier les déviations constatées.

Le contrôle de la politique marketing, par l'analyse des ventes et des coûts (donc de la rentabilité), peut et doit se faire d'une manière permanente ou du moins avec une périodicité relativement courte : chaque mois, chaque trimestre ou à la rigueur chaque année. Mais, il peut être utile, à des intervalles plus éloignés, de se livrer à un examen critique plus approfondi de cette politique, en remettant non seulement en cause ses moyens, mais aussi ses grandes orientations et ses objectifs. C'est l'objet d'un « audit » global. Il est particulièrement important dans le cas du lancement d'une jeune entreprise évoluant dans un environnement technologique connaissant d'importantes mutations.

✔ La planification marketing est aussi indispensable à la petite qu'à la grande entreprise. Son utilité : apporter à son dirigeant une évaluation critique de ses forces et faiblesses face au marché, à l'environnement, à la concurrence ; anticiper l'avenir, prendre des risques calculés : rectifier rapidement les erreurs grâce à une analyse périodique pertinente des écarts entre les objectifs prévus et leur réalisation.

✔ La planification marketing du projet d'un entrepreneur doit revêtir une triple qualité : être simple, souple, glissante dans le temps.

✔ La planification marketing d'un projet repose sur cinq phases : **la réflexion** (analyse des informations disponibles, diagnostic et pronostic de l'entreprise face au présent et à l'avenir) ; **la décision** (« business model » et positionnement, cibles privilégiées, orientations stratégiques, objectifs) ; **l'action et l'organisation** (« marketing mix », « business plan », échéancier, organisation du développement) ; **le contrôle** (mise en place de clignotants liés au développement, analyse des écarts...).

✔ Le chiffrage du « business plan » et l'échéancier constituent deux éléments incontournables pour rendre réaliste et pertinent le plan marketing du projet d'une entreprise.

✔ Le plan marketing devient de plus en plus indispensable, non seulement pour orienter les actions de l'entreprise et limiter ses risques, mais également pour obtenir la confiance des financiers, des investisseurs et des partenaires.

5

LE PLAN MARKETING POUR ASSURER L'AVENIR DE LA JEUNE ENTREPRISE

1. Plan marketing et avenir de la jeune entreprise

1.1. La nécessité d'un plan de survie

Une véritable réussite dans le développement d'une jeune entreprise doit s'appuyer sur une stratégie cohérente et non sur une succession de coups de poker répétés. Elle ne peut être assurée que si l'entrepreneur prend soin de l'organiser et de la planifier dans le temps et dans l'espace.

De très nombreuses « start-up » ont échoué après des débuts fort prometteurs. L'expérience montre qu'un dirigeant fondant sa réussite sur sa simple intuition et sur le « quitte ou double » a statistiquement très peu de chances de connaître un succès à long terme.

Le défi posé par la concurrence sur les marchés nationaux ou internationaux est de plus en plus redoutable.

> ✓ *Tendance…*
>
> *Autrefois, la durée moyenne de vie d'une entreprise européenne se situait entre 25 et 35 ans. Aujourd'hui, elle tend à rejoindre celle des entreprises nord-américaines qui est de l'ordre de 10 ans.*

Ceci signifie que, dans sa vie active, l'entrepreneur doit changer plusieurs fois l'ensemble de son dispositif s'il ne veut pas disparaître. Ce défi exige qu'il aborde les problèmes de développement avec une approche aussi rationnelle que le patron d'une entreprise plus importante. La réflexion stratégique doit être mise en œuvre dès les premiers âges de la création et améliorée par la suite. Elle sert de tableau de bord et guide d'une manière cohérente les axes de développement.

Certaines « start-up », pour avoir grandi trop rapidement, ont négligé cette approche, et l'ont parfois regretté amèrement par la suite. Même dans des domaines très porteurs comme celui des nouvelles technologies, les échecs liés à l'absence de choix stratégiques ou à de mauvaises orientations sont fréquents. Le passé récent avec l'éclatement de la bulle Internet est là pour fournir de multiples exemples.

Certains repreneurs ont, au contraire, su grâce à la mise en place d'une nouvelle stratégie liée à une simple réflexion globale, remettre sur pied ou donner une nouvelle croissance à des PME en voie de déclin : GALIA (voyage d'affaires et de tourisme), HORS LIGNE (agence de communication), BALLAND (édition), GIRAUDY (affichage), GO VOYAGE (tourisme)…

L'entrepreneur ne doit pas attendre les difficultés pour réagir. Après avoir lancé son entreprise, il lui faut dresser chaque année un bilan réaliste de sa position face au marché, à l'environnement, à la concurrence et en tirer un pronostic pour la société. Cette démarche matérialisée par un plan marketing apparaît comme indispensable pour permettre d'assurer l'avenir de son entreprise.

Une approche de planification simplifiée doit être élaborée dès les premières années de vie d'une jeune pousse. La démarche de planification constitue un processus qui permet d'apporter en permanence à l'entrepreneur des réponses à certaines questions très importantes telles que : quels sont les objectifs à long terme de l'entreprise ? Quels sont les produits et services qui vont ou ne vont pas se démoder ? Quand faudra-t-il remplacer ces produits et services, et par quoi ? Quels sont nos marchés ? Quelles sont les parts de marché que nous voulons atteindre ? Comment y parvenir ?...

Conçue dans une optique anglo-saxonne, c'est-à-dire souple et régulièrement révisable dans le temps, la planification marketing du développement permet au créateur de prendre des risques. Grâce à une analyse permanente des écarts entre le prévu et le réalisé, il est en position de corriger rapidement les erreurs mises en lumière dans le cadre du plan.

1.2. Contenu du plan marketing d'une jeune entreprise

La méthodologie du plan marketing de la jeune entreprise ressemble par certains aspects à celle destinée à promouvoir un projet. Le plan est toutefois plus global et intègre une partie exhaustive consacrée au diagnostic des forces et faiblesses de la société en activité.

Le plan marketing permettant d'assurer le développement d'une PME présenté figure n° 16 comprend différentes rubriques :

1) Une synthèse d'informations préalables sur lesquelles reposeront les principales décisions. Elles éclairent l'entrepreneur et lui permettent d'élaborer un pronostic réaliste de sa société. Elle comporte généralement :

Figure n° 16 : Plan marketing de l'entreprise pour un entrepreneur

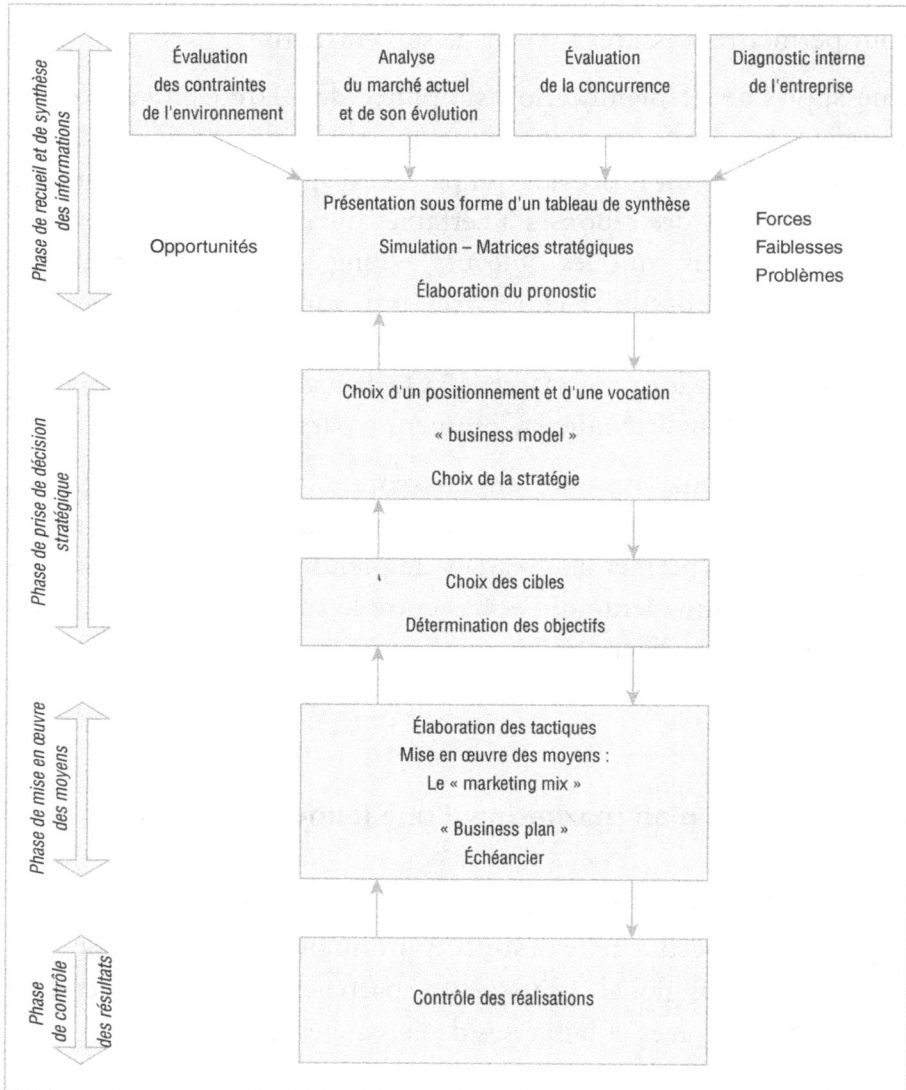

- une évaluation des contraintes extérieures de l'environnement qui peuvent limiter les possibilités d'action de l'entreprise ;
- une évaluation du marché actuel ainsi qu'une prévision de ses grandes tendances d'évolution à moyen et long terme. Cette évaluation peut être déterminée d'une manière globale mais aussi pour les différents segments de marché qui intéressent plus directement le chef d'entreprise ;
- une évaluation des forces et faiblesses des principaux concurrents ;
- une évaluation des forces et faiblesses de sa propre entreprise ;
- la détermination d'un pronostic de développement de la société face aux contraintes du futur.

2) La décision stratégique

- choix des créneaux de développement et définition d'une stratégie incluant éventuellement la nécessité d'un repositionnement ou le changement du « business model » initial ;
- détermination des objectifs et cibles.

3) La mise en œuvre de moyens

- préparation des moyens tactiques : le « marketing mix » ;
- calcul des coûts, « business plan » ;
- échéancier des actions dans le temps.

4) L'élaboration des éléments de contrôle liés aux réalisations du plan

Les analyses préalables sont directement issues de la phase de recueil et de traitement des informations.

2. Informations permettant de mieux décider face à l'avenir

2.1. Analyse de l'environnement

La jeune pousse, comme toutes les autres entreprises, évolue dans le cadre d'un environnement réglementaire qui régit ses activités. L'entrepreneur qui désire élaborer un plan marketing réaliste, doit en tenir compte.

✓ *Définition*

L'environnement comprend un ensemble de contraintes et de réglementations qui sont à la fois propres au pays, aux régions où l'entreprise exerce des activités, mais aussi au secteur et à la branche professionnelle dans lesquels elle évolue.

Certaines professions ont en effet leurs propres règles du jeu, juridiquement imposées, ou tout simplement acceptées par une majorité des membres de cette profession et qui s'appliquent à l'ensemble des entreprises. Ainsi, les pharmaciens, les experts-comptables, les cabinets d'audit... n'ont pas la possibilité de se faire connaître en utilisant la publicité ou toute forme de communication trop commerciale.

L'encadré n°20 donne un exemple des principales contraintes de l'environnement à prendre en compte dans l'élaboration du diagnostic par un entrepreneur.

Encadré N° 20

Définition de l'environnement pour un entrepreneur

a. La réglementation étatique et interprofessionnelle

L'évolution de cette réglementation peut se révéler porteuse de nouveaux créneaux de développement pour l'entrepreneur *A contrario*, elle peut faire apercevoir des sources de difficultés pour l'avenir en limitant les possibilités de vente de certains produits ou services dans le nouveau cadre réglementaire. L'anticipation de la réglementation évite au chef d'entreprise de se retrancher derrière certaines « lignes MAGINOT » préjudiciables pour son fonctionnement.

b. Les pressions syndicales

Bien que moins importantes pour la petite entreprise que pour la grande, ces pressions constituent des contraintes qui sont loin d'être négligeables. Elles sont tout particulièrement à considérer au niveau des sociétés qui prévoient dans leur plan de développement, une augmentation du personnel.

c. L'analyse du milieu économique

La jeune pousse travaille et évolue dans un environnement économique international, national ou régional en perpétuelle mutation. Il s'agit pour chaque type d'entreprises, d'évaluer ce milieu et de déterminer les facteurs tant généraux que particuliers exerçant une influence sur leurs propres activités. Elles doivent être aux aguets des mesures gouvernementales nationales ou régionales décidées en leur faveur. Trop nombreuses sont encore les petites entreprises qui ne savent pas profiter des avantages nouveaux auxquels elles ont droit, tout simplement parce que leur patron les ignore.

d. Les variations de l'environnement technologique

Il est fondamental pour la jeune entreprise de savoir si l'offre de produits ou services à haute technicité qu'elle propose actuellement ou dans laquelle elle désire investir ne risque pas d'être rapidement démodée à cause d'une évolution technologique. Il lui faut largement s'informer sur l'ensemble des produits et services qui apparaissent régulièrement dans sa branche d'activités, que ce soit dans son pays ou dans un autre pays, et qui risquent de remettre en cause sa fabrication dans un proche avenir. De tels produits, même s'ils existent quelque part, ne seront pas obligatoirement et rapidement introduits sur les marchés qui l'intéressent. Toutefois la menace qu'ils font peser est telle qu'elle mérite d'être analysée. La consultation régulière sur le web de la documentation technique des produits et services la concernant, tant nationale qu'étrangère est très utile pour parer à de tels risques.

2.2. Connaissance du marché

La connaissance du marché constitue un élément capital dans l'élaboration d'un plan marketing pour un entrepreneur. Même s'il n'a pas les moyens de faire réaliser ou de réaliser une étude, le patron doit s'efforcer de recueillir un maximum d'informations sur le marché.

Un résumé des principaux renseignements obtenus, accompagné de commentaires sur les conséquences qu'ils peuvent entraîner pour l'entreprise, doit figurer en préambule du plan marketing. Une liste non exhaustive de ces informations est proposée dans l'encadré n°21. Elle est destinée à permettre une évaluation de la clientèle actuelle et potentielle accessible, d'identifier les différents segments susceptibles d'intéresser le chef d'entreprise, enfin de connaître les besoins, goûts, motivations des consommateurs appartenant à ces segments.

Pour obtenir ces informations avec des moyens limités, le lecteur se référera à notre précédent chapitre consacré à ce sujet.

Encadré N° 21

Les principaux types d'informations à recueillir sur le marché par un entrepreneur

- Analyse quantitative du marché des consommateurs, acheteurs, prescripteurs…

- Analyse qualitative des goûts, besoins et attentes des clientèles ;

- Segmentation des marchés ;

- Analyse des grandes tendances d'évolution des marchés ;

- Analyse quantitative des différents canaux de distribution et intermédiaires ayant directement accès au marché ;

- Analyse qualitative des goûts, besoins, attentes, intérêts des canaux de distribution et intermédiaires pour la commercialisation des produits ou services de la jeune entreprise. Evaluation des conditions pour pouvoir accepter cette commercialisation ;
- Analyse de l'évolution quantitative et qualitative des canaux de distribution et des intermédiaires.

2.3. Connaissance de la concurrence

Une connaissance de la concurrence et de son pouvoir compétitif doit figurer en préambule du plan marketing. Soustrayant du marché potentiel brut, le pouvoir d'attraction des sociétés concurrentes, elle **permet d'évaluer le marché potentiel net**. Il s'agit du potentiel de clientèle que l'entrepreneur peut espérer atteindre en tenant compte des intervenants directs ou indirects sévissant sur ces marchés. L'évaluation de la concurrence doit implicitement comprendre un recensement de ses principales caractéristiques ainsi qu'une estimation aussi précise et détaillée que possible de ses forces et faiblesses comparées à celles de l'entreprise. Dans certaines sociétés, un questionnaire simple distribué au personnel et surtout aux commerciaux constitue une méthode légère et efficace qui permet d'obtenir à moindre coût des renseignements très utiles sur la concurrence.

Une « check-list » d'évaluation de la concurrence pour un entrepreneur est représentée dans le chapitre consacré à la politique d'informations.

2.4. Élaboration du diagnostic interne de la jeune entreprise

Tout comme ses propres concurrents, l'entreprise possède des forces et faiblesses qu'elle se doit de reconnaître. Il s'agit essentiellement d'identifier les faiblesses afin d'essayer de les surmonter et de recenser les forces principales pour les développer et les exploiter au maximum.

L'encadré n°22 présente une liste de rubriques permettant d'élaborer un diagnostic des forces et faiblesses d'une jeune entreprise.

Une synthèse des évaluations des forces et faiblesses comparée aux évolutions et attentes du marché et à la concurrence peut être formalisée sous la forme d'une matrice dite SWOT[4] (Forces, Faiblesses, Opportunités, Menaces) figure n°17 dont le but est de rapporter le diagnostic interne de l'entreprise aux opportunités du marché et de le confronter aux menaces de la concurrence.

Encadré N° 22

Diagnostic de forces et faiblesses d'une jeune entreprise

RUBRIQUES	Évaluation	
	Forces	Faiblesses
I. L'organisation de la jeune entreprise 　1. Les hommes face au marketing et à la politique commerciale 　2. Les structures et l'actionnariat 　3. Les relations à l'intérieur de l'entreprise		
II. Politique générale de la jeune entreprise et marketing		
III. Situation financière de la jeune entreprise : son influence sur le marketing.		

---

4. SWOT (Strenghs, Weaknesses, Opportunities, Threads).

IV. La jeune entreprise sur son marché.
  1. Les marchés exploités
  2. L'image de la jeune entreprise auprès des marchés
    (particuliers, entreprises, prescripteurs,
    intermédiaires…)
  3. Part de marché et pénétration		

V. Evaluation des moyens marketing et commerciaux
  utilisés jusqu'à présent
  1. La politique de produit
  2. La politique de prix
  3. La politique de distribution
  4. La politique de vente
  5. La politique de communication
  6. La politique d'après-vente, de suivi du client,
    de qualité
  7. La politique d'informations
  8. La pertinence de l'utilisation d'internet au niveau
    commercial		

VI. Conclusions sur le diagnostic marketing de la jeune entreprise : principales forces et faiblesses		

Figure n° 17 : Présentation d'une matrice SWOT
(tiré du cas Flashcar)

Forces	Faiblesses

• Qualité des dirigeants
• Qualité des produits et du « packaging »
• Soutien de la GREASE Cie
• Force de vente d'appoint
• Image de marque
	• Dirigeant et responsable à temps partiel
	• Absence d'étude de marché
	• Part de voix publicitaire sur part de marché
	  de 11% contre 16,5% de part de marché
	  recherchés la première année
	• Publicité TV réalisée à contretemps
	  avant la mise en place du produit

Opportunités	Menaces

• Climat favorable à l'entretien
  des automobiles
• Clientèle entretenant sa voiture
  (noirs et métis)
• Concurrence ayant une distribution
  identique, distribution exclusive à partir
  des grossistes
	• Concurrence très structurée
	• Refus des grossistes de vendre le produit
	• Echec de KRONTZ et DUPONT :
	  deux importantes sociétés bien implantées
	  sur l'île.

2.5. Détermination du pronostic de la jeune entreprise

Les résultats de l'analyse SWOT sont importants. La comparaison entre l'évolution prévisible de l'environnement et celle de l'entreprise permet d'établir un pronostic. Il aide le dirigeant à répondre à la question « où allons-nous ? » après avoir répondu aux deux questions précédentes « quel parcours avons-nous suivi jusqu'ici ? » et « où sommes-nous maintenant ? »

✓   *Conseil avisé*

Il est souhaitable que le patron réunisse au moins une fois par an ses principaux collaborateurs pour dresser un pronostic de son entreprise et en tirer les conséquences pour l'avenir.

La réponse peut être positive : nous allons dans le sens du développement du marché. Dans ce cas, le plan doit permettre de continuer à assurer, voire à amplifier ce développement.

A l'inverse la réponse peut signifier : nous allons à l'encontre de l'évolution. Par exemple, nous touchons une clientèle de plus en plus âgée ou de moins en moins rentable, alors que les prévisions de développement des marchés montrent la nécessité de s'adresser aux jeunes, à des catégories plus rentables. Nous assurons jusqu'à présent notre expansion à partir de produits qui risquent d'être rapidement dépassés sur le plan technologique du fait de l'apparition dans d'autres pays de techniques voisines plus intéressantes pour le client.

De nombreuses PME confrontées à d'importants changements de leur environnement ont dû gérer de nouvelles orientations pour leur développement et connaître un nouveau démarrage.

La petite entreprise qu'était la société DELSEY, alors spécialiste de la fabrication d'étuis en cuir pour appareils photographiques, constatant la maturité de ce marché, décida de se lancer sur un nouveau créneau, celui des valises rigides. Grâce à ce changement d'orientation, issu d'un diagnostic réaliste, cette PME de Montdidier (Somme) s'est permis de concurrencer en Europe le grand leader international SAMSONITE.

Les établissements CHARLES DUVICQ dans les Landes dressèrent un pronostic des activités de l'entreprise qui les conduisit à constater la vulnérabilité de leur production : la fabrication de bouchons en liège pour bouteilles. Ils connurent un nouvel essor en engageant une politique de diversification. La société développa la production de semelles de chaussures en liège et prit rapidement une position de leader sur ce marché.

Un dernier exemple choisi dans le domaine du textile est celui de la société BROCHIER ET FILS. Jadis spécialisée dans la fabrication et le négoce du tissage de la soie, cette PME, après avoir constaté les limites du développement de ce marché, décida avec succès d'appliquer ses techniques sophistiquées dans d'autres secteurs que l'habillement (tissage de verre, de carbone...). Cette nouvelle orientation lui permit de réaliser une pénétration importante dans divers secteurs industriels et de s'étendre très rapidement sur les marchés internationaux.

Ces quelques exemples choisis parmi bien d'autres montrent à quel point la détermination du pronostic est importante.

Sans lui, il est difficilement possible à l'entrepreneur d'avoir une vision réaliste de ses forces et de ses faiblesses comparées à l'évolution des marchés et de la concurrence. Cet éclairage lui permet d'élaborer une stratégie efficace de développement pour le futur.

3. Définir une stratégie de développement pour l'entreprise

La stratégie constitue une orientation stable, durable et incontournable. Elle s'impose à tous les choix qui seront décidés au niveau tactique. Lorsque l'entrepreneur change ses orientations principales, il décide une autre stratégie. La stratégie ne doit pas être confondue avec les tactiques qui sont des politiques partielles, fondées sur des actions et des moyens. Le « marketing mix » fait partie des tactiques. Au contraire de la stratégie, les tactiques doivent être souples et pragmatiques en fonction des multiples réactions de l'environnement, du marché, de la concurrence.

✓ *Stratégie et tactique, un duo aux deux entités distinctes*

Une comparaison peut être faite avec le mariage : la stratégie est le choix du partenaire. Vouloir un autre partenaire constitue un changement de stratégie. En vouloir plusieurs résulte à ne pas avoir de stratégie. La tactique est la manière de s'y prendre pour obtenir le partenaire de son choix ou encore réussir sa stratégie. La tactique doit par essence être pragmatique et adaptable en fonction des réactions de l'environnement. Bien évidemment un grand danger pour l'entreprise, autant que pour le couple, consiste à confondre stratégie et tactique.

La définition d'une stratégie de développement pour une PME peut faire appel aux différents modèles de l'analyse stratégique. Contrairement à ce que pensent certains entrepreneurs, ils sont généralement simples à utiliser et ne sont aucunement réservés aux grandes entreprises.

Ne voulant pas nous livrer à une étude exhaustive, nous nous limiterons à découvrir deux d'entre eux :

- Le premier vise à optimiser les moyens à consacrer aux différentes gammes de produits et services lorsque le chef d'entreprise a choisi de promouvoir un ensemble d'offres en même temps. Ils font appel à l'approche BCG[5] ;

- Le second s'attache à l'aider à réfléchir sur ses possibilités de développement en faisant appel à la diversification. Une méthode simple peut lui être apportée à travers l'utilisation de la matrice d'Igor ANSOFF.

3.1. Politique marketing de recentrage des gammes de produits et services d'une PME à partir de la matrice du BCG

Le BCG a coutume de positionner l'ensemble des produits ou services de l'entreprise selon quatre cadrans déterminés à partir de deux critères : la part de marché relative et le taux de croissance du secteur. La part de marché relative de l'entreprise est comparée sous forme d'un ratio à celle de la société « leader » de la profession. Le ratio 1,5 sépare deux types de zones : celles à forte position compétitive >1,5 et celles à faible position compétitive <1,5. Le taux de croissance du secteur correspond au rythme de développement du marché auquel il appartient. Il comporte deux niveaux « fort » et « faible ». Se classent habituellement dans la catégorie des secteurs à forte croissance ceux dont la production annuelle en volume se développe à un rythme supérieur à 10 %.

A partir de ces critères, le BCG propose une matrice qui définit quatre cadrans qu'il nomme : les étoiles (stars), les vaches à lait (cows), les poids morts (dogs), les dilemmes (dilemmas). Ils sont représentés figure n° 18.

---

5. BCG (Boston Consulting Group).

Pour chacun de ces cadrans, le BCG établit une position des produits et services de l'entreprise et propose des réactions marketing et des moyens : figure n°19. L'entrepreneur peut tirer parti d'une analyse du BCG dans le cadre d'une préparation de sa politique de développement, d'une part en positionnant sa ligne de produits à partir de cette matrice et, d'autre part, en réfléchissant aux différentes approches présentées figure n°19.

Figure n° 18 : La matrice BCG

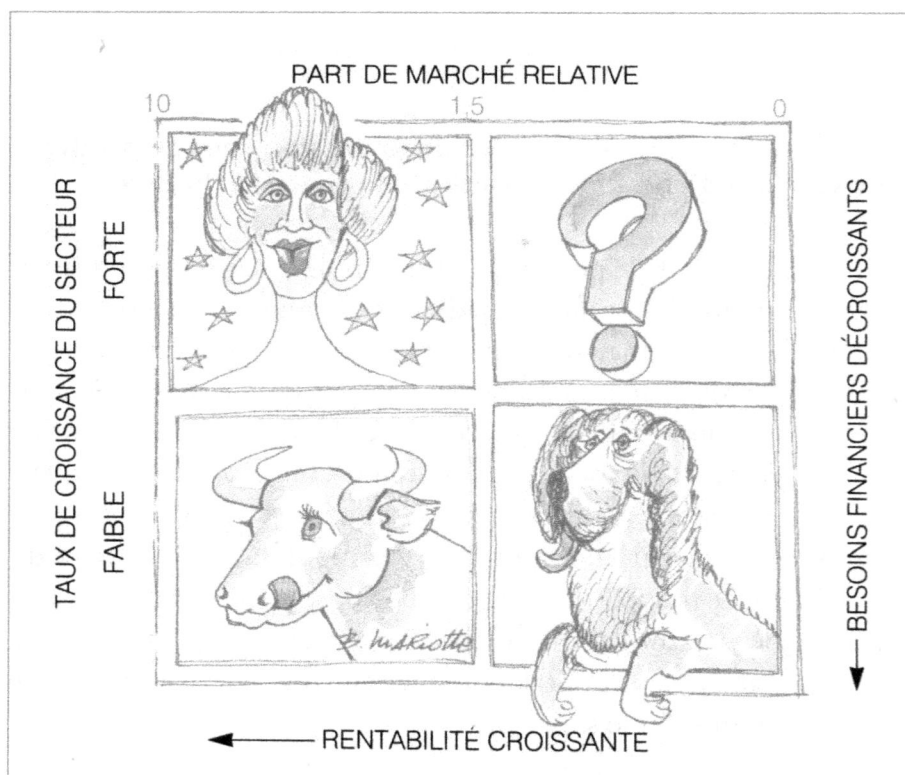

Figure n° 19 : Approche marketing liée à la matrice BCG

« STARS » Étoiles	« COWS» Vaches à lait	« DOGS» Poids morts	« DILEMMAS» Dilemmes
Position de l'entreprise Segments stratégiques en croissance rapide. Part de marché significative tenue par l'entreprise. Pression importante de la concurrence.	**Position de l'entreprise** Segments d'activités à faible croissance, mûrs ou en déclin. Position forte de l'entreprise. Forte rentabilité.	**Position de l'entreprise** Potentiel de développement limité. Faible rentabilité, voire négative. Peut présenter un danger.	**Position de l'entreprise** Segments peu rentables aujourd'hui mais porteurs d'avenir.
Réactions marketing Maintenir une position dominante en s'armant poour se défendre contre la concurrence.	**Réactions marketing** Rentabiliser ce segment afin de pouvoir investir ailleurs.	**Réactions marketing** Se retirer sans débandade ou maintenir sans investissement.	**Réactions marketing** Investir davantage pour devenir leader. Resegmenter. Abandonner le marché.
Moyens Forte utilisation du marketing à tous les niveaux importants. Importants investissements commerciaux et en communication.	**Moyens** Amélioration du positionnement. Rajeunissement ou repositionnement du produit. Comunication de soutien. Actions auprès de la distribution. Politique de qualité.	**Moyens** Action minimum de soutien marketing et commercial. Recherche d'accords pour vendre ses activités.	**Moyens** Investissements importants au niveau commercial. Recherche d'un positionnement adéquat des produits et services. Engagement d'études pour resegmenter. Communication importante.

3.2. Politique de développement et de diversification pour l'entrepreneur à partir de la matrice d'Igor ANSOFF

La matrice proposée par Igor ANSOFF permet de fonder une stratégie de croissance et de diversification en réfléchissant sur les axes de développement possibles à partir des produits ou des marchés. Elle possède l'avantage de présenter une approche logique qui permet à l'entrepreneur de tirer le meilleur parti de ses forces et d'exploiter au maximum son « savoir-faire » avant de se lancer dans des aventures plus audacieuses. Le choix du « marketing mix » utilisé sera différent selon les quatre cadrans présentés dans la matrice. Les investissements marketing et commerciaux sont optimisés s'il accorde une priorité d'action au cadran (1), puis (2), et (3) avant d'orienter les efforts vers le cadran (4).

Figure n° 20 : Présentation de la matrice d'ANSOFF

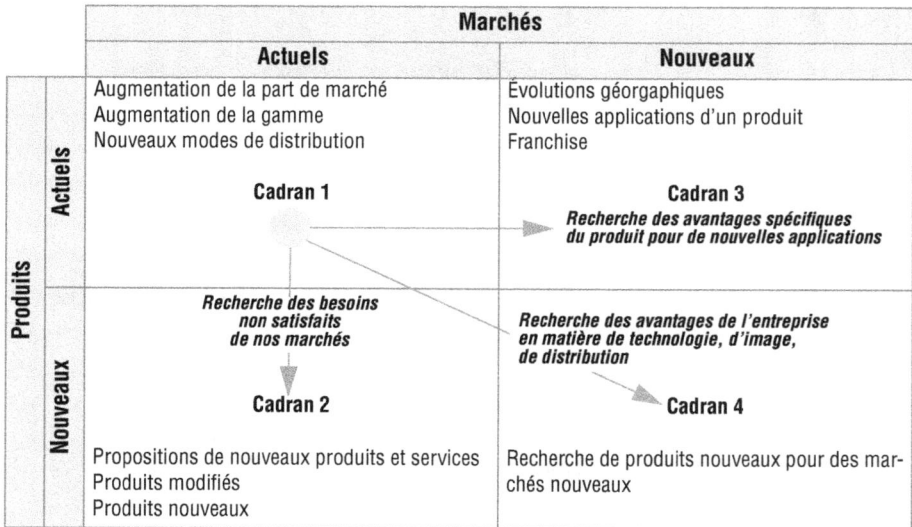

	Marchés	
	Actuels	**Nouveaux**
Produits — Actuels	Augmentation de la part de marché Augmentation de la gamme Nouveaux modes de distribution **Cadran 1**	Évolutions géorgaphiques Nouvelles applications d'un produit Franchise **Cadran 3** *Recherche des avantages spécifiques du produit pour de nouvelles applications*
Produits — Nouveaux	*Recherche des besoins non satisfaits de nos marchés* **Cadran 2** Propositions de nouveaux produits et services Produits modifiés Produits nouveaux	*Recherche des avantages de l'entreprise en matière de technologie, d'image, de distribution* **Cadran 4** Recherche de produits nouveaux pour des marchés nouveaux

La matrice d'ANSOFF est représentée figure 20. Les réponses marketing correspondant à chaque cadran de cette matrice sont décrites dans l'encadré n°23. Quelques exemples d'applications pour des jeunes entreprises et des PME sont développés au cours des quatre paragraphes qui suivent :

Encadré N° 23

Stratégies marketing correspondant à chaque cadran de la matrice d'ANSOFF

		MARCHÉS	
		Actuels	**Nouveaux**
PRODUITS	**Actuels**	**Réponses marketing** Elargissement de la gamme actuelle (catalogue plus large, meilleur service…) Augmentation de la notoriété sur le marché (communication, bouche à oreille….) Choix de plusieurs types de conditionnements Amélioration du linéaire Négociation pour obtenir une meilleure place dans les magasins.	**Réponses marketing** Extension de la commercialisation des produits vers d'autres régions ou pays (délocalisation) Application d'un nouveau produit à d'autres marchés (ex.: fermeture Eclair appliquée au camping, skate-board ou surf sur neige…) Transfert de technologie (ex.: téflon : produit industriel pour ailes d'avion appliqué aux poêles Téfal) Transfert de « savoir-faire » vers d'autres marchés (ex.: de la « franchise »).
	Nouveaux	**Réponses marketing** Capitaliser au maximum sur son infrastructure commerciale (fichier, image, canaux de distribution…) afin de proposer de nouveaux produits ou services Modifications techniques importantes (ex.: passage de la TV classique à la TV digitale) Evolution du conditionnement (ex.: salade épluchée sous vide…) Développer de nouveaux produits sous la même marque Diversification des produits au niveau de ses canaux de distribution (ex.: stations-service devenant des supérettes alimentaires, agents d'assurance proposant des produits financiers…)	**Réponses marketing** Il s'agit souvent, pour le marketing, de contribuer à développer des activités nouvelles vers des marchés peu connus. Cela peut aussi consister à permettre, à partir de produits ou services adéquats, de couvrir différents segments du marché (ex. : GROUPE ACCOR- NOVOTEL-SOFITEL - IBIS - FORMULE 1 ; développement de SEB vers l'amont (moteurs) et l'aval (achat de certains distributeurs…). Le marketing est parfois obligé de suivre la stratégie financière

a. Augmentation des produits actuels sur les marchés actuels

Cette stratégie consiste, pour l'entrepreneur à augmenter ses ventes sans modifier fondamentalement ses produits ni le type de clientèle visée. Habituellement elle procède à un élargissement de sa gamme de produits (catalogue plus large, meilleur service...), et à une augmentation de sa notoriété et de l'image de ses marques sur le marché. Au niveau de la gamme, l'entreprise songe parfois à des modifications mineures (plusieurs conditionnements au lieu d'un seul, multiples couleurs...).

La société ERCE, entreprise de papeterie travaillant avec les hypermarchés, a été amenée à revoir le conditionnement de ses gammes de produits pour mieux se développer dans ces canaux de distribution : présentation de cahiers avec des films protecteurs, impression des prix de vente sur les articles, regroupement sous forme de lots promotionnels...

Dans la commercialisation aux entreprises, BUVETTE SA, spécialiste des abreuvoirs pour bestiaux, a connu un vif succès en proposant une gamme très large de produits adaptés à la taille du cheptel, au pays, au climat... La société n'a pas hésité à présenter des abreuvoirs antigel pour des pays scandinaves.

En ce qui concerne la notoriété, l'entrepreneur s'efforce de favoriser au maximum le bouche à oreille, notamment si son marché est étroit et si la qualité de ses produits est reconnue. Il peut également susciter l'augmentation de cette notoriété en mettant en œuvre une politique de communication avec la clientèle (articles rédactionnels si l'apport est nouveau : mailing[6], PLV[7], publicité-presse).

---

6. Mailing : Publicité et vente par courrier.
7. PLV : Publicité sur le lieu de vente.

L'utilisation d'Internet, média international et bon marché, est de plus en plus courante pour faire connaître au monde les avantages spécifiques des produits et services proposés par une jeune entreprise. Il peut s'agir soit de la création d'un site en propre, soit de l'adhésion à un portail servant plusieurs professionnels d'un secteur. Tel est le cas de WINTERNET, lancé par un jeune créateur, qui fédère les grandes maisons françaises de vins de champagne. C'est aussi celui de NOT-NET, proposé par une autre « start-up », PROMEDIT, destiné à diffuser à partir d'Internet, les offres immobilières les plus prestigieuses des notaires.

Cette stratégie a le double avantage d'être simple et de comporter moins de risques que les autres. En fait il est de bonne politique pour l'entrepreneur d'examiner s'il est possible d'atteindre ses objectifs de vente à court et moyen terme en suivant cette voie avant d'envisager des orientations plus complexes.

b. Commercialisation des produits actuels sur les marchés nouveaux

Cette politique revêt une complexité différente. Dans le cas le plus simple, il s'agit d'une simple extension commerciale géographique pour la fabrication. Si les produits rencontrent un succès dans sa région, l'entrepreneur décide de s'intéresser à d'autres régions ou à des marchés étrangers. Une telle évolution ne manque pas d'occasionner des investissements commerciaux importants. Cette orientation implique parfois la nécessité de modifier les produits existants afin de mieux les adapter aux marchés nouveaux. S'il connaît un vif succès, le chef d'entreprise est conduit à engager des investissements relatifs à son infrastructure de production. Cette forme de développement, notamment à l'étranger, est classique chez les PMI innovantes. Certaines d'entre elles réalisent un chiffre d'affaires très important dans d'autres pays.

L'entreprise PETZL : une PME qui s'est spécialisée dans la vente des harnais et lampes frontales pour spéléologues, est devenue en quelques années le numéro un mondial de sa spécialité.

FRANCE LAMES : spécialiste des lames d'escrime, a réussi à s'imposer dans 70 pays.

THIBAUT : machines à surfacer et polir pour tous types de surfaces, réalise 80 % de son chiffre d'affaires à l'export.

VERGNET : qui a développé le créneau des éoliennes pour pompes à eau adaptées aux conditions locales de chaque pays, réalise près de 90 % de sa commercialisation à l'export.

PINGUELY-HOULOTTE : fabricant de nacelles réalise une grande partie de ses revenus à l'étranger.

Plus l'avantage spécifique des offres de la jeune entreprise est original et le créneau étroit, plus l'intérêt pour le développement hors des frontières est important.

Une autre initiative présentée par ce cadran stratégique consiste à rechercher de nouvelles applications pour les produits actuels. De tels choix ont parfois été à la base de succès particulièrement importants pour certains produits ou services proposés par de jeunes entreprises. Tel fut le cas, par exemple, de l'application du laser au découpage des tissus, du « skateboard » à la glisse sur neige, de la fermeture Eclair (à glissière) pour le camping de l'Amplivix, vasodilatateur coronarien, qui connut un deuxième départ commercial lorsque le laboratoire qui le produisait trouva qu'il favorisait l'élimination de l'acide urique et permettait de soigner la goutte.

Une troisième voie intéressante de diversification dans ce domaine vise à proposer une franchise. Elle permet à l'entrepreneur de se développer en limitant ses investissements en capital. De nombreuses entreprises ont connu une croissance importante en utilisant cette stratégie. Nous développerons ce sujet dans notre chapitre consacré à la distribution.

Pour ne citer qu'un exemple récent, la société POINT-CADRES (décoration d'intérieurs à partir de gravures et de cadres à des prix très compétitifs) a lancé avec succès un réseau de boutiques sous cette marque en faisant appel à la franchise.

c. Commercialisation de produits nouveaux auprès des marchés actuels

Lorsque l'entrepreneur a réussi son implantation dans un créneau bien précis, surtout s'il a bénéficié, grâce à la qualité de ses produits et services, d'une excellente notoriété et image auprès de ses clientèles, il peut songer à faire profiter d'autres produits de son image. Il recherche des fournisseurs susceptibles de proposer des produits complétant sa gamme ayant une qualité voisine de ses offres. Pour mener à bon terme cette stratégie de développement, il capitalise au maximum sur ses bonnes relations avec la clientèle, les distributeurs, mais aussi sa notoriété et son image dans son pays d'origine ou à l'étranger. Il peut faire profiter des fournisseurs intéressés de son implantation commerciale ou encore de son service d'entretien.

Parmi les approches classiques, on rencontre l'extension de la gamme. La société BACKILLER, fondée sur la création de CD-ROM de mathématiques pour terminales, a lancé de nouveaux produits pour les terminales ES (Economie), pour les classes de seconde…

LA VIE SA a développé une gamme élargie de produits bio en grande distribution.

La diversification à partir de la notoriété qu'a su obtenir une jeune entreprise bien positionnée auprès de sa clientèle d'entreprise, de particuliers, de distributeurs constitue un important axe de développement.

Dans le domaine des vins, Philippe BOUCHARD, grâce à la réputation de son nom lié à ses propres connaissances viticoles, s'est lancé dans la sélection de vins qui va bien au-delà de sa propre production. Il en est de même pour la société DEVAVRY, un producteur de vins de champagne qui commercialise désormais d'autres marques dans sa carte sélectionnées par son patron, Bertrand DEVAVRY, pour sa clientèle.

Cette stratégie a constitué une importante base de diversification commerciale pour les chaînes de coiffure ou de soins telles que CLARINS, DESSANGE... ou encore pour certains parfumeurs, bijoutiers... La stratégie de diversification s'accompagne parfois d'une politique de rachat afin de constituer une entité complémentaire cohérente présente sur l'ensemble du créneau. Tel fut le cas dans le luxe, de célèbres créateurs qui donnèrent naissance à des marques de renom mondial telles que CHANEL, YVES SAINT-LAURENT, CARDIN...

d. Promotion des produits nouveaux vers des marchés nouveaux

Cette dernière stratégie est la plus risquée. Les facteurs inconnus sont nombreux, tant dans le domaine de la commercialisation que de la production. Dans ce cas, l'entrepreneur utilise assez peu les connaissances et ressources techniques ou commerciales dont il dispose. A l'extrême, il s'agit d'un pur investissement financier dans un domaine d'avenir (le spatial, l'informatique, les biotechnologies,...). Ce type de diversification correspond plus fréquemment à des « holdings » qu'à des entreprises moyennes ou petites. Au sein de la PME, cette transformation repose souvent sur un transfert de technologies ou de connaissances. Ce fut le cas de la Société BROCHIER & FILS, spécialiste du tissage de la soie pour l'industrie textile, qui décida d'appliquer sa technique à d'autres matériaux pour répondre aux besoins des nouvelles industries. BROCHIER & FILS choisit de tisser des tissus en forme ou préformés, des fils de verre, des fils de bore ou de carbone. Ses clients sont devenus les fabricants de bateaux, de ballons dirigeables, d'ameublement, d'équipement de camping d'automobiles, d'avions... La SNIAS a en particulier confié à cette entreprise le tissage, sous forme de coiffe préformée, du nez de l'avion « Concorde ». C'est aussi le cas de Loïc LEMEUR qui après avoir obtenu un vif succès dans la création de « start-up » sur Internet s'est lancé dans une carrière parallèle de « business angel ». La société HERMES spécialiste des selles de chevaux de haute qualité, sans renier ses origines, connaît également une importante diversification dans le luxe.

Quoi qu'il en soit, un entrepreneur qui décide d'évoluer vers ce type de diversification doit toujours se préoccuper de la cohérence de son choix avec ses autres moyens commerciaux et s'assurer que l'investissement réclamé pour l'avenir ne dépasse pas ses possibilités financières.

Bien évidemment, ces quatre types de stratégies peuvent se combiner.

✔ Après avoir contribué au lancement d'un projet et obtenu l'intervention des investisseurs, le plan marketing est indispensable pour assurer la survie de la jeune entreprise en lui assurant un développement harmonieux.

✔ Le plan marketing permet de présenter chaque année à l'entrepreneur une évaluation « SWOT » visant à confronter les forces et faiblesses de sa société aux opportunités du marché ainsi qu'aux menaces de l'environnement et de la concurrence.

✔ Le plan marketing pour l'entrepreneur constitue un outil indispensable lorsqu'il souhaite mettre en place une politique rationnelle de diversification à partir de ses produits, marchés, canaux de distribution ou de son image.

Troisième partie

Mettre en œuvre
le marketing
de l'entrepreneur

6

PROMOUVOIR ET DÉVELOPPER LA POLITIQUE DE PRODUITS ET DE SERVICE : DE L'IDÉE CRÉATRICE À LA MISE EN ŒUVRE

Un échec important concernant la politique de produits ou de services peut être fatal à la petite entreprise. Contrairement à la grande entreprise, elle ne possède pas les moyens financiers qui lui permettent de se contenter d'une probabilité positive de réussite sur une majorité de produits qu'elle désire promouvoir. Il s'agit là d'une spécificité qui l'oblige à considérer avec une attention particulière la politique de ses produits au cours de leur cycle de vie respectif. Un seul produit mal lancé risque de compromettre dangereusement l'existence de l'entreprise. Un produit arrivant en phase de maturité permet de dégager des ressources que la jeune entreprise doit largement réinvestir dans la recherche de produits nouveaux. Un produit en phase de déclin, si sa rentabilité est compromise, doit être supprimé faute d'affaiblir l'entreprise tout entière.

L'entrepreneur n'ignore pas qu'il doit décider dans ce domaine et que ses décisions sont stratégiques. Ce qu'il ignore plus souvent, c'est que des techniques relativement simples, issues du marketing peuvent l'aider à limiter les risques dans la formulation de ses choix. Tant en ce qui concerne le lancement et la gestion des gammes de produits, que la détermination d'un juste prix, **l'approche marketing permet** d'améliorer la prise de décision commerciale en apportant **un éclairage nouveau issu d'une meilleure connaissance de l'environnement, du marché et de la concurrence.**

1. Concept traditionnel et concept marketing du produit pour un entrepreneur

De nombreuses entreprises doivent aujourd'hui leur survie au choix astucieux qu'a su faire leur patron dans sa politique de produits. Il lui a permis de se lancer et de progresser au cours des premières années. Sans l'élaboration et la commercialisation d'un produit ou service correspondant aux besoins d'un créneau rentable du marché, il lui aurait été impossible de survivre. Parmi les causes importantes de mortalité des « start-up » au cours des deux premières années, on rencontre fréquemment une mauvaise décision relative à la politique de produits. Si le produit est mal adapté aux besoins du marché, la jeune entreprise ne peut démarrer faute de clients. Si le produit correspond aux besoins d'un marché trop limité, il lui est impossible de se développer.

Malheureusement la décision de se lancer dans la fabrication et dans la promotion d'un produit adapté au marché est bien souvent le fait du hasard. Le chef d'entreprise, surtout dans les PMI, bon technicien, se lance parfois par simple intuition dans la création d'un produit nouveau qu'il s'efforce ensuite de promouvoir. Lorsque le produit possède assez d'avantages pour rencontrer l'adhésion d'un nombre suffisant de clients, l'entreprise est lancée.

Cette démarche peut laisser croire que le patron fait du marketing sans le savoir. Ceci est vrai en partie si son intuition est née d'une analyse personnelle qui l'a conduit à confronter les avantages de son idée aux besoins d'un marché insatisfait par les entreprises concurrentes. C'est le fondement même de la démarche marketing. C'est faux, par contre, si ce même dirigeant s'est contenté de fabriquer un produit qui lui faisait plaisir à lui, technicien, et a tenté de trouver des clients par la suite. Dans ce deuxième cas, il a tout simplement eu de la chance. Même si les deux démarches ont conduit à un succès notable, la deuxième approche n'est pas sans présenter des dangers importants. A moins d'être né sous une bonne étoile, il est rare que la chance se perpétue indéfiniment. Le jour où elle abandonne l'entrepreneur, le lancement du produit échoue et la rentabilité de l'entreprise risque d'être gravement compromise.

Le créateur ne doit pas se contenter de se comporter en artiste dans sa prise de décision. Il doit progressivement acquérir les réflexes qui feront de lui un bon gestionnaire. Son talent à innover constitue un avantage considérable pour l'entreprise. L'avantage devient encore plus important s'il sait confronter ses idées aux besoins réels du marché et aux propositions de la concurrence. Cette deuxième qualité lui permettra de calculer le risque lié à son initiative et à décider en pleine connaissance de cause.

Une réflexion marketing présente des avantages certains pour l'entrepreneur en ce qui concerne la politique de produits :

- Elle l'oblige à réfléchir sur le marché, ses besoins, l'évolution de ses besoins, les lacunes de la concurrence... et augmente ses idées créatives.

- Elle le conduit à être vigilant en ce qui concerne la politique de produits suivie par sa société en surveillant les offres de la concurrence.

- Elle le force à répondre à la question fondamentale : « Les produits qui, il y a quelques années, étaient parfaitement adaptés aux besoins du marché, le sont-ils encore de nos jours ? »

- Elle l'entraîne, enfin, à prendre des décisions, que ce soit en matière de lancement ou de suppression de produits, cohérentes avec le reste de la gamme, avec la politique commerciale, et avec l'image qu'il désire donner de l'entreprise.

Une myopie de l'entrepreneur au niveau de la politique de produits a souvent conduit l'entreprise au déclin. **Dans le cas de la mort lente, l'entreprise ne sait pas renouveler sa gamme ; elle meurt progressivement de sa belle mort avec le vieillissement de ses produits. Dans le cas de la mort rapide, elle s'engage dans des investissements trop importants pour le lancement d'un produit et les résultats n'atteignent pas les espérances de son dirigeant. Il compromet dangereusement sa trésorerie et ne peut plus faire face à ses échéances.** L'échec du lancement entraîne inéluctablement la mort de la société, si cette dernière ne peut trouver à temps un banquier compréhensif ou des investisseurs croyant encore à l'avenir du projet. La mortalité de PME dans des secteurs à forte évolution technologique comme par exemple l'imprimerie, est loin d'être une exception.

Une approche marketing doit aider l'entrepreneur à réaliser la meilleure adéquation possible entre la politique de produits et les besoins des segments du marché qui l'intéressent. Une vérification permanente de cette adéquation lui permet d'orienter convenablement le choix de ses investissements.

- Si les produits sont bien adaptés aux besoins du marché, il peut orienter son budget vers d'autres actions commerciales ou vers la recherche.

- Si les produits se révèlent mal adaptés, il doit par contre consacrer une partie de ses investissements à réviser sa gamme (modification des produits, élimination...) ou à lancer des produits nouveaux qui correspondent mieux aux attentes de la clientèle. Il peut aussi s'intéresser au rachat de sociétés plus petites ou insuffisamment valorisées qui possèdent les technologies ou les produits recherchés.

1.1. Les fonctions perçues des produits ne rencontrent pas les besoins formulés par le marché

Dans ce premier cas l'entrepreneur est amené à prendre plusieurs types de décisions.

a. Suppression du produit de la gamme

C'est le cas typique du produit dont les caractéristiques ont atteint un tel état d'obsolescence qu'il ne présente plus guère d'intérêt pour la clientèle sauf comme antiquité (le poste radio à lampes, la télévision en noir et blanc). Ce peut être une obsolescence technique du produit ou bien aussi une obsolescence due à la variation du goût qui rend l'objet démodé.

Une PME doit toutefois se garder d'avoir la même attitude qu'une grande entreprise. La suppression d'un produit de la gamme n'est nécessaire que lorsque son maintien compromet sa rentabilité ou son image. La PME peut conserver un produit démodé alors que la plupart des concurrents ont abandonné le marché si l'existence de segments intéressés perdure et se révèle suffisamment forte pour rentabiliser les investissements de l'entreprise pour ce produit. Un produit ou service démodé dans un pays technologiquement avancé peut aussi rencontrer un succès dans des pays en retard. Le cas de la société ELECTROFLY reproduit en encadré n°24 illustre cette approche.

Encadré N° 24

Cas de la société ELECTROFLY
ou comment se développer avec un produit obsolète

La société ELECTROFLY[1], petit fabricant de meubles incluant des chaînes haute fidélité... était disposée il y a quelques années à abandonner cette dernière production. Son patron, technicien compétent, pensait que les meubles haute fidélité étaient un produit en voie de disparition. Ils ne correspondaient ni à l'évolution de la technique ni à celle des goûts des Français. Sa position était renforcée par le fait que la plupart des grands fabricants dans ce domaine avaient abandonné cette production. Toutefois avant de prendre une décision définitive, il décida de faire appel à un de ses amis, conseiller en marketing. Celui-ci, après la réalisation d'une petite étude, prit une position radicalement différente. L'étude révéla, en effet, que dans certaines régions françaises existaient de véritables mini-marchés en nombre non négligeable, très intéressés par le produit. Malheureusement leurs besoins étaient insatisfaits car les meubles haute fidélité avaient pratiquement disparu de la vente. Une petite étude complémentaire permit de cibler ces marchés, en termes de catégories socioprofessionnelles, et d'évaluer leur potentiel pour les cinq années à venir. Celui-ci se révéla fort intéressant pour ELECTROFLY, étant donné l'absence de concurrents. Un marché de retraités dans certaines provinces, en pleine expansion, montra un réel intérêt pour le produit.

Il fut décidé, contrairement à la première idée du dirigeant de l'entreprise :

- de maintenir la production des meubles haute fidélité ;
- de mieux adapter le produit au goût des marchés cibles qui se composaient en grande partie de personnes âgées, de lieux où la population est inférieure à 10 000 habitants ainsi que les campagnes ;
- d'élever le prix, ce qui permettait de réaliser davantage de profits pour l'entreprise ;
- de rechercher des distributeurs mieux adaptés aux segments visés ;
- de réaliser une communication spécifique à l'égard de la clientèle choisie.

Les résultats de l'opération occasionnèrent pour la petite entreprise un doublement de ses bénéfices en moins de deux ans.

L'augmentation des profits dus à ce produit se poursuivit encore régulièrement pendant trois ans. L'argent gagné permit à la société ELECTROFLY de financer la diversification vers de nouveaux produits qui assurent actuellement le relais.

---

1. Le nom de la société a été démarqué.

b. La transformation du produit afin de mieux l'adapter aux besoins du marché

Un cas illustratif de cette approche fut celui de la société ROGER CAPRON. Cette entreprise était au départ un atelier artisanal créé à Vallauris. Il fabriquait essentiellement des pièces en faïence. C'est alors que Roger CAPRON s'aperçoit de l'existence d'un vaste marché de particuliers fortunés, établissements commerciaux, hôtels, collectivités... qui recherchent pour leurs décorations murales des panneaux en carreaux de faïence plus décoratifs que les panneaux traditionnels. L'idée lui vient de faire évoluer ses carreaux classiques vers des carreaux présentant des formes plus artistiques. Il décide de créer un véritable art du carreau de faïence et de s'appuyer pour sa promotion sur des prescripteurs (architectes, décorateurs) intéressés par la qualité et l'originalité de son art ainsi que sur des distributeurs qui jouent également un rôle de conseiller. Grâce à cette adaptation de la production et au dynamisme de son patron le succès de l'entreprise est très rapide. En France comme à l'étranger, les articles ROGER CAPRON bénéficient rapidement d'un engouement considérable malgré les prix élevés. Sa notoriété s'étend jusqu'au Japon.

La société MOCKERS, un fabricant de portes en bois en Alsace connut aussi un réel succès lorsque son dirigeant décida de se lancer sur le créneau européen des portes d'intérieur d'appartements en bois de qualité. La série de portes « signées » fut une réussite en Allemagne et en France.

Lorsque les produits existants rencontrent auprès du marché une certaine indifférence, l'entrepreneur doit toujours songer à leur réadaptation. Elle réclame parfois des transformations techniques. D'autres fois, une simple modification de la présentation, du nom, du conditionnement, le regroupement d'avantages sous une formule particulière... suffit à donner au produit une vie nouvelle. Dans le domaine des services, une modification de la présentation peut occasionner un nouveau succès. Pour ne citer que quelques exemples, des restaurants jadis peu dynamiques ont considérablement renouvelé et développé leur clientèle en donnant à leur carte et à leurs produits une présentation originale. Nous connaissons, dans ce domaine, les succès commerciaux de certains restaurateurs qui, partant d'un simple restaurant, avec une formule bien adaptée au goût d'une clientèle particulière, connurent, en quelques années, un développement considérable. Le cas du RELAIS VENICIEN : L'ENTRECÔTE, Porte Maillot à Paris, qui perdure depuis des années est illustratif de cette approche.

Dans un autre domaine on peut mentionner la relance des parapluies en substituant au noir traditionnel de leur corolle toute une variété de couleurs et de dessins plus modernes et plus jeunes, ou encore en créant des formes adaptées à la publicité de marque.

1.2. Les besoins formulés par le marché ne rencontrent pas de produits pour les satisfaire

Il s'agit alors de promouvoir des produits nouveaux permettant de répondre à ces besoins. C'est le rôle des innovations formulées à partir du marché. Bien souvent, **une innovation technique majeure proposée par une grande entreprise crée un ensemble de besoins complémentaires qu'elle ne veut ou ne peut satisfaire** parce que les marchés intéressés sont trop limités pour sa taille. La petite entreprise, plus souple, trouvera un intérêt particulier en adaptant sa production à ces besoins. Il peut s'agir d'une simple sous-traitance. Dans ce cas, elle doit s'efforcer d'équilibrer sa gamme de produits de manière à ne pas demeurer vulnérable en maintenant une position de dépendance trop forte par rapport à la grande entreprise. Il peut s'agir également de rechercher des créneaux plus spécialisés à haute valeur ajoutée délaissés par la grande entreprise.

James Dayson, fondateur de l'entreprise Dyson a connu un succès mondial en répondant à la lassitude des ménagères pour vider les sacs-poussières de leurs aspirateurs. Il a créé un aspirateur fonction-nant sans sac-poussière.

La société BRIO est devenue le premier fabricant de moulures déco-ratives en créant un produit spécifique pour un besoin non satisfait. Son patron, Maurice AGUETAIN, grossiste en papier peint, un pré-curseur, décèle, il y a quelques années, une carence dans son métier. Les ménages qui veulent décorer leurs portes avec du papier peint, n'ont pas la possibilité de placer aisément une bordure d'arrêt. Le marché est important, il y a 80 millions de portes en France dont la décoration exige 400 millions de mètres de moulures. Maurice AGUETAIN décide de créer ce produit complémentaire qui représen-tera quelques années après son lancement, 50 % du marché.

C'est également le désir de s'adapter aux besoins de micro-marchés non satisfaits par les grandes entreprises qui permit à la société QUANTEL de se développer rapidement. Le créateur de cette entre-prise, Georges BRETT, alors maître de conférence de physique à la faculté des sciences de Paris, spécialiste dans le domaine des lasers, remarque les difficultés que rencontrent les entreprises « leaders » dans ce domaine pour répondre aux besoins spécifiques de certaines sociétés qui réclament la confection de lasers sur mesure. Il juge intéressant d'y répondre en lançant une production artisanale de lasers. Son succès ne se fait guère attendre. Son chiffre d'affaires atteint rapidement des montants significatifs avec 60 personnes. 60 % de ce chiffre d'affaires est réalisé à l'international notamment en Allemagne, en Grande-Bretagne et aux États-Unis.

✔ *Un atout de taille pour la PME*

La souplesse d'adaptation est sans aucun doute une des principales forces de la petite entreprise. Son dirigeant doit savoir exploiter cette qualité en étant en permanence à l'affût des opportunités laissées par les grands groupes industriels.

La surveillance des firmes importantes ne constitue heureusement pas la seule source d'innovations. Que ce soit sur le plan régional ou national, ses dirigeants peuvent, eux aussi, être à l'écoute des besoins du marché et rechercher des réponses techniques pour les satisfaire. Les petites entreprises ne doivent pas avoir de complexes dans ce domaine. Certains, comme les créateurs du « BA » donnèrent même des leçons à un leader qu'est DANONE en inventant le yaourt au bifidus actif qui connut un énorme succès et conquit une part importante du marché des produits lactés. Dans le domaine de l'informatique et du e-business, les grands leaders de nos jours n'étaient que de jeunes « start-up » dynamiques il y a encore quelques années : AOL, MICROSOFT, sap, DELL, AMAZON, CISCO SYSTEMS, ORACLE, BUSINESS OBJECTS... face aux grands leaders internationaux : IBM, TIME-WARNER, GENERAL ELECTRIC...

2. L'élaboration d'une politique de produits en fonction du cycle de vie

2.1. Le cycle de vie des produits

La notion de cycle de vie des produits a été introduite dans la littérature marketing par des auteurs américains[2]. Elle repose sur l'idée testée que, comme les êtres humains, les produits connaissent au cours de leur vie, différentes phases qui vont de la naissance à la mort. Le chiffre d'affaires et la rentabilité d'un produit évoluent au cours du temps. A chacune des phases de sa vie correspondent des opportunités et des problèmes distincts qui concernent la stratégie

---

2. Cf. Théodore Levitt, « Exploit The Product Life Cycle », *Harvard Bus. Review. ;* Rolando Polli et Victor Cook, « Validity of The Product Life Cycle », *Journal of Bus.*

commerciale et la rentabilité. Comme le remarquent Ph. KOTLER, D. MANCEAU et B. DUBOIS, la plupart des travaux réalisés sur le cycle de vie d'un produit, permettent de conclure que l'on peut transcrire l'histoire commerciale d'un produit sous la forme d'une courbe en « S » telle que celle représentée figure n°21. Sur cette courbe **on identifie, en général, quatre phases appelées introduction, croissance, maturité, déclin**[3].

- La PHASE D'INTRODUCTION correspond à une période de faible croissance relative au lancement du produit sur le marché. En raison du coût élevé de ce lancement, les bénéfices sont généralement nuls ou négatifs. La jeune entreprise innovante doit être particulièrement attentive à cette phase. Si le décalage entre le jour du lancement du produit et la réponse du marché est trop long, elle peut rapidement se trouver démunie en trésorerie. Si sa structure financière ne lui permet pas de tenir le temps nécessaire, elle risque l'échec faute de ressources suffisantes. Tel fut le cas de deux créateurs Philippe DONADILE et Frédéric PARAYRE qui fondèrent la société WOOD FACILITY[4], un portail destiné à fluidifier la commercialisation du bois entre entreprises. Malgré un vif intérêt et l'obtention d'importants prix de la création, les créateurs ne purent survivre, faute de moyens suffisants, à la lenteur des mentalités de cette profession à faire appel à Internet en dépit de ses évidentes qualités.

- La PHASE DE CROISSANCE se caractérise par une période d'acceptation rapide du produit par le marché et l'augmentation des bénéfices. Elle doit être tout spécialement surveillée, notamment lorsque l'innovation est imitée par une grande entreprise. C'est généralement pendant cette phase que

---

3. William E. Cox, « Product Life Cycle as Marketing Mode », *Journal of Bus*. Certains auteurs ajoutent une cinquième phase, celle de la saturation qui se situe entre la maturité et le déclin.

4. D'après le cas Wood Facility, réalisé par l'auteur, Groupe HEC.

commence à apparaître une concurrence plus structurée. Un exemple célèbre dans ce domaine a été la reconquête par DANONE avec BIO, du marché des yaourts au bifidus actif ouvert par BA.

- La PHASE DE MATURITE correspond à une période de ralentissement de la croissance des ventes. Il s'agit du moment où le produit est déjà bien accepté par la plupart des acheteurs potentiels. Le bénéfice atteint fréquemment au cours de cette période son niveau maximal. Cette phase correspond à une telle banalisation du marché pour certains produits (lessive, savon...) que l'on y voit apparaître des noms génériques, des produits « libres », des MDD (marques de distributeurs) à l'initiative de ces derniers. La petite entreprise mono produit doit éviter le mirage du bénéfice confortable pendant cette période en songeant à l'étape suivante. Il s'agit d'un moment privilégié où il lui faut impérativement consacrer une partie des bénéfices réalisés à l'innovation et à la promotion de produits nouveaux correspondant à des phases antérieures du cycle de vie.

- La PHASE DE DECLIN est une période pendant laquelle les ventes ne cessent de diminuer et les bénéfices de s'amenuiser. La souplesse de la petite entreprise peut lui permettre de se maintenir plus longtemps, comme nous l'avons vu dans le cas de la société ELECTROFLY, à condition qu'elle surveille avec une attention particulière son chiffre d'affaires, ses bénéfices, et qu'elle détermine un prix adéquat pour les produits proposés. Cette phase a été fatale à de nombreuses PME, qui après avoir créé de belles marques, ont connu d'importantes difficultés : CHEVIGNON, FRED PERRY, MOULINEX...

Lorsqu'un entrepreneur s'attache à la définition du cycle de vie des produits de sa société, il doit toujours préciser s'il s'agit d'une classe de produits (la poêle à frire), d'un type de produit (la poêle antiadhésive) ou d'une marque (TÉFAL). Ce concept ne s'applique pas de la même manière dans les trois cas. Les classes de produits ont en effet une durée de vie généralement plus longue que les types de produits particuliers qui ont eux-mêmes une durée de vie supérieure à la plupart des marques.

En dehors de l'adaptation d'une stratégie marketing adéquate à chaque phase de la vie du produit, l'entrepreneur peut tirer au moins deux types d'enseignements de la surveillance du cycle de vie de ses produits.

**Figure n° 21 : Les phases du cycle de vie d'un produit et le cycle de profit correspondant .
(d'après W.E. Cox Jr)**

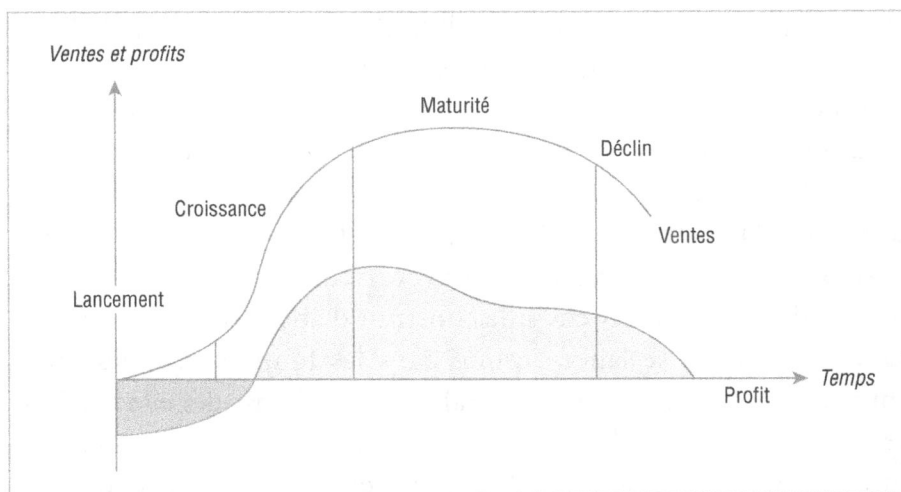

◆ La nécessité d'équilibrer sa gamme de produits en tenant compte de leur maturité respective par rapport au cycle de vie

Il est dangereux pour l'entrepreneur d'avoir un chiffre d'affaires et des bénéfices reposant sur une proportion importante de produits en phase de maturité ou de déclin. Les bénéfices obtenus doivent servir à investir dans la création et le développement de produits nouveaux, ou encore dans le rachat de sociétés permettant de combler cette lacune.

◆ Le souci d'éviter l'autosatisfaction et de se méfier de la « myopie » du produit en phase de maturité

La phase de maturité correspond fréquemment à un moment où les produits rapportent de l'argent. L'entrepreneur doit se prémunir pour l'avenir et songer à réinvestir une partie de ses bénéfices dans l'innovation. Le risque d'autosatisfaction guette tout particulièrement les PMI dans lesquelles les investissements sont beaucoup plus importants que dans les sociétés de service.

Dans certaines branches industrielles, des centaines de PMI disparaissent parce qu'elles ne savent pas s'adapter à temps au marché. Pour ne citer qu'un exemple, dans le domaine de la construction des fours à pain pour les boulangeries, sur environ 250 fabricants après guerre, il n'en restait plus que sept ou huit il y a dix ans. Parmi ces fabricants, la société des FOURS GUYON, 60 employés, dirigée par Jean GUYON en Savoie, dut se convertir cinq fois depuis la guerre pour s'adapter à la clientèle. Elle construit d'abord des fours en pierres réfractaires et se lance ensuite dans les fours électriques, puis, pour répondre à la concurrence italienne et allemande, elle fabrique des fours « tout métallique » ; c'est ensuite celle des fours à chariot entièrement automatiques ; elle se lance enfin dans la vente de boulangeries « clés en main », ainsi que dans la fourniture de services et la commercialisation de son «savoir-faire» à l'étranger. Le succès de l'entreprise est, d'après son patron, très largement dû à son souci permanent d'adaptation aux besoins du marché.

Le danger, face à la phase de maturité, est particulièrement important dans le domaine des nouvelles technologies qui connaît un risque d'obsolescence élevé. Certains produits peuvent être dépassés avant même d'avoir été amortis.

2.2. Choisir une stratégie en fonction des différentes phases du cycle de vie des produits

Chaque phase de la courbe de vie d'un produit nécessite la mise en œuvre d'une stratégie et d'une tactique appropriée. Dans l'ouvrage consacré au marketing industriel[5] Ph. HAYMANN, A. NEMARQ et M. BADOC présentent une synthèse des questions et des actions marketing devant correspondre à chaque phase de la vie d'un produit industriel. Nous reprendrons ce développement en essayant de montrer comment il s'applique plus particulièrement au cas des PME-PMI. La figure n°22 (voir page suivante) résume les différents types d'actions marketing qui peuvent être adaptées à chaque phase de la vie du produit.

a. La phase de lancement

La phase de lancement se caractérise par un démarrage assez lent des ventes. Il est d'autant plus réussi que l'innovation présentée par le produit est importante aux yeux des clients et des distributeurs. Le marché des particuliers réagit souvent avec un certain scepticisme envers tout ce qui tend à transformer radicalement ses habitudes. La réaction des entreprises dans le domaine industriel est, par contre, beaucoup plus rapide. C'est au cours de ce stade que l'entrepreneur doit s'efforcer de convaincre la distribution de l'intérêt de son innovation. Pendant cette période, les prix ont tendance à être chers. Plusieurs raisons expliquent ce phénomène :

- les coûts de fabrication sont élevés, compte tenu du faible niveau de production ;
- les problèmes techniques posés par la fabrication sont généralement assez mal maîtrisés ;
- de fortes marges sont nécessaires pour couvrir les dépenses de lancement.

---

5. P. HAYMANN, A. NEMARQ, M. BADOC, *Le marketing industriel*, Publi.Union.

Figure n° 22 : Synthèse des actions de marketing pour chaque phase de la vie d'un produit dans une jeune entreprise.

Éléments du mix	Phase de vie			
	Lancement	Développement	Maturité	Déclin
Produit	Adaptation du produit aux premières remarques des clients et des vendeurs, de la distribution	Perfectionnement du produit sur l'avis des clients et des vendeurs de la distribution, augmentation de la gamme	Adaptation du produit aux caractéristiques des produits concurrents plus performants	Pas de changements coûteux
Prix	Choix d'une stratégie : - d'écrémage - de pénétration - de substitution technologique	Adaptation de la stratégie à la réaction des concurrents	Modification à la baisse si la concurrence s'exerce sur les prix ou la technologie des produits	Diminution très sensible et permanente des prix
Distribution	Choix d'un circuit: - direct - par grossiste - mixte	Pas de changement de choix, mais extension des moyens pour couvrir plus largement le marché	Modification mineure s'il y a lieu dans le choix de façon à ce que le produit soit présenté de la façon la plus concurrentielle	Choix du circuit le moins coûteux pour assumer un repli stratégique
Communication	Actions de promotion et d'expérimentation d'essai du produit plus campagne institutionnelle	Renforcement des actions-produits, actions rédactionnelles et institutionnelles	Campagne institutionnelle et diminution générale des investissements publicitaires	Diminution presque complète de toutes actions

Face à ces problèmes, un entrepreneur doit se poser un ensemble de questions, concernant les choix commerciaux, parmi lesquelles :

- le produit résout-il le problème du client ?
- le marché présente-t-il un potentiel suffisant ?
- le prix est-il adapté ?
- quelle sera la réaction de la concurrence ?
- quel est le sentiment des commerciaux ?
- qu'en pensent les intermédiaires (distributeurs ou prescripteurs) ?
- quel sera le délai de réponse du consommateur face à une innovation ? (« time to market »).

Pendant cette même période, l'entrepreneur dispose fréquemment de deux types de stratégies :

◆ Une stratégie de pénétration sélective visant la qualité, voire le haut de gamme

Elle consiste à sélectionner un segment de la clientèle qui intéresse la jeune entreprise et se révèle intéressé par le produit ou service. Elle peut alors choisir un positionnement haut de gamme avec un prix élevé. L'objectif tend à créer une image de marque à partir de ce produit auprès d'un segment déterminé du marché. Il sera possible par la suite, de profiter de cette image pour s'engager dans une politique de diversification des produits auprès de cette même clientèle ou encore de développer l'idée en faisant appel à la franchise.

Cette stratégie est souvent conseillée lorsque :

- la taille du marché est relativement limitée ;
- l'existence du produit est connue ;
- ceux qui souhaitent acquérir le produit ou le service sont prêts à payer un prix élevé (mode, technologie nouvelle, amélioration significative du confort) ;
- il existe peu de menaces de la part de la concurrence.

Ce type de stratégie a été choisi au départ par des entreprises comme REP (presse à injecter le caoutchouc), VELOLAND (centrale de magasins consacrés uniquement au vélo), ART 3000 (réseau de professionnels utilisant les nouvelles technologies dans la création), BREIER ENTREPRISE (fabricant de palmes de nage à haute performance), WATERFALL AUDIO (conception et fabrication d'enceintes acoustiques « design » en verre haut de gamme)…

Le choix d'une telle stratégie présente trois avantages pour la jeune entreprise :

- elle demande moins de moyens financiers pour le lancement car elle est limitée ;

- reposant sur la qualité élevée de produits, elle correspond assez bien au tempérament des entrepreneurs issus d'une formation technique. Ce n'est donc pas un simple hasard si de nombreuses PMI lui accordent une préférence ;

- elle permet la création rapide d'une image de marque sur un segment limité.

◆ Une stratégie de pénétration massive à prix cassés

Cette stratégie est souvent l'apanage des grandes entreprises. Elle nécessite des moyens financiers importants. C'est très souvent le cas lorsqu'il s'agit d'ouvrir un marché à une technologie nouvelle. Toutefois, pour le lancement d'un produit nouveau dans un domaine connu, la jeune entreprise peut, elle aussi, réussir en s'engageant dans cette voie.

Pour cela, il faut généralement que plusieurs conditions soient réunies :

- le marché doit être assez vaste ;

- les acheteurs doivent être sensibles au prix ;

- le coût de fabrication unitaire doit décroître rapidement à mesure que le volume de production augmente ;

- les avantages technologiques du produit doivent être certains ;

- le chef d'entreprise doit pouvoir compter sur des apports financiers extérieurs importants ;

- il est souhaitable qu'il puisse aussi compter sur le concours d'excellents spécialistes ayant une bonne maîtrise du marketing et de la communication publicitaire.

Cette stratégie est incontestablement beaucoup plus risquée que la première puisqu'elle repose sur des prix bas, donc des marges réduites, et nécessite la conquête rapide d'une clientèle importante. C'est toutefois elle qui permet à la jeune pousse de devenir rapidement une entreprise importante. Ajoutons pour conclure que son dirigeant doit obligatoirement posséder lui-même, ou être assisté par des hommes qui ont les qualités de bons techniciens et celles d'excellents gestionnaires.

Une telle stratégie est privilégiée par les « start-up » cherchant à se développer sur l'Internet. Elles visent en priorité à acquérir rapidement une place de « leader » dans leur niche d'activités. Ce fut en particulier le cas de RAPIDSITE, créée par Loïc LEMEUR qui propose à des PME l'hébergement de sites sur le web à des tarifs se situant au dixième des prix alors pratiqués par les concurrents. Pour réussir, l'appel à des capitaux importants est indispensable.

Des noms tels que DELL, AOL, AMAZON, GOOGLE... suffisent pour montrer que des « start-up » dynamiques et audacieuses qui se sont engagées dans cette voie ont pu connaître en peu de temps une croissance très importante.

Toutefois, ce type de stratégie n'est pas l'apanage des « start-up ». Des sociétés telles que COCA-COLA, BIC, MOULINEX, SWATCH, DYSON... alors jeunes entreprises, fondèrent leur développement à partir de cette idée.

b. La phase de croissance

Lorsque la phase de lancement a été réussie, le produit devient progressivement accepté et les ventes se mettent à augmenter rapidement. Le succès attire inévitablement la concurrence qui espère, elle aussi, réaliser des affaires sur ces nouveaux marchés. Si l'innovation est importante, certains d'entre eux s'efforcent de la contourner en trouvant d'autres procédés permettant de répondre d'une manière différente aux mêmes besoins du client. La dépense est d'autant plus difficile que la société évolue dans le domaine des services, difficilement brevetable. La société ALTRAN s'est rapidement trouvée dans cette position avec l'apparition de concurrents directs tels que

ALTEN, IT LINK.... Le cas est très fréquent lors de la création de « start-up » sur internet. A ce stade l'entrepreneur doit inévitablement anticiper plusieurs questions :

- quelle est la stratégie de riposte face à la concurrence ?
- quels sont les problèmes posés par la fidélisation ?
- quel est le rapport entre le taux de croissance réel du marché et celui qui est prévu ?
- la stratégie de distribution doit-elle être révisée ?
- le produit doit-il être modifié ?
- le prix doit-il être changé ?
- les brevets déposés protègent-ils suffisamment les produits et services offerts ?
- quelles sont les actions de communication à engager ?
- y a-t-il des problèmes de production ?...

Au cours de cette phase, il peut adopter deux types de stratégies qui ne sont pas exclusives l'une de l'autre.

◆ Une stratégie de défense face à la concurrence

Elle comporte plusieurs composantes :

- mieux protéger les inventions sur le plan juridique en déposant notamment des brevets complémentaires ;
- proposer des tarifs de barrage pour décourager la concurrence ;
- essayer de bloquer la pénétration des concurrents auprès des distributeurs significatifs ;
- renforcer l'image de marque auprès de la clientèle, de la distribution, des prescripteurs ;
- songer au rachat d'un petit concurrent dangereux...

◆ Une stratégie d'extension plus rapide

Il s'agit alors :

- d'accroître la pénétration dans des segments de marché sur lesquels elle n'est pas présente (stratégie de gamme de produits, rachat de petits fabricants...) ;
- d'accélérer l'extension géographique par implantation directe, à l'aide de la franchise, en rachetant des sociétés déjà présentes ;
- d'élargir la pénétration hors de ses frontières (exportation, vente de brevets, implantation groupée avec d'autres entreprises sous la forme d'un GIE (Groupement d'intérêt économique), prise de participation ou réalisation d'accords avec les sociétés étrangères…).

Une des grandes difficultés rencontrée par la jeune entreprise parvenue à ce stade de développement est précisément de décider du choix de ses investissements. L'erreur la plus fréquente consiste à ne faire aucun choix et à disperser les moyens disponibles dans des actions tous azimuts.

c.   La phase de maturité

Elle correspond au moment où le rythme de croissance des ventes commence à se ralentir. C'est la phase dans laquelle se trouvent, à l'heure actuelle la plupart des produits. L'entrepreneur doit généralement avoir trois interrogations importantes pour les produits qui arrivent en phase de maturité :

- comment conserver sa part de marché sans trop diminuer le profit unitaire ?
- comment trouver de nouveaux marchés ?
- comment diminuer les coûts sans accroître la production ?

L'entreprise qui possède une majorité de produits en phase de maturité ne peut se contenter de défendre ses positions. La politique « ligne MAGINOT » conduit bien souvent aux résultats que nous connaissons. Au contraire elle doit admettre que l'attaque constitue souvent la meilleure défense pour ses produits.

Deux types de stratégies se présentent alors :

◆ La stratégie de développement des marchés à partir des produits existants

Cette stratégie a pu être démarrée au cours de la phase précédente. Elle consiste à rechercher de nouveaux segments de clientèle susceptibles d'être intéressés par les produits de l'entreprise. Une petite entreprise dont la vocation était jusque-là régionale peut rechercher des ouvertures nationales. C'est également le moment privilégié où elle s'efforce de trouver des débouchés sur des marchés internationaux moins développés que le sien.

Les PME qui ont su se créer une image de marque « haut de gamme » peuvent envisager une extension de leurs clientèles. C'est par exemple le cas de la société DUPONT qui s'est engagée dans la « démocratisation » des briquets de luxe. Dans un autre domaine, celui des produits industriels, la société BROCHIER ET FILS qui, maîtrisant, bien le métier du « croisement des fils » connut un certain succès en appliquant dans des secteurs autres que celui de l'habillement - alors arrivé en phase de maturité - cette technologie. Les compétences techniques de la société, associées à l'esprit de recherche, permirent la fabrication de tissus industriels de haute technicité. La diversification de sa clientèle fut rapide ; elle atteignit rapidement des marchés aussi variés que : les fabricants de bateaux, de ballons dirigeables, d'équipement de camping, les « bachistes », les « storistes », l'industrie de l'ameublement, la décoration, le bâtiment... C'est encore le cas de la société KIT-MARINE sur le marché du bricolage, qui abandonne le marché de l'habitat pour se lancer dans la fabrication des bateaux en « kit ». On pourrait aussi citer l'entreprise alsacienne COURTIER, prestataire de services (ergonomie, sécurité...) pour la sidérurgie qui a entrepris une importante diversification vers le nucléaire, les télécoms et surtout l'automobile.

◆ La stratégie de développement de la gamme à partir de l'image de la société

Elle correspond à une recherche de diversification des produits en capitalisant sur l'image de marque de l'entreprise. C'est à ce moment que l'entrepreneur profite pleinement de son positionnement et de la notoriété qu'il a su préalablement donner à son entreprise.

- A partir d'une image de marque, d'une signature prestigieuse. Exemple : les grands couturiers vendent du parfum, BIC s'est lancé dans la promotion des briquets, CARDIN essaie de promouvoir sous sa marque des cuisines, LAFORET IMMOBILIER ou CENTURY 21 et plus récemment Guy HOQUET élargissent leur réseau d'agences autour de leur nom. Principe directeur : valoriser l'image et l'exploiter. Guy DESSANGE développe ses méthodes à l'international...

- A partir d'un produit. Le moteur Diesel conçu pour un camion peut s'appliquer à un bateau de plaisance, à un tracteur agricole, à un élévateur, à des automobiles. Principe directeur : allonger les séries pour réaliser des économies d'échelle, diversifier les types de clientèles et d'applications.

- A partir de l'idée de mission. Exemple : la réanimation cardiaque (société SERDAL), le stockage (société MILLS K.). Principe directeur : mieux servir l'utilisateur en améliorant le produit et en s'attachant à satisfaire des fonctions connexes d'une fonction principale.

d. Phase de déclin

Il s'agit de la phase ultime de la vie des produits. Les bénéfices de l'entreprise commencent à décliner en même temps que les ventes. L'identification rigoureuse des produits en phase de déclin est alors nécessaire. Une fois cette identification réalisée, plusieurs questions se posent habituellement à l'entrepreneur :

- comment limiter la diminution du profit ?
- Quelle politique de prix utiliser ?
- Comment modifier le produit pour l'adapter à l'évolution des problèmes du client ?
- Comment modifier la stratégie de distribution pour l'adapter à la récession ?

Les stratégies qui peuvent en découler sont de deux ordres :

- **La stratégie de maintien du produit**

  Il s'agit d'enrayer la chute du profit, et si possible, celle des ventes. Nous avons développé précédemment les réponses à cette stratégie avec le cas ELECTROFLY.

- **La stratégie d'abandon du produit**

  Si le déficit se révèle trop important et sans remède, l'entrepreneur doit alors se décider à arrêter la production. Il peut s'agir d'un abandon pur et simple. Toutefois, avant de prendre sa décision, il est sage qu'il essaie de voir s'il ne peut pas vendre ou transférer le produit à une autre société ou à un créateur d'entreprise qui aurait quelques idées originales pour relancer les ventes.

L'essentiel à retenir
pour la mise en pratique au quotidien

✔ Le marketing contribue à remettre en cause une conception traditionnelle de la politique de produit trop souvent orientée essentiellement vers les problèmes de fabrication et diverses préoccupations internes.

✔ Le marketing apporte à la politique de produit de l'entrepreneur un soutien indispensable dans deux domaines : la création de produits innovants, en lui faisant découvrir des besoins émanant de segments insatisfaits de la clientèle, le repositionnement de produits vieillissants à travers des méthodologies conduisant à leur rajeunissement.

✔ Le marketing oriente l'entrepreneur vers une politique de produits conditionnée par des stratégies propres à leur cycle de vie.

7

FIXER UN PRIX DE VENTE ACCEPTABLE ET ATTRACTIF POUR LES PRODUITS ET SERVICES PROPOSÉS PAR L'ENTREPRENEUR

La fixation du prix de vente des produits constitue une décision importante pour l'entrepreneur. Un prix trop élevé entraîne des méventes importantes. **Un prix trop bas cause un manque à gagner mais parfois aussi une dévalorisation de l'image du produit auprès de la clientèle.** Il doit donc s'efforcer de fixer un juste prix pour ses produits. Cette fixation est difficile car de nombreux éléments interviennent conjointement. Il n'est pas dans notre intention de reprendre au cours de ce paragraphe les diverses théories économiques et marketing qui existent en matière de fixation des prix. Des ouvrages spécialisés peuvent davantage éclairer le lecteur intéressé par cette question[6].

Nous nous contenterons de rappeler quelques éléments qu'il est important de considérer lors de la fixation des prix de vente des produits et services.

---

6. Voir bibliographie en annexes.

1. La prise en compte des éléments extérieurs pour la fixation du prix de vente des produits

En dehors des contraintes réglementaires[7], trois types d'éléments extérieurs interviennent généralement dans la fixation des prix de vente des produits par un entrepreneur :

- l'élasticité de la demande par rapport au prix ;
- la concurrence ;
- le prix psychologique du produit.

1.1. L'élasticité de la demande par rapport au prix

La notion d'élasticité repose sur le postulat selon lequel la demande varie avec le niveau de prix auquel est offert le produit. On définit par conséquent un coefficient d'élasticité de la demande au prix pour un type de produit sur un marché de la façon suivante :

Soit :

d   : la demande
Δd   : l'accroissement de la demande
p   : le prix
Δp   : l'accroissement du prix

Le coefficient d'élasticité de la demande au prix « e » est égal à :

$$e = \frac{\Delta d}{d} \times \frac{p}{\Delta p}$$

En fait, la valeur du coefficient d'élasticité est donnée par la variation (en pourcentage) de la demande provoquée par une variation

---

7. Voir bibliographie en annexes.

de 1 % du prix de vente. Plusieurs cas de figures peuvent se présenter à un entrepreneur :

- l'élasticité est négative ;
- l'élasticité est nulle ;
- l'élasticité est positive.

Un coefficient d'élasticité négatif signifie que la demande diminue lorsqu'on augmente les prix. Il s'agit de produits très banalisés où la concurrence s'exerce essentiellement sur cet élément. Les entreprises de taille importante bénéficient d'un avantage sur ce marché si leur dimension permet de diminuer les coûts de production, ou de commercialisation... Une petite entreprise confrontée à cette situation doit inévitablement songer à la croissance ou à l'association avec d'autres sociétés sous la forme de coopératives, de GIE, afin de diminuer ses coûts et de répercuter cette diminution sur les prix de vente. Le type de situation est généralement assez favorable à la proposition de produits sans marque si une telle présentation est synonyme de prix plus favorable pour le client. La promotion des ventes sous toutes ses formes et notamment la pratique de remises et de rabais à la clientèle peuvent aussi se révéler des armes efficaces dans cette situation.

Un coefficient d'élasticité nul pour un produit, signifie que la demande est constante quel que soit le prix. La consommation est dite parfaitement inélastique. Les cas sont rares, toutefois certains produits considérés comme de première nécessité se rapprochent de cette situation. Il s'agit par exemple de produits comme l'essence, le pain, les cigarettes, le sel, l'électricité, le fuel...

Des petites entreprises ayant découvert et su protéger une invention ou un procédé de fabrication particulièrement intéressant pour les clients peuvent rencontrer cette situation. L'entreprise qui inventerait une lotion permettant, de faire repousser les cheveux se trouverait sans doute dans cette position. Il s'agit pour elle, de définir une politique de prix cohérente avec les produits existants ou de substitution, compte tenu de l'analyse du rapport qualité / prix. Une politique de prix trop chers en la matière, a l'inconvénient de permettre tôt ou tard l'entrée sur le marché d'un produit de substitution et de susciter la recherche pour contourner la protection ; elle peut aussi entraîner une forte diminution ou une suppression du besoin (exemples : cigarette, alcool…)

Pour exploiter cette inélasticité, l'entreprise doit être en position de situation de monopole. Plusieurs stratégies s'offrent à l'entrepreneur qui se trouve dans cette situation :

- Exploiter lui-même son invention en trouvant les moyens qui feront de sa jeune pousse rapidement une grande entreprise. Il s'agit notamment de trouver les moyens financiers et de se doter d'un système de gestion efficace. Le développement foudroyant de certaines « start-up » internet a largement reposé sur ce principe,
- Vendre cher et gagner beaucoup d'argent en attendant la concurrence ;
- Se développer en vendant son brevet, en prenant des « royalties », en accordant des franchises…
- Se faire racheter à un prix avantageux par un concurrent plus puissant…

Un exemple illustre cette inélasticité. Le premier fabricant américain d'adoucisseurs d'eau pour usage industriel a gardé un monopole pendant vingt-cinq ans. Il a mené une politique de prix très élevés dans la mesure où ses clients n'avaient pas le choix et devaient forcément acheter son produit. Ce faisant, il a encouragé la recherche pour trouver des produits de substitution et un beau jour il perdit 35 % de son marché car une firme chimique mit au point un additif à incorporer dans l'adoucisseur qui permettait de diminuer de 35 % la consommation.

Lorsque l'élasticité est positive, l'augmentation du prix du produit conduit à une augmentation de la demande. Cette situation n'est pas aussi rare qu'on le pense. La compréhension d'un tel phénomène tient à la croyance fortement ancrée chez certains consommateurs qu'un prix cher est synonyme de qualité, voire de rareté. Ce genre de réaction est fréquent pour les produits de luxe ou pour certains biens d'équipement ménagers. Elle est aussi liée à la bonne image de marque de spécialiste qu'une entreprise peut se constituer grâce à la qualité de ses produits, de son expertise, de ses services, de son après-vente, de sa distribution... Cette politique répond au vieil adage « ce qui est cher est rare ». Des entreprises telles que SCROOPOOL (tire-bouchons), LAGUIOLE (couteaux), MONT BLANC (stylos) ont largement exploité cette notion d'élasticité positive. Le stade ultime de cette politique consiste à obtenir pour ses produits le statut d'œuvre d'art ou de collection. Tel est le cas de certains produits proposés par : HERMÈS, DUPONT, ROLLEX, CARTIER... mais également les faïences CAPRON, les portes MOCKERS, les répliques d'armes UBERTI...

1.2.   La concurrence

L'analyse des prix de la concurrence est fondamentale. L'entrepreneur doit s'efforcer de rapporter les prix aux marges pratiquées, à l'importance stratégique qu'il accorde au produit, à l'expérience qu'il a de sa commercialisation, au degré technologique acquis... Cette analyse est importante, aussi bien dans la décision de fixation du prix d'un nouveau produit que dans celle d'un produit existant. L'étude comparative n'est utilisable que si on rapporte le prix à la qualité du produit, à la qualité du ou des services complémentaires qui lui sont liés ainsi qu'à l'image de marque de la société qui le propose. Certaines sociétés d'assurance ont calculé qu'avec des prix supérieurs de 20 % sur les contrats automobiles, leurs agents généraux restaient compétitifs par rapport aux mutuelles sans intermédiaires. Les résultats de cette analyse peuvent amener à ne pas lancer ou à abandonner un produit si les coûts se révèlent trop chers par rapport aux propositions de certains concurrents.

2. Le prix psychologique

La notion de prix psychologique d'acceptation par le client, que ce soit un individu ou une entreprise, constitue un des apports fondamentaux du marketing à la détermination des prix de vente. Cette notion est liée au fait que le client a, pour certains produits, pour certaines marques, une idée préconçue du juste prix, ou du moins, d'une fourchette de prix acceptable pour lui.

Si ce prix est plus élevé que celui pratiqué par l'entreprise, cette dernière perd de l'argent. Si le prix est moins élevé, elle risque de ne pas vendre. On conçoit l'intérêt que présente pour elle la connaissance des prix d'acceptation du produit par le client.

Le prix psychologique optimum se situe habituellement dans une fourchette limitée en haut par un critère de rentabilité ou de possibilité d'achat par le client, et en bas par un critère de qualité. Pour déterminer le prix d'acceptation, une méthode a été mise au point.

Dans cette méthode l'entrepreneur détermine préalablement un échantillon représentatif de personnes ou d'entreprises (dans le cas d'un produit industriel) susceptibles de devenir clientes du produit. Chaque interlocuteur choisi est invité à indiquer la fourchette de prix à l'intérieur de laquelle il croit pouvoir situer l'évaluation du produit exposé. Il lui faut délimiter le segment par :

- un prix minimum au-dessous duquel il ne peut accepter d'acheter le produit pensant que ce dernier est de trop mauvaise qualité;
- un prix maximum au-delà duquel il ne peut plus l'accepter compte tenu de l'objectif de rentabilité qu'il poursuit.

A partir de ces réponses sont construites des courbes telles que celles présentées par la figure n°23. Le prix psychologique optimum correspond au plus grand écart entre la courbe des prix minimums et celle des prix maximums.

Figure n° 23 : Courbe de fixation du prix psychologique d'un produit

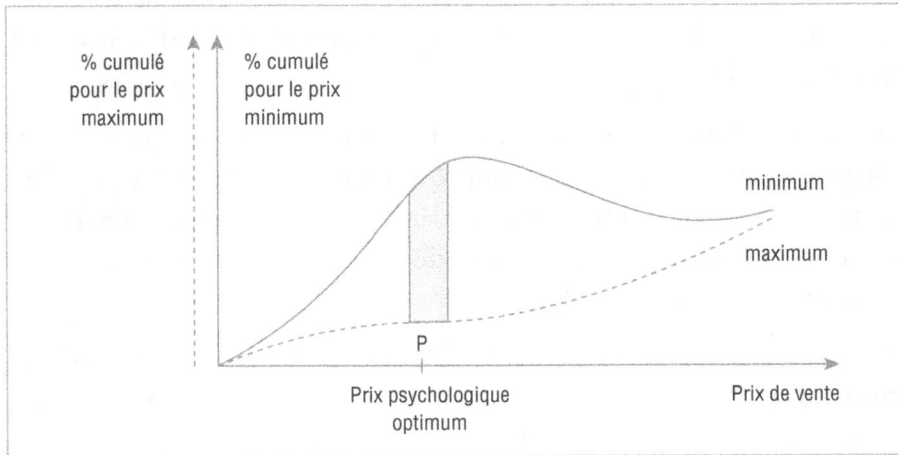

On peut également construire un graphique, présenté par la figure n°24, ci-dessous, où les prix de vente étudiés sont indiqués en abscisses, et les taux d'acceptation du marché, correspondant à chaque prix, sont indiqués en ordonnées. La courbe passe, alors, par un maximum atteint par le prix d'acceptation.

Figure n° 24 : Fixation du prix d'acceptation pour un produit

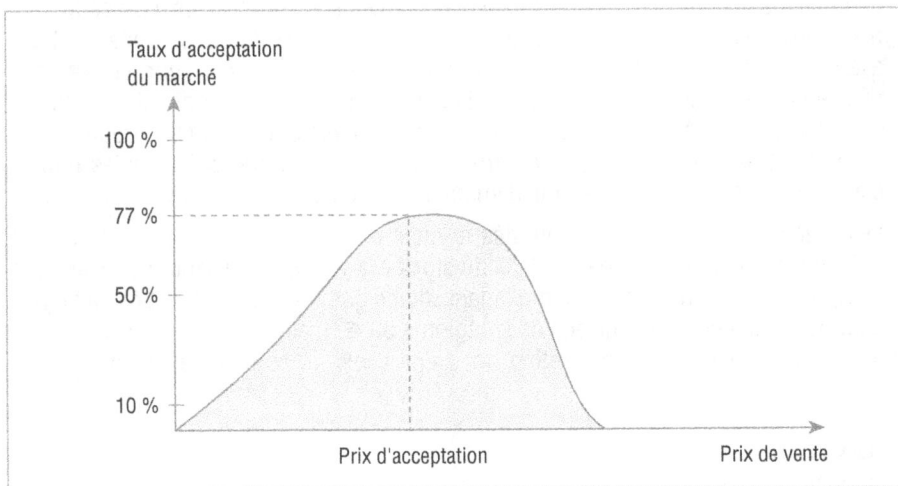

Lorsqu'il s'agit d'un bien de grande consommation, l'étude doit impérativement être réalisée dans chaque type de canal de distribution commercialisant le produit. **L'image du canal rejaillit sur celle du prix psychologique.**

Une étude d'acceptation des prix fait souvent appel à des échantillons de taille réduite, c'est pourquoi son utilisation est parfaitement à la portée d'une petite société. Une enquête auprès d'une centaine de personnes sur le lieu de vente ou d'une cinquantaine d'entreprises peut être suffisante.

Deux cas concrets NEW LOOK PRICE et CHIMIX reproduits dans les encadrés n° 25 et 26 illustrent l'intérêt que peut obtenir un entrepreneur à rechercher le prix d'acceptation d'un produit.

Encadré N° 25

Les cas NEW LOOK PRICE

Les établissements NEW LOOK PRICE possèdent à Toulouse[8] deux magasins qui vendent sensiblement le même type de produits que dans les succursales des PRISUNIC ou des MONOPRIX de la région. Ces magasins constituent, avec une petite centrale d'achats, l'essentiel de la société de distribution fondée par Monsieur LEMARCHE. Les établissements NEW LOOK PRICE[9] peuvent se procurer un lot important de lunettes de soleil, dont les qualités optiques sont semblables à celles fournies à leur clientèle par les opticiens de la région au prix de 30 € l'unité. Le lot ayant été obtenu à un prix particulièrement intéressant, Monsieur LEMARCHE décide de mettre en vente les lunettes dans ses magasins au prix de 15 € l'unité. Les marges réalisées sont supérieures, à celles prises sur les autres produits et Monsieur LEMARCHE pense qu'à ce prix, comparé à celui pratiqué chez les opticiens, le stock sera vendu très rapidement au printemps.

Les lunettes sont mises en vente dès le mois d'avril. L'échec est assez cuisant puisque, en septembre, à peine 30 % du stock est écoulé. Monsieur LEMARCHE ne comprend plus rien. Il comprend d'autant moins que les mêmes lunettes se vendent très bien chez les opticiens de la région à 30 €. C'est alors qu'un de ses jeunes amis, professeur de marketing dans une école de commerce de Toulouse,

---

8. La ville a été démarquée.
9. Le nom a été démarqué.

propose de lui envoyer quelques étudiants dès la rentrée scolaire d'octobre pour réaliser une étude d'acceptation du prix des lunettes dans les magasins NEW LOOK PRICE. L'étude est réalisée en début décembre de la même année. Les étudiants interrogent 100 personnes adultes prises au hasard à l'intérieur des magasins. Ils leur montrent la paire de lunettes et posent les traditionnelles questions :
- au-dessus de quel prix considérez-vous que ce produit est trop cher ?
- en dessous de quel prix considérez-vous que ce produit est de mauvaise qualité ?
- à quel prix accepteriez-vous de le payer ?

Les réponses obtenues permettent d'élaborer le tableau présenté figure n°25.

Figure n° 25 : Tableau d'acceptation des prix par la clientèle de la société NEW LOOK PRICE

Prix en euros	% de clientèle ayant cité chaque prix comme étant minimum	% cumulé de clientèle trouvant chaque prix trop bas	% de clientèle ayant cité chaque prix comme étant maximum	% cumulé de clientèle trouvant chaque prix trop élevé	% de clientèle trouvant chaque prix normal
3	*	100,0	*	*	*
3	2,0	98,0	*	*	4,5
4	2,5	95,5	*	*	4,5
6	12,0	83,5	2,0	*	21,5
10	7,0	76,5	5,5	2,0	21,5
12	34,0	42,5	7,0	7,5	50,0
15	1,0	41,5	2,0	14,5	44,0
14	*	41,5	1,5	16,5	42,0
18	23,0	18,5	15,0	18,0	63,5
22	2,0	16,5	4,0	33,0	50,5
25	11,0	5,5	22,0	37,0	57,5
30	2,0	3,5	8,5	59,0	37,5
36	2,5	1,0	16,0	67,5	31,5
42	1,0	*	5,5	83,5	16,5
48	*	*	3,5	89,0	11,0
	*	*	7,0	92,0	7,5
67	*	*	0,5	99,5	0,5
	100	*	100	*	*

Ce tableau conduit Monsieur LEMARCHE à constater que le prix psychologique d'acceptabilité auquel correspond le plus fort pourcentage des réponses est de 18 €. Le mois de mars suivant, Monsieur LEMARCHE décide sur les conseils de son ami de fixer le prix des lunettes à 25 € qui, bien que n'étant pas le prix psychologique, correspond toutefois au second plus fort pourcentage des réponses. Son ami lui conseille aussi d'améliorer la présentation du stand et du comptoir où sont vendues les lunettes. Des petits présentoirs sont utilisés et on décide de vêtir le vendeur d'une blouse blanche. les faibles investissements sont largement amortis par la différence de marge. Les modifications ont pour but de conférer un aspect plus professionnel au stand. Les résultats sont surprenants puisque dès le 15 juin l'ensemble des stocks est résorbé.

Encadré N° 26

Le cas CHIMIX

Une PME française, la société CHIMIX[10], spécialisée dans la commercialisation des produits chimiques se voit offrir la possibilité de vendre un nouveau produit : un plastifiant réducteur d'eau et un fluidifiant pour le béton. Il peut en tant que plastifiant réducteur, diminuer la quantité d'eau de gâchage d'un béton afin d'augmenter les résistances mécaniques sans pour autant nuire à son ouvrabilité (aptitude à se mettre en place).

En tant que fluidifiant, il permet, sans modifier le rapport eau/ciment, de transformer au moment de la coulée, un béton ferme ou plastique, en un béton mou, voire fluide, sans diminution de ses résistances mécaniques.

Pour ces deux propriétés, le produit est susceptible d'intéresser des utilisateurs tels que :

• Les entreprises de bâtiments et travaux publics qui fabriquent le béton sur le site de construction ;

• Les « centrales à béton » qui fabriquent du béton, prêt à l'emploi à destination des entreprises de bâtiments et de travaux publics, et livrent leur production en camion toupie ;

• Les entreprises de « préfabrication de pièces en béton » pour qui, diminuer l'eau de gâchage, revient à diminuer le temps de séchage du béton.

Environ 20 % du ciment est adjuvé en France contre 45 % en Allemagne et 80 % aux États-Unis.

Pour cette raison, le dirigeant de CHIMIX se pose le problème du prix d'acceptation du produit.

Il décide d'interroger 50 entreprises afin de leur demander à quel prix elles seraient disposées à acheter ce produit.

---

10. Le nom a été démarqué

L'enquête est réalisée après expérimentation du produit, alors que l'agrément est encore à l'étude.

Les réponses donnent les résultats présentés figure n°26.

	Nombre		
Moins de 1,70 €/kg	8	Entreprises	16 %
De 1,70 à 1,75 €/kg	17	Entreprises	34 %
De 1,75 à 1,80 €/kg	20	Entreprises	40 %
De 1,80 à 1,85 €/kg	4	Entreprises	8 %
Plus de 1,85 €/kg	1	Entreprises	2 %

Figure n° 26 : Enquête du prix psychologique
lié au plastifiant réducteur d'eau fluidifiant pour le béton

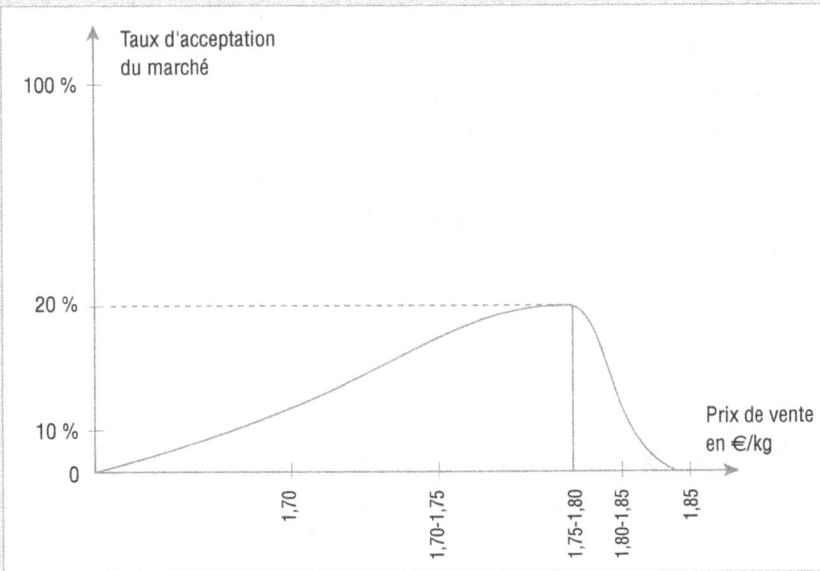

Le prix d'acceptation du produit se situe, entre 1,75 et 1,80 €/kg. Compte tenu de ce prix, le patron de CHIMIX décide de ne pas lancer le produit étant donné ses coûts de revient.

Comme le montrent les exemples précédents, la méthode de détermination du prix psychologique d'un produit est à la fois possible et intéressante pour une petite entreprise.

Toutefois pour efficace qu'elle soit, cette méthode n'est pas sans présenter certaines limites :

- Pour certains produits, les clients ont une trop vague idée du prix pour que la méthode soit adaptable. Dans ce cas le prix peut constituer un élément important pour conférer au produit une image de fiabilité ou de qualité ;
- Le prix mentionné correspond à un maximum en terme de parts de marché mais pas forcément en terme de profit ou de chiffre d'affaires. C'est pourquoi les établissements NEW LOOK PRICE ont préféré choisir le prix de 25 € au lieu de 18 € bien que ce prix ne corresponde pas à la part de marché optimale ;
- **Il ne faut en aucun cas, confondre un taux d'acceptation des prix avec un score d'intention d'achat.** Cette remarque est renforcée par la faible représentativité des échantillons que les petites entreprises prennent parfois en compte pour ce genre de mesure.

3. La fixation définitive du prix d'un produit par un entrepreneur

Divers éléments sont à prendre en compte par l'entrepreneur pour fixer le prix définitif de ses produits ou services. Ils conduisent son dirigeant à se poser plusieurs questions :

- la réglementation en usage est-elle bien adaptée ?
- la fixation du prix rend-elle probable la réalisation des objectifs de bénéfices et de volume sur ce produit ?

- le prix fixé est-il cohérent avec le positionnement choisi pour le produit ? (dans le cas des lunettes proposées par les établissements NEW LOOK PRICE, nous voyons que le prix de 15 € fixé ne correspondait pas à un positionnement suffisamment qualitatif) ;

- quelle réaction va opposer la concurrence au prix fixé ? Le problème peut être très aigu dans le cas d'une baisse des tarifs ;

- le prix fixé est-il cohérent avec la politique de gamme ?

- le prix fixé rend-il possible, par la suite, une certaine flexibilité de la politique tarifaire ?

- quelle incidence aura ce prix sur l'image du produit, ou de l'entreprise elle-même ?

- comment ce prix sera-t-il accepté par la distribution ou par les commerciaux de la société ?

L'essentiel à retenir
pour la mise en pratique au quotidien

✔ La fixation du juste prix constitue pour l'entrepreneur une décision importante. Un prix trop élevé conduit au risque de voir chiffre d'affaires et part de marché s'effondrer. Un prix trop bas peut se traduire par une importante baisse du profit et parfois par une dégradation de l'image de marque du produit ou service proposé.

✔ La perception du juste prix est plus importante pour la clientèle que la réalité des coûts de revient du produit. Le marketing entraîne l'entrepreneur à se préoccuper du prix psychologique des produits ou services proposés.

✔ La fixation définitive du prix d'un produit ou d'un service est conditionnée par un ensemble de variables que le marketing contribue à appréhender (coût de revient, impératifs financiers, réglementation, stratégie de positionnement choisie, pouvoir d'achat, prix psychologique, politique de gamme, concurrence....).

8

CHOISIR ET DÉVELOPPER
UN DISPOSITIF DE DISTRIBUTION

1. Les choix
en matière de distribution sur le territoire

Les décisions de l'entrepreneur en matière de création d'un dispositif de distribution sont, avec celles qu'il doit prendre dans l'élaboration et la promotion des produits nouveaux, parmi les plus importantes pour l'avenir de sa société. Elles le sont pour deux raisons principales :

- La première est que la liaison avec un canal de distribution lie généralement l'entrepreneur pour une période relativement longue. Son engagement dans un canal qui se démode peut ralentir son expansion et conférer à ses produits une image dégradée.

- La seconde vient du fait que la nature même du canal choisi influence très fortement les autres variables de la politique commerciale. La fixation du prix des produits, leur image, la détermination du budget publicitaire, le recrutement de la force de vente... sont très largement dépendants de ce choix. **Lorsque l'entreprise évolue dans le domaine des services, la distribution constitue souvent un investissement lourd et coûteux par rapport à la fabrication.**

Le choix d'un canal adéquat doit se faire correctement dès le départ. Il est d'autant plus difficile à réaliser que l'entrepreneur ne rencontre pas toujours de la part du partenaire sélectionné, un désir d'association aussi vif que le sien. C'est le cas d'un grossiste qui ne veut pas s'encombrer d'un produit supplémentaire, celui d'une grande surface qui craint un taux de rotation des stocks insuffisant pour la promotion d'un produit nouveau... Les écueils sont nombreux, l'entrepreneur est souvent amené à choisir, tant en France qu'à l'étranger, la solution possible plutôt que la meilleure. Pour limiter ses risques et optimiser ses chances de succès, sa décision doit être préparée avec soin. Il lui faut préalablement bien connaître les différents types de canaux auxquels il peut s'adresser, il doit ensuite savoir élaborer une stratégie de sélection et d'approche des canaux. Enfin, il doit minimiser ses risques notamment en s'informant préalablement sur leur nature et en gérant convenablement les relations avec les partenaires choisis.

1.1. La connaissance des canaux de distribution : un préalable indispensable

Une des principales caractéristiques composant la chaîne de valeur des canaux de distribution est souvent le nombre d'intermédiaires, composant le circuit qui les relie aux clients. La figure n°27 illustre les principaux circuits de distribution qui peuvent relier une PME à son marché.

Figure n° 27 : L'entrepreneur face aux choix des circuits de distribution

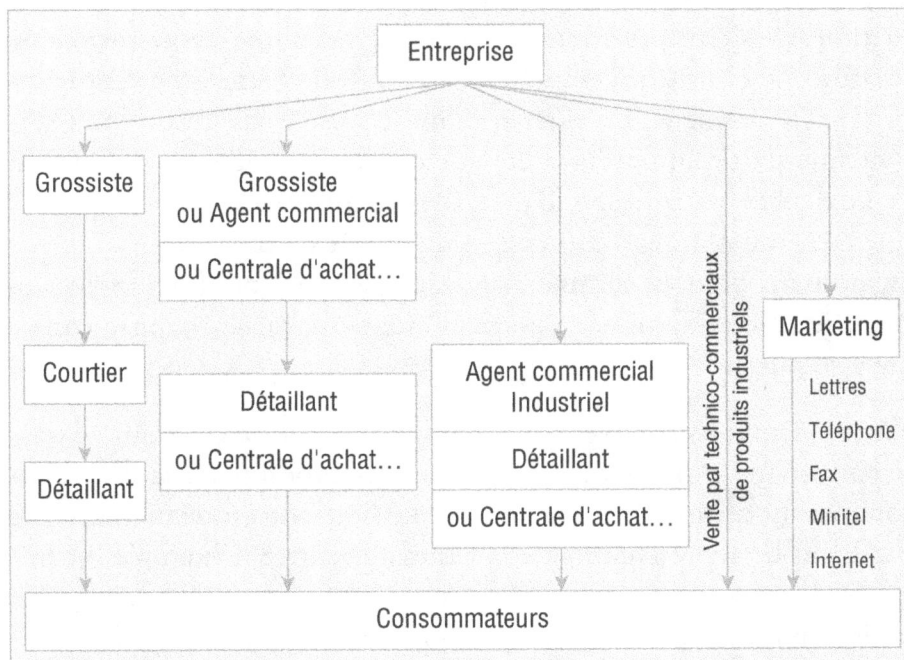

Le canal de distribution le plus court ne comporte aucun intermédiaire entre l'entreprise productrice et le consommateur. Tel est le cas de certains fabricants de biens lourds ou de services industriels qui vendent directement à la clientèle. La société ETCM (études travaux et constructions métalliques) comme bien d'autres, distribue directement la plupart de ses produits (étude, fabrication, et réalisation de silos, bâtiments.., à partir de charpentes métalliques) par ses responsables et quelques cadres supérieurs. Il en est de même de la société QUANTEL (construction de lasers artisanaux sur mesure) dont le patron, comme dans de nombreuses sociétés de petites tailles constitue la principale force de vente. L'exemple est aussi très répandu dans le domaine des services aux entreprises qui nécessitent un important apport de réflexion (agences de publicité, cabinets d'études, sociétés de conseils...). Cette forme de distribution directe n'est pas réservée aux biens industriels lourds et aux services complexes. Quelques sociétés fabriquant des produits de grande consommation n'hésitent pas à l'utiliser. C'est le cas d'une petite société de produits de beauté qui emploie des déléguées chargées de vendre ses produits à domicile. C'est aussi celui de sociétés d'édition qui réalisent une partie importante de leur chiffre d'affaires en utilisant la vente directe par correspondance. Des « start-up » américaines, telles que DELL ou AMAZON ont connu un succès de très grande ampleur en utilisant pour la commercialisation de leurs produits exclusivement le marketing direct à partir d'internet (voir le chapitre consacré à ce sujet).

Parmi les circuits relativement courts, on rencontre ceux qui ne possèdent qu'un seul intermédiaire. Pour les produits de grande consommation cet intermédiaire est le plus souvent un détaillant visité par le ou les représentants de la jeune entreprise. L'exemple est fréquent dans les produits frais. LES SALAISONS DE BOURBON, à l'île de La Réunion, distribuent leurs produits charcutiers à partir de représentants livreurs qui visitent régulièrement la distribution composée d'épiciers, de bouchers, de charcutiers... En milieu industriel l'entreprise s'adresse souvent à un agent commercial indépendant ou à un grossiste. C'est le cas de la société MONTABERT à Lyon qui commercialise ses marteaux piqueurs principalement à travers le canal de distributeurs agréés. Ce type de distribution est fréquent lorsqu'une petite entreprise décide de s'implanter à l'étranger. L'intermédiaire unique est parfois une société de vente par correspondance ou par téléphone.

Un circuit de distribution long, peut comporter deux ou trois intermédiaires, parfois davantage.

Un circuit à deux intermédiaires est souvent constitué, dans le domaine des biens de grande consommation, par un grossiste ou une centrale d'achats et des détaillants. En milieu industriel il n'est pas rare de rencontrer un agent commercial et un grossiste. Le circuit long se rencontre fréquemment dans le cadre de la distribution intégrée ou associée (supermarchés, magasins populaires, coopératives) ou dans celui d'une distribution géographiquement dispersée (bureaux de tabac, garagistes, pharmacies...). Les circuits à plus de deux intermédiaires sont plus rares. On les trouve néanmoins dans des domaines tels que la commercialisation des pierres précieuses, des fruits et légumes, de la viande... Dans cette dernière industrie on peut rencontrer un courtier qui intervient fréquemment entre le grossiste et le détaillant. Le courtier achète au grossiste et revend à des petits détaillants qui ne sont pas prospectés par celui-ci.

Le problème du contrôle sur la vente des produits s'aggrave au fur et à mesure que l'entrepreneur accroît le nombre d'échelons de sa distribution, même s'il n'est souvent en contact qu'avec le niveau situé juste au-dessous de lui.

Le coût d'implantation d'un réseau de distribution est toujours très élevé. C'est pourquoi, lorsque la nécessité ne se fait pas absolument sentir, l'entrepreneur préfère souvent sous-traiter cette fonction à l'extérieur et consacrer ses ressources à d'autres investissements. Le cas est fréquent lorsqu'il souhaite s'implanter à l'étranger. Cette décision l'entraîne parfois à déléguer la vente de ses produits à des intermédiaires déjà établis dans le pays choisi. L'autre opportunité qui s'offre désormais à lui réside dans le choix d'internet[11]. La sélection d'un intermédiaire se justifie par les valeurs du service additionnel qu'il apporte à l'entreprise et par la valeur ajoutée qu'il donne à ses produits. Les intermédiaires, par leur implantation, leur image, réduisent le nombre de contacts avec la clientèle. Ils sont visités par les clients (exemples : bijouteries, parfumeries, grands magasins...) alors que dans le cas contraire le fabricant devrait envoyer quelqu'un à domicile ou mettre en œuvre un système de vente directe. Les intermédiaires de la vente ont également pour fonction de trans-

---

11. Un chapitre spécial sera consacré à l'intérêt d'utiliser internet par un entrepreneur.

former des gammes de produits hétéroclites provenant de plusieurs fabricants en un assortiment cohérent. Certains d'entre eux ont aussi un rôle de conseil pour le client (pharmacies, librairies...). Ils remplissent, enfin des fonctions qui peuvent coûter fort cher à l'entrepreneur s'il doit les assumer lui-même. Parmi ces fonctions : le stockage et l'éclatement des biens et produits en unités compatibles avec la fréquence d'achat du client, l'après-vente, la connaissance spécifique d'un marché local ou étranger... Le rôle de la distribution est donc loin d'être négligeable. Un auteur américain Mac GARRY[12] présente une liste de fonctions qui doivent être remplies pour assurer le lien indispensable entre l'entreprise et son marché :

- Le contact (recherche des acheteurs et des vendeurs) ;

- La commercialisation (adaptation des produits aux besoins du marché) ;

- La fixation du prix ;

- La promotion (mise en condition des acheteurs ou des vendeurs, développement d'une attitude favorable à l'égard du produit et du fabricant) ;

- La distribution physique (transport et stockage des marchandises) ;

- L'aboutissement (conclusion du processus de commercialisation par la satisfaction finale du consommateur).

Le tout est de savoir si la jeune entreprise a intérêt à remplir ces fonctions par elle-même ou à les confier à des spécialistes. Avant de prendre sa décision, l'entrepreneur doit d'abord s'assurer de la possibilité de faire assumer par sa société la totalité de ces fonctions et mettre sur la balance les principaux avantages et inconvénients des formules envisagées.

---

12. E-D Mc GARRY, "Some Functions of Marketing Reconsidered" Theory in Marketing, réf. Ph. KOTLER, B. DUBOIS et D. MANCEAU. op. cif.

Avec le développement d'internet, le choix est plus difficile, étant donné que ce média, d'usage direct, peut, grâce à ses qualités, remplacer de nombreuses fonctions attribuées aux canaux de distribution traditionnels. La figure n°28 présente le cas d'une jeune entreprise, WOOD FACILITY, dans le domaine du bois qui s'est créée sur un « business model » destiné à procéder à une importante réduction des coûts de distribution pratiqués dans la filière au niveau national et surtout international. Grâce à cette réduction, WOOD FACILITY[13] pense que son système sera attractif pour le client, beaucoup moins coûteux que les circuits actuels et créateur de valeur.

Figure n° 28 : Exemple d'un « business model » fondé sur la réduction des marges liées à la multiplicité des intermédiaires grâce à l'utilisation d'internet
Tiré du cas WOOD FACILITY. Document Groupe HEC

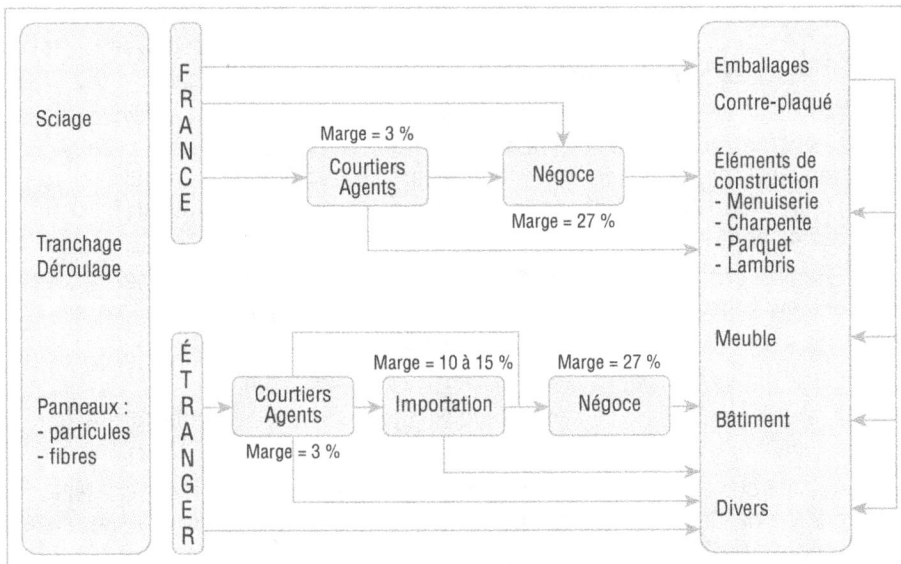

---

13. D'après le cas Wood Facility – Document Groupe HEC. Auteurs M. BADOC, Ph. DONADILE, F. PARAYRE.

1.2 Bien connaître le fonctionnement interne des intermédiaires de la distribution : un atout maître pour l'entrepreneur

La connaissance préalable de chaque canal envisagé constitue un atout maître pour le marketing de l'entrepreneur. Nous développons le cas des grandes surfaces dans l'encadré n°27. Elles constituent des modes de distribution qui attirent les entrepreneurs grâce à leur envergure sur le marché. Elles permettent d'écouler en quelques points de vente limités des quantités importantes de produits.

Encadré N° 27

Principaux éléments à considérer par un entrepreneur pour travailler avec une grande surface

- Bien connaître l'organisation interne du processus d'achat relatif aux grandes surfaces choisies. Qui sélectionne ? Qui achète? (le plus souvent, il s'agit de la centrale d'achats. Son rôle peut être étendu : sélection et achat ou limité : simple sélection ou référencement des produits (la décision d'achat est déléguée au point de vente)).

- Adapter la vente à ce processus (savoir se faire référencer mais aussi convaincre). La qualité du vendeur (il s'agit souvent de l'entrepreneur en personne) doit être adaptée à celle de l'interlocuteur. Il est parfois recommandé de suivre une formation spécifique afin de mieux négocier avec les services achats des grandes surfaces.

- Être bien organisé sur le plan de la stratégie et de la structure (ne pas oublier que les acheteurs des grandes surfaces sont généralement très professionnels et compétents en matière de qualité des produits et de prix).

- Entretenir des relations régulières avec les chefs de rayon.

- Avoir un potentiel de fabrication suffisant pour fournir l'ensemble des points de vente reliés à la centrale d'achats.

- Adapter ses articles au libre service, (emballage, conditionnement, présentation...). Ne jamais oublier que dans une grande surface l'article doit savoir se vendre lui-même.

- Savoir travailler sur stock et non sur commande. En principe les grandes surfaces ne stockent pas. Ceci implique l'élaboration de prévisions précises ainsi qu'une maîtrise convenable de l'analyse des écarts.

- Être prêt à prendre des risques financiers. La décision de commande définitive est souvent longue, elle prend parfois plusieurs mois. Les délais de paiement le sont aussi, ils sont souvent de 90 jours, parfois davantage.
- Pouvoir offrir un bon rapport qualité/prix (les acheteurs de grandes surfaces comparent constamment avec la concurrence). L'objectif est d'être de meilleure qualité et moins cher que la concurrence.
- Être capable de participer à la promotion de ses produits sur le point de vente (gestion du linéaire, promotion locale).
- Parfois investir en logiciels d'EDI, de flux tendus ou de « trade marketing » pour s'adapter au système de commandes des grandes surfaces. La société INFLUE propose une vaste gamme de logiciels et services dans ce domaine.

La lecture de ces tableaux montre que les relations avec les grandes surfaces ne sont pas aisées. Toutefois, elles ne sont pas en dehors des possibilités des dirigeants de PME. Certains entrepreneurs ont pu donner à leur entreprise un taux de croissance spectaculaire en privilégiant, dès le départ le choix de travailler exclusivement avec les grandes surfaces.

Des sociétés comme LEA-VITAL (produits à base de plantes dans les hypermarchés), TINXIROL (teintures pour la protection du bois), DELAVAT (fabrication de jouets), ERCE (papeteries), AVI (peintures à émulsion dissolvantes dans l'eau, sans odeur) ont connu un réel succès en choisissant dès le début de travailler avec le canal des grandes surfaces.

I.3.   Le choix des canaux de distribution par l'entrepreneur

Le choix d'un canal de distribution par un entrepreneur dépend de plusieurs types d'éléments, figure n°29. Parmi les principaux :

- Des éléments externes à l'entreprise :
  - le marché, sa segmentation, son comportement, ses besoins...

- les caractéristiques de l'environnement en particulier la réglementation en vigueur mais aussi l'évolution de la conjoncture économique ;
- les canaux disponibles (canaux traditionnels, nouveaux canaux, leur motivation pour travailler avec l'entrepreneur ;
- la concurrence et en particulier sa position auprès des différents canaux (traditionnels, nouveaux...).

• Des éléments internes à la jeune entreprise
  - les objectifs de son plan marketing ;
  - les moyens financiers disponibles ;
  - les possibilités de production et de stockage ;
  - la spécificité de ses produits et services ;
  - l'expérience déjà acquise en matière de distribution ;
  - les autres caractéristiques de sa politique commerciale (qualité de sa force de vente, moyens publicitaires et promotionnels, existence d'un service après-vente, de logiciels adéquats...).

A partir de l'analyse et de la synthèse de ces éléments, l'entrepreneur est généralement conduit à faire successivement différents types de choix :

• celui des fonctions de distribution à remplir ;
• celui des fonctions à faire assumer par des intermédiaires implantés ;
• celui des canaux à choisir ;
• celui des liaisons à entretenir régulièrement entre l'entreprise et les différents canaux sélectionnés.

**Figure n° 29 : Méthode de sélection
d'un canal de distribution par un entrepreneur**

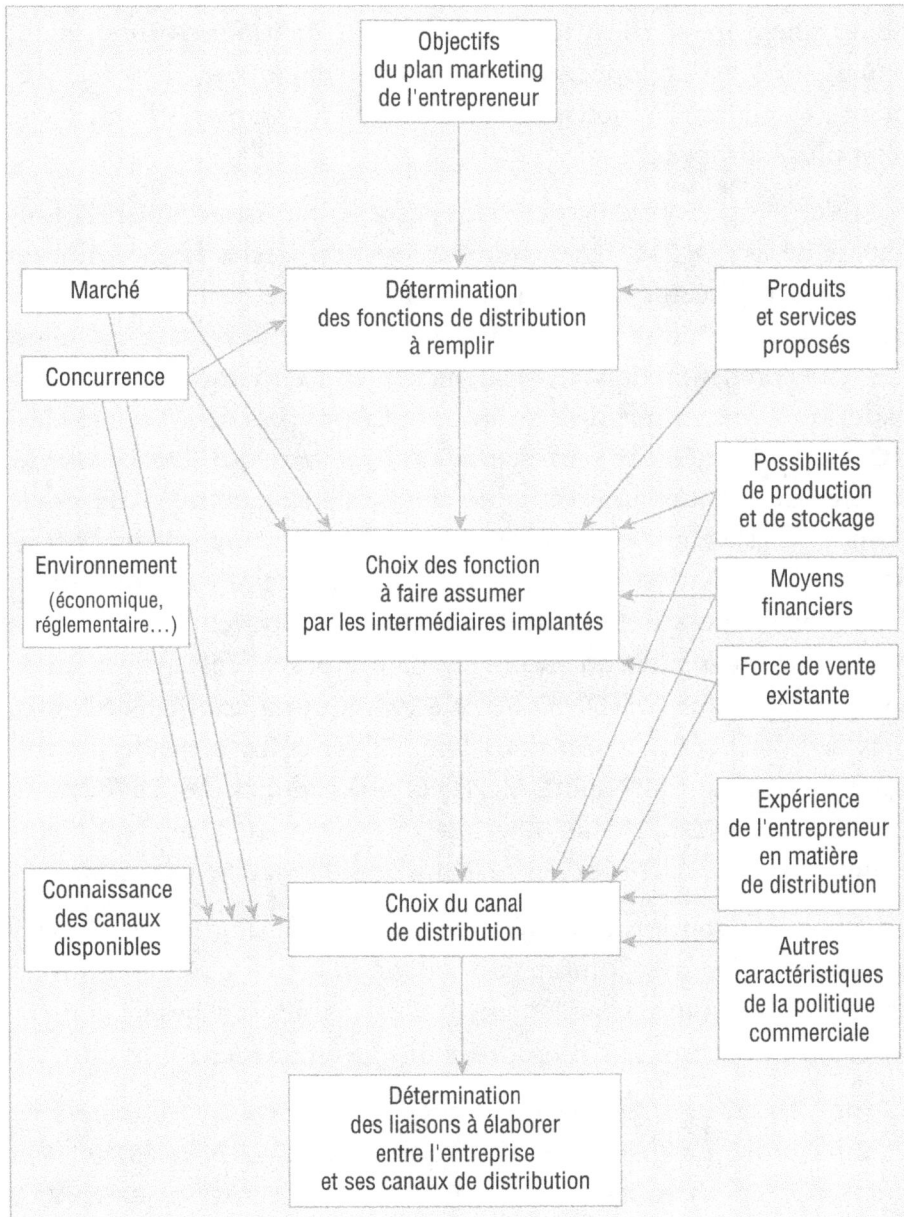

```
                    ┌──────────────────────┐
                    │      Objectifs        │
                    │  du plan marketing    │
                    │  de l'entrepreneur    │
                    └──────────────────────┘
```

Marché	Détermination des fonctions de distribution à remplir	Produits et services proposés
Concurrence		
Environnement (économique, réglementaire…)	Choix des fonction à faire assumer par les intermédiaires implantés	Possibilités de production et de stockage / Moyens financiers / Force de vente existante
Connaissance des canaux disponibles	Choix du canal de distribution	Expérience de l'entrepreneur en matière de distribution / Autres caractéristiques de la politique commerciale

```
                    ┌──────────────────────┐
                    │     Détermination     │
                    │ des liaisons à élaborer│
                    │   entre l'entreprise  │
                    │ et ses canaux de distribution │
                    └──────────────────────┘
```

I.4. Le « franchising », un choix de distribution intéressant pour le développement de la jeune entreprise

Le « franchising » constitue un mode de distribution intéressant pour assurer le développement d'une jeune entreprise. Il est relativement peu coûteux à mettre en œuvre et, bien organisé, son efficacité n'est plus à prouver.

Son idée n'est pas récente ; certains accordent à Asaak ANDLER, fondateur de la COCA-COLA COMPANY, au XIXe siècle, la paternité du fondement de cette technique qui fut à la base de l'extraordinaire développement de sa société dans le monde entier. Aux États-Unis, des entrepreneurs doivent également leur remarquable succès à l'adoption de ce mode de distribution. C'est le cas de la société MAC DONALD'S fondée par un restaurateur astucieux qui s'est constitué, en à peine dix ans, une véritable chaîne de restaurants à travers le monde. C'est celui de MANPOWER, créé il y a environ 40 ans, spécialiste de la prestation de main-d'œuvre intérimaire aux entreprises. Cette société possède plus de 1 000 bureaux à travers le monde. La plupart ne lui appartiennent pas en main propre. C'est aussi celui de sociétés telles que ANTONIO BUCA'S PIZZA qui a créé, en deux ans, près de 72 succursales aux États-Unis. C'est enfin le cas de sociétés aussi diverses que GENERAL MOTORS qui l'adopta dès 1898, AVIS, HOLIDAY INN, KELLY GIRL, KENTUCKY FRIED CHICKEN... et de centaines d'autres entreprises performantes sur le marché américain.

En France l'adoption d'un système de « franchising », a également permis, dans de très nombreux domaines d'activités, à de multiples entreprises, et tout particulièrement à des jeunes sociétés de connaître en peu de temps et à moindre coût une croissance très rapide.

Parmi ces entreprises on peut citer : NOVOTEL... (hôtellerie et restauration) ; LA GADGETERIE... (cadeaux) ; CATENA, TRIGANO... (maison et jardin) ; HEDIARD, CARREFOUR, LECLERC... (alimentation) ; ERAM, MYRYS... (chaussures) ; LA GAMINERIE, PRONUPTIA, FILAFIL... (textile et habillement) ; les salons de coiffure

JACQUES DESSANGE ; les soins de beauté CLARINS ; les laveries pressing automatiques SELLSA ; la location de voiture EUROPCAR, SOS DEPANNAGE...

Un nombre important d'entrepreneurs font encore appel à cette technique pour obtenir un développement rapide. Tel est le cas de GUY HOQUET (agences immobilières), BOULES D'ANGES DES MARCHES (chaîne de boulangeries sur les marchés), PHYSIOMINS (centres spécialisés dans l'amincissement), jardin des fleurs (fleuristes en libre service), dock games (vente de jeux vidéo)...

a. Qu'est-ce que le « franchising » ?

La définition du « franchising » donnée par l'international franchise association est la suivante :

✓ *Définition*

« Le « franchising » est une collaboration continue où un franchiseur accorde à un franchisé, une licence lui donnant le droit d'exercer une activité, droit auquel s'ajoute une assistance dans plusieurs domaines, ceci en contrepartie d'une redevance versée par le franchisé. »

Pour Michel JOUHANNAUD auteur d'un ouvrage spécialisé sur le « franchising »[14] : « le franchising est une technique particulière de distribution qui permet à un entrepreneur de se développer en s'affranchissant du capital. » L'auteur ajoute que « la réussite du franchiseur entraîne le succès de ses partenaires. »

---

14. Michel JOUHANNAUD, *Le Franchising*, éd. Hommes et Techniques.

b. Intérêts et contraintes du « franchising » pour l'entrepreneur

Par l'adoption d'une distribution fondée sur la technique du « franchising », l'entrepreneur peut se permettre de développer son implantation commerciale en s'affranchissant du capital. Il finance sa croissance par autofinancement grâce aux capitaux des franchisés. Il diminue par là le risque lié à la création d'un réseau de distribution. Cet avantage lui permet de s'étendre rapidement en engageant dès le départ peu de moyens financiers. La technique présente aussi l'intérêt de permettre l'expansion de l'entreprise en maintenant sur le terrain des unités de taille modeste dans lesquelles les travailleurs sont mieux intégrés et les responsables plus motivés du fait de leur intéressement direct à la bonne marche de l'affaire. Le « franchising » offre à l'entrepreneur un champ d'application particulièrement intéressant lorsqu'il désire s'implanter à l'étranger tout en ne possédant pas les capitaux suffisants pour financer le développement.

Le « franchising » comporte pour le franchiseur et pour les franchisés un certain nombre d'obligations. Elles varient suivant les contrats. L'encadré n°28 présente un résumé des clauses que l'on rencontre le plus fréquemment.

Les contrats de franchise peuvent recouvrir des accords de types très variés. Il peut s'agir d'accords de licence, de distribution, de fourniture de services, de fabrication...

« Le « franchising » s'applique, comme le fait remarquer Michel JOUHANNAUD, à toutes les activités. Les secteurs qui peuvent ne pas être concernés sont rares : agriculture, industrie extractive et industrie lourde. Cette technique de commercialisation embrasse aussi bien la vente de produits que celle de services ; même le monde du spectacle ne lui est pas étranger. »

Encadré N° 28

Principales obligations du franchiseur et du franchisé figurant habituellement dans les contrats de franchise

Principes obligatoires du franchiseur	Principales obligations du franchisé
Concession pour exploiter un mandat en franchise Droit d'utiliser la marque, de distribuer ou de fabriquer des produits, exclusivité des implantations dans une zone géographique déterminée, priorité pour la création de points de vente dans des zones voisines…	**Investissement** Lié à l'implantation, à l'aménagement des locaux selon les directives communes à l'ensemble des franchisés…
Assistance à la gestion Etudes d'implantation, administration du point de vente dans des zones voisines…	**L'exploitation du point de vente à partir de règles bien définies** Limites géographiques, clauses de non-concurrence.
Approvisionnement En matières premières ou en produits finis…	**Le versement de redevances au franchiseur** Droit d'entrée, versements liés à l'importance du chiffre d'affaires.
Publicité Le franchiseur a généralement à sa charge la publicité pour l'ensemble des franchisés.	**Accepter certaines contraintes communes à l'ensemble du réseau** Respecter les tarifs sur catalogue ou conseillés, participer aux dépenses promotionnelles, se plier à une politique d'image commune, accepter le droit de contrôle du franchiseur, fournir à dates régulières certains documents…

	Acheter suivant les consignes du franchiseur Politique d'achat dictée par le franchiseur, règles communes concernant les stocks…
	Réaliser les objectifs définis Dans le cas contraire, le contrat peut être résilié.
	Obligations diverses Ces obligations sont liées à certains types de franchises ; par exemple : assurances particulières pour les locaux et les stocks, respect de certains secrets de fabrication….

Dans le contrat de franchise certaines clauses sont particulièrement importantes pour protéger l'entrepreneur souhaitant utiliser cette technique : **la sauvegarde du concept**. Elle inclut une protection envers un franchisé qui s'en écarte : **le « reporting » mensuel. Le droit de préemption** en cas de vente par le franchisé : **la clause de non-concurrence**.

Quelques exemples, initiés, au départ, par des petites entreprises, nous montrent l'intérêt que peut avoir un entrepreneur à s'engager dans ce mode de distribution. Nous les avons choisis de façon à faire ressortir certains aspects de cette technique en l'illustrant par deux cas concrets, celui de KENTUCKY FRIED CHICKEN aux États-Unis, celui de Jacques DESSANGE en Europe, reproduits dans l'encadré n°29.

Encadré N° 29

Exemples d'entrepreneurs qui se sont développés à partir du « franchising »

KENTUCKY FRIED CHICKEN (États-Unis), Jacques DESSANGE (Europe)

Aux États-Unis, un exemple intéressant du développement d'une petite entreprise grâce au « franchising » est celui de KENTUCKY FRIED CHICKEN[15]. L'origine de la société est due à l'imagination d'un colonel retraité, Harlan Sanders, dont le passe-temps était la cuisine. En 1950 il ouvre un petit restaurant, près de Louisville et met au point une formule particulière de préparation du poulet. Il s'agit d'un poulet rôti, enveloppé de pâtes et d'épices, cuit sous pression. Puis, Harlan SANDERS décide d'étendre sa formule sous la forme d'une franchise à des restaurateurs américains. En 1963, SANDERS dispose de 200 points de vente en franchise. Toute l'Amérique va bientôt connaître KENTUCKY FRIED CHICKEN à travers l'affiche publicitaire représentant la mine réjouie de son fondateur. Dès 1970, le chiffre d'affaires de la société dépasse 300 millions de dollars, réalisé par environ 3 400 points de vente. Depuis, ses activités se sont considérablement développées dans le monde et notamment en Europe, toujours sous la forme du « franchising ». Dans cette société, les franchisés possèdent 20 % des actions de la société mère.

En Europe dans un domaine très différent, la technique du « franchising » est aussi à la base du succès des salons de coiffure Jacques DESSANGE. Après avoir connu le succès dans la coiffure de luxe, Jacques DESSANGE décide de s'étendre à travers la France et à l'étranger. Il entreprend de former à ses techniques un ensemble de coiffeurs compétents répartis sur tout le territoire. Ainsi initiés, ces derniers ont le droit, moyennant une redevance, d'utiliser ses techniques et sa marque. Ils peuvent en outre employer un matériel approprié (séchoirs, fers à friser...) vendus par une société créée par Jacques DESSANGE sous le nom de PARANGE. Les coiffeurs peuvent aussi commercialiser des produits capillaires fabriqués par les laboratoires SOLBA fondés par le même entrepreneur ainsi que des produits de beauté Jacques DESSANGE. L'ancien coiffeur devient, en quelques années, grâce à la technique, du « franchising », un véritable entrepreneur à la tête d'un groupe employant plus de 600 personnes.

---

15. D'après Kunh HARPY, « The Franchise Boom, How you may Profit, in it » PrenticeHall ».

2. La décision pour l'entrepreneur de distribuer ses produits et services à l'étranger

2.1. L'intérêt de l'entrepreneur pour développer des activités à l'étranger

L'intérêt d'un entrepreneur pour distribuer ses produits et services à l'étranger est souvent guidé par plusieurs facteurs. Parmi les principaux, on retrouve fréquemment :

a. Le souci d'élargir la demande potentielle de ses produits

Certains entrepreneurs ont décidé, lors de la phase de lancement de leur société une stratégie de segments sélectifs à partir de produits hautement spécialisés. Le développement à l'étranger devient une nécessité pour assurer leur croissance. C'est le cas d'entreprises comme BENSON (spécialiste de machines à dessiner automatiques), REP (spécialiste de presses à injecter le caoutchouc), QUANTEL (applications artisanales de lasers), GAUTIER (spécialiste de meubles de chambres d'enfants), CROMOFILTER SA (spécialiste de filtres spéciaux pour appareils d'amateurs), MOBIL AFFICHE (panneaux publicitaires déroulants installés sur des camions) présentes dans cinquante pays…

L'entrepreneur est parfois attiré par la présence, sur les marchés extérieurs, de possibilités de ventes considérables. C'est le cas, par exemple, de certaines entreprises travaillant dans l'industrie de l'habillement, de l'alimentaire, du luxe.

C'est plus largement celui d'entrepreneurs capables d'élaborer des produits se révélant, pour des raisons variées, très compétitifs dans des pays étrangers. Le développement des ventes sur internet ne fait qu'accélérer cette tendance.

b. Le souci de diminuer la vulnérabilité de la jeune entreprise

Cette préoccupation est complémentaire de la première. L'évolution de la demande, des contraintes de production, ou de la politique... peut varier d'un pays à l'autre. L'entrepreneur doit se protéger contre ces changements s'ils sont négatifs.

c. Le désir d'allonger la vie du produit

Nous avons vu que les produits comme les êtres humains suivent un cycle de vie allant de la naissance à la vieillesse puis à la mort. Le cycle de vie n'est pas le même dans tous les pays. Les écritoires en ardoise, certains parfums à base de fleurs connaissent un déclin en France alors que leur demande est en croissance en Amérique Latine et en Afrique. La distribution du produit à ces marchés permet d'allonger son cycle de vie.

La société PARFUM FLEUR[16], petite entreprise à Grasse, avait il y a quelques années dans sa gamme un parfum pour femme « Nivenita » qui après avoir connu un léger succès dans notre pays, surtout en province, se révéla vite démodé par rapport aux goûts de la clientèle féminine. Plutôt que de le supprimer, son patron décida de rechercher des pays dont les goûts des femmes pouvaient s'identifier à ce produit. Les résultats de cette recherche conduisirent la société à distribuer son parfum dans certains pays d'Amérique Latine, et d'Afrique. Le conditionnement fut modifié pour lui conférer un aspect très « français ». Le succès remporté se révéla considérable. Un an après sa présence à l'étranger le chiffre d'affaires de ce parfum fut multiplié par dix. Le succès fut tel que certaines parfumeries parisiennes qui l'avaient écarté de leur vitrine furent obligées de le réintroduire à nouveau. Il s'agissait notamment de parfumeries situées dans des quartiers (Opéra, Champs-Elysées,...) particulière-

---

16. Nom démarqué.

ment fréquentés par les étrangers de ces pays lors d'une visite à Paris et qui voulaient acheter hors taxes le parfum préféré de leur épouse ou de leur compagne.

d. Le désir d'améliorer sa capacité de gestion

La capacité de gestion est fondamentale pour un entrepreneur. Deux choix lui sont généralement possibles :

- Le premier est de se passer d'une équipe de gestionnaires, de faire tout soi-même. Dans ce cas il faut savoir rester petit, limiter ses marchés, valoriser au maximum la production ;
- Le second est de s'engager dans la croissance. Il est alors indispensable d'avoir une équipe de gestionnaires efficaces sur qui on peut s'appuyer.

✓ *Attention !*

Une importante erreur consiste à vouloir se développer sans en avoir les moyens sur le plan de la gestion.

La recherche d'une croissance à l'étranger peut aider un entrepreneur à renforcer ses moyens. D'abord sur le plan quantitatif, en justifiant, par une activité supérieure, un encadrement plus structuré. Aussi, et surtout sur le plan qualitatif. La gestion internationale à travers les nouveaux problèmes qu'elle pose oblige l'équipe de direction à s'organiser et à se remettre sans cesse en question. L'acquisition d'un état d'esprit plus ouvert réclamé par la diversité des marchés et des approches constitue pour les gestionnaires une expérience de tout premier plan.

L'obligation de s'adapter à des environnements peu connus crée une incontournable sensibilisation à la souplesse mais également à la créativité. Les marchés extérieurs constituent d'importantes sources d'innovation pour les entrepreneurs.

2.2. Comment s'implanter à l'étranger ?

a. Le choix d'un spécialiste de l'import / export

Dans ce cas, le dirigeant n'a pas à se déplacer. Il recherche en France une personne ou une entreprise spécialisée dans l'import / export avec certains pays. Une fois cet interlocuteur trouvé, il lui confie la charge de promouvoir ses produits dans le pays choisi en lui accordant une délégation et parfois une exclusivité. Cette méthode est souvent préférée par l'entrepreneur qui commence à développer ses activités internationales. Son intérêt est de requérir peu d'investissements puisque l'entreprise n'a pas à financer la mise en place d'une force de vente à l'étranger ni même les contacts. Elle limite son risque par le fait que l'intermédiaire choisi apporte son savoir-faire, ses relations, sa connaissance du pays. Les intermédiaires les plus fréquents dans ce domaine sont :

- LES EXPORTATEURS. Ils peuvent acheter la production de l'entreprise et la revendre à des distributeurs étrangers ;
- UN AGENT EXPORTATEUR. Il assume suivant les options différentes fonctions. Dans le cas le plus simple, il s'agit d'une simple recherche d'acheteurs à l'étranger en contrepartie d'une commission. L'agent exportateur peut également rendre des services plus complexes.

La profession d'agent exportateur s'est beaucoup développée en France. Certains spécialistes du commerce international de sociétés importantes se sont mis à leur compte et ont décidé de proposer leurs services à des entrepreneurs désirant exporter leur fabrication, mais n'ayant pas encore acquis un niveau de connaissance ainsi qu'une infrastructure suffisants pour le faire. Ces intermédiaires sont le plus fréquemment spécialisés par pays ou régions du monde.

Dans la plupart des grandes villes françaises se sont créés de petits cabinets qui se chargent de gérer la distribution à l'étranger de produits proposés par les PME. Cette solution peut s'avérer intéressante, du moins dans un premier temps, pour une petite entreprise qui fabrique des produits originaux. Le nom et l'adresse de ces conseillers sont disponibles auprès de la Chambre syndicale des conseillers extérieurs (CNCE).

◆ Le choix d'un groupement à l'exportation

Se grouper permet à des entreprises qui n'ont pas encore exporté de partager les risques et de diminuer le coût des opérations qu'elles veulent mener sur les marchés extérieurs.

Des jeunes entreprises homogènes sur le plan de la taille, ayant des activités complémentaires et une volonté commune d'aboutir, peuvent créer un groupement à l'exportation revêtant des formes juridiques spécifiques.

◆ Le choix d'un importateur

De nombreux entrepreneurs fabriquant des produits intéressants sont directement sollicités par des importateurs étrangers. Dans ce cas, ils peuvent décider de traiter directement avec eux. Les relations établies varient suivant le cas, allant d'une simple fourniture de produits jusqu'à la procuration d'une assistance complémentaire très étendue (assistance technique, formation, documents promotionnels...).

✓ *Astuce...*

La participation aux foires et expositions internationales spécialisées dans leur domaine d'activités offre d'intéressantes opportunités de rencontres.

L'intérêt de ces différentes formules est évident sur le plan du partage des coûts et des risques. L'inconvénient majeur réside souvent dans une perte de contrôle de la politique internationale. Toutefois, même si les formules de distribution indirectes sont loin d'être idéales, elles constituent toujours une initiation intéressante à la pratique des marchés étrangers pour l'entrepreneur et son équipe.

b. L'implantation directe de l'entrepreneur à l'étranger

Cette formule est toujours plus coûteuse, mais permet une meilleure maîtrise du développement de l'entrepreneur en dehors de ses frontières. Elle peut comporter différentes formules :

- La création d'un service exportation. Il se charge directement des relations avec les distributeurs étrangers, voire avec des agents de commerce internationaux. Il sert de liaison et de conseil aux autres services de l'entreprise pour tout ce qui concerne l'exportation. Si l'entreprise se développe, il peut devenir plus important et assumer directement certaines fonctions commerciales à l'extérieur (vente, publicité, distribution physique des produits...) ;
- La création d'une antenne à l'étranger est, de loin, la solution la plus coûteuse, mais elle est aussi celle qui permet à l'entrepreneur de mieux contrôler son expansion extérieure. Au début, il peut s'agir d'une simple filiale commerciale. Elle se charge principalement de la gestion des ventes, du contrôle de la distribution, de la communication. Elle peut aussi être un lieu de stockage pour les produits, devenir parfois un centre

d'exposition et assumer l'après-vente. A son stade le plus élaboré, cette antenne devient une filiale plus ou moins indépendante qui fabrique sur place. La création de l'antenne se fait souvent à partir de l'achat ou de la prise de contrôle d'une société à l'étranger.

Il est rare que l'entrepreneur adopte directement la solution de créer une antenne à l'étranger. Pour des raisons évidentes de coût, cette solution apparaît le plus souvent dans sa phase de croissance lorsqu'elle est à même de s'acheter des petites sociétés extérieures. Tel est le cas d'entreprises technologiques telles qu'ALTRAN ou ALTEN développant des activités dans le service du conseil en haute technologie. L'encadré n°30 illustre les étapes classiques d'implantation de PME à l'étranger à partir de l'expérience d'un entrepreneur M. François SALOMON.

Encadré N° 30

La société SALOMON SA et ses étapes successives d'implantation à l'étranger

L'entreprise créée à Annecy en 1947 par M. François SALOMON, son fils Georges et son épouse, n'est au départ qu'un petit atelier de 50 mètres carrés spécialisé dans la fabrication de lames de scies puis de carres de skis. Elle doit son développement au boom des sports d'hiver et à sa décision de se lancer, à partir des années 50, dans la production de fixations de ski. Ses modèles hautement perfectionnés et notamment l'introduction, en 1973, de son célèbre ensemble « S 555 » à nouvelle courbe de déclenchement, de même que sa politique de diversification (ensemble pour jeunes skieurs, freins de sécurité pour skis, chaussures de ski...) lui permettent de se développer rapidement. Très tôt, SALOMON SA, s'apercevant de l'étroitesse du marché local, songe à s'étendre à l'étranger. Les débuts de cette expérience commencent par une association avec des entreprises françaises qui fabriquent des produits complémentaires (skis, chaussures, vêtements...). Par la suite, SALOMON SA décide de mieux maîtriser sa politique à l'exportation. La méthode suivie par la société est toujours la même : elle commence par rechercher un importateur sérieux à l'étranger. Dès que le chiffre d'affaires dans le pays le permet, elle a recours à des équipes de vente exclusives. La dernière phase est la création d'une filiale sous réserve que cette opération s'avère rentable.

La société SALOMON possède plusieurs filiales à l'étranger (Allemagne, Italie, Suisse, États-Unis…). Face à cette expansion, SALOMON a dû acquérir une mentalité internationale en évitant notamment d'accorder une place trop importante à l'entreprise française. Pour cela, elle a créé un siège indépendant traitant chacune de ses filiales à égalité.

c. L'association de l'entrepreneur avec des partenaires étrangers

Dans le cas le plus simple, l'entrepreneur fait fabriquer ses produits sous contrat par un producteur étranger. Il s'agit d'une solution assez largement adoptée par de nombreux entrepreneurs qui investissent à l'extérieur. Une formule aussi très répandue est celle du « franchising » qui comporte fréquemment un contrat de cession de licence pour les PMI ou un contrat d'apport de savoir-faire et de gestion pour la société de service. Nous avons parlé de ce mode de distribution dans un précédent paragraphe, aussi nous n'y reviendrons pas.

Une formule de plus en plus utilisée est l'association, sous forme de participation en capital, à des producteurs locaux. Parfois rendu obligatoire par certains gouvernements (Maroc, Chine…), ce mode d'implantation peut s'avérer intéressant même lorsque l'entrepreneur n'est pas contraint de l'adopter. Pour illustrer cette démarche nous prendrons l'exemple de la société GRAPHCO (encadré n°31).

Encadré N° 31

Le développement international de la société GRAPHCO[17]

Après avoir étudié quinze secteurs Philippe QUANCARD, créateur de la société, décide de se lancer dans la fabrication et la commercialisation du papier thermique pour application en milieu médical et industriel.

Avec 15 250 € d'économies, il finance les frais d'établissement, et passe un contrat d'approvisionnement avec les Japonais. Ces derniers fournissent le papier spécial à prix fixe pendant 5 ans. Le papier est ensuite façonné sur des machines complexes.

Un fabricant de machines italien, suite à des problèmes personnels, lui cède sa technologie. Le dirigeant fait de cette acquisition la base de son développement. Deux ans après, il prend 90 % du marché français et décide de s'étendre à l'étranger. Sa formule est l'association avec le créateur du besoin dans chaque pays. Les fabricants d'appareils consommant ce type de papier, tout en gardant à chaque fois la maîtrise du capital, à qui la société GRAPHCO apporte ses machines et son savoir-faire. Elle s'associe avec l'Américain LEEDS ET NORTHRUP et lance une usine à Philadelphie. Peu de temps après, son dirigeant convainc HONEYWELL de faire la même chose en Grande-Bretagne. Puis ce sera l'implantation en Espagne, Italie, Allemagne, au Venezuela, en Indonésie, en Arabie Saoudite et au Mexique. Le développement se fait toujours à partir de la même méthode : un mariage majoritaire avec les fabricants étrangers. En plus de ses apports techniques, le dirigeant met au point toute une batterie d'outils de gestion hautement perfectionnés (ratio de contrôle budgétaire, tableau de bord, plan à trois ans…).

Dix ans après sa création, la jeune pousse est devenue une véritable « baby multinationale ».

---

17. En hommage au regretté Philippe QUANCARD, fondateur de GRAPHCO.

L'essentiel à retenir
pour la mise en pratique au quotidien

✔ Le choix du réseau de distribution par un entrepreneur commence par une bonne connaissance des avantages et inconvénients présentés par les canaux existants.

✔ La réussite avec un canal est largement conditionnée par la nécessité que doit avoir l'entrepreneur de bien connaître le fonctionnement interne. C'est en particulier le cas lorsqu'il désire s'adresser à une grande surface ou à un réseau de franchise.

✔ Avant de choisir un canal, l'entrepreneur doit procéder à l'élaboration d'une stratégie de la distribution complétée par une méthode de sélection.

✔ Le « franchising » constitue un choix particulièrement intéressant pour permettre à un entrepreneur de se développer avec des capitaux limités.

✔ L'entrepreneur peut tirer un parti intéressant d'une distribution de ses produits et services à l'étranger. Plusieurs choix se présentent à lui : confier son développement à un spécialiste de l'export, se grouper ou s'associer, prendre un importateur, s'implanter directement, s'associer avec des partenaires étrangers…

9

CHOISIR, DIRIGER, ANIMER UNE ÉQUIPE COMMERCIALE INTERNE OU EXTERNE

La gestion des commerciaux constitue pour l'entrepreneur une préoccupation importante. Les frais relatifs à la force de vente représentent selon les PME un montant se situant entre 5 % et 15 % du chiffre d'affaires, alors que les frais de publicité dépassent rarement les 4 % et se placent le plus souvent en deçà de 1 %. Le vendeur (représentant, agent commercial, prospecteur, technico-commercial, délégué, preneur d'ordres, courtier…) joue un rôle qui est loin d'être négligeable dans le développement de la petite entreprise. **Lien privilégié entre elle et son marché (direct : clientèle ou indirect : distributeur), il a pour tâche essentielle de transmettre son offre en l'adaptant aux besoins spécifiques des clients, et de fournir en retour des informations intéressantes en provenance du marché.** L'entrepreneur doit savoir le choisir, le diriger, le motiver, mais aussi contrôler ses activités.

1. Le choix des commerciaux par l'entrepreneur

1.1. Le processus de sélection des commerciaux

Le processus de sélection des commerciaux par un entrepreneur (voir figure 30) se fait généralement à deux niveaux.

Dans un premier temps, il est nécessaire de définir avec précision le type de vendeur dont il a besoin. Il dépend généralement de quatre éléments :

- les objectifs préalablement fixés par le plan marketing ;
- les caractéristiques des produits ou services proposés par la société (une entreprise fabriquant des biens industriels, un laboratoire pharmaceutique, peuvent réclamer des commerciaux ayant un minimum de connaissances scientifiques pour comprendre l'utilisation des produits...) ;
- les caractéristiques du marché ou de la distribution (une entreprise qui s'adresse à un marché de cadres supérieurs, de professions libérales peut avoir besoin de commerciaux ayant un certain niveau culturel et de formation, ainsi qu'une présentation physique adéquate...) ;
- les caractéristiques de la concurrence (le choix d'un commercial compétent est d'autant plus nécessaire que ceux de la concurrence le sont aussi).

Figure n° 30 :
Processus de sélection d'un commercial par un entrepreneur

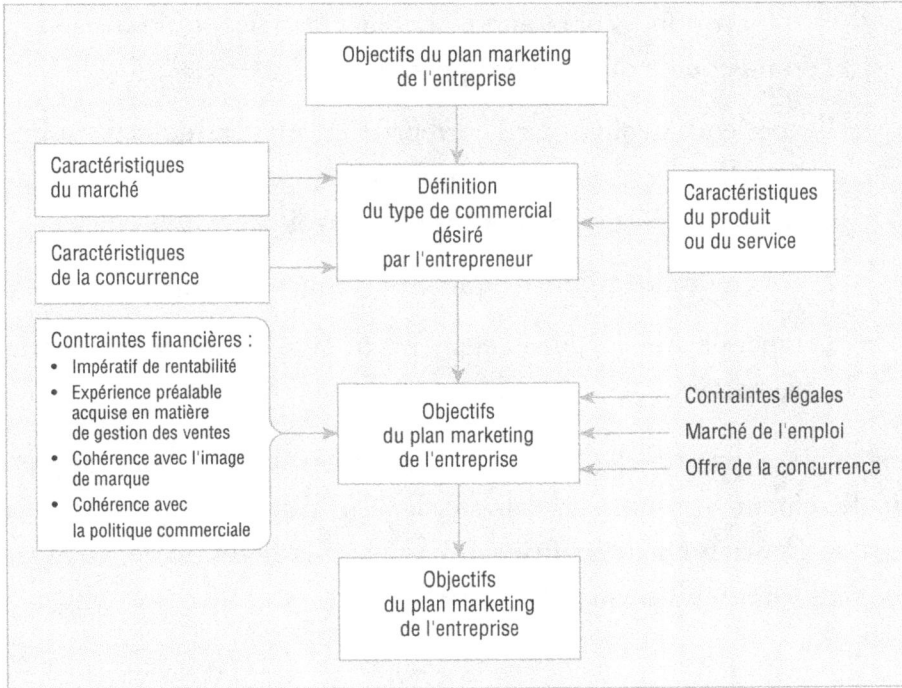

Dans un deuxième temps, l'entrepreneur s'efforce d'élaborer une grille qui lui permet de sélectionner les commerciaux dont il souhaite s'assurer la collaboration parmi les candidats potentiels. Cette grille définit les caractéristiques désirées pour le nouveau collaborateur (catégorie d'âge, niveau de formation, ancienneté dans le métier, type de présentation et de comportement souhaité, aptitude à voyager en France ou à l'étranger, degré de pratique des langues étrangères, niveau de rémunération...). L'élaboration de la grille de sélection dépend aussi de contraintes internes et externes à l'entreprise.

Parmi les contraintes internes, on rencontre des facteurs tels que :

• les possibilités financières de la jeune entreprise ;

- la rentabilité escomptée et le degré plus ou moins urgent d'obtention de cette rentabilité ;

- la répartition géographique de la clientèle en France et à l'étranger et le désir de prospection de l'entreprise ;

- l'expérience acquise par l'entreprise en matière de gestion des ventes (fichier commercial, possibilités de formation, d'encadrement, d'assistance, moyens de contrôle disponibles…) ;

- la cohérence avec l'image que veut donner l'entrepreneur ;

- la synergie avec les autres éléments de la politique commerciale de la société.

En ce qui concerne les contraintes externes, trois éléments sont particulièrement à prendre en compte. Il s'agit d'abord des contraintes légales. L'entrepreneur doit prévoir la portée et la limite des engagements avec son nouveau collaborateur.

✔ *Attention !*

Il existe en France une réglementation particulièrement stricte en ce qui concerne le contrat de VRP (voyageurs, représentants, placiers) ; l'entreprise ne doit pas ignorer la portée de cette réglementation.

Il s'agit ensuite de la situation du marché de l'emploi concernant le type de commercial recherché. Un vendeur efficace et expérimenté coûte cher. Le chef d'entreprise doit confronter le niveau d'expérience requis à ses objectifs et à ses possibilités financières avant de formuler son choix. Il s'agit enfin des conditions offertes habituellement par les concurrents à ce profil de commercial.

1.2. Rôle, tâches et fonctions du commercial

Le rôle et les tâches des commerciaux varient selon les besoins de l'entreprise. Ce sont de simples vendeurs livreurs comme aux SALAISONS DE BOURBON (produits de charcuterie). leur tâche se limite parfois à la prise d'ordres comme chez AUTO-DISTRIB[18] (un grossiste employant 30 personnes, qui distribue des briquets et de la tabletterie auprès des bureaux de tabac).

Ils peuvent être de véritables prospecteurs comme chez ELECTRO-CALK[19] (un petit distributeur de calculateurs électroniques). Il s'agit parfois de véritables technico-commerciaux allant jusqu'à assurer un service complet, chez SAF (biens industriels). La fonction précise attribuée aux commerciaux doit être préalablement définie par l'entrepreneur. La rémunération sera souvent proportionnelle à la technicité requise ainsi qu'aux difficultés de la tâche. Un bon commercial dans une PME vendant des logiciels tels que chez INFLUE… a souvent un salaire supérieur à celui d'un ingénieur. Un prospecteur décrocheur de commandes est toujours plus payé qu'un simple représentant-livreur ou qu'un preneur d'ordres.

La fonction vente intègre des activités qui doivent être remplies par la petite entreprise. Elles vont au-delà de la simple commercialisation des produits aux clients. Les capacités d'un commercial à savoir résoudre ces tâches sont d'un apport non négligeable pour la société. Contrairement à la grande entreprise, elle est souvent mal structurée pour les remplir elle-même. Parmi ces tâches, on rencontre habituellement, comme le rappellent Ph. KOTLER, D. MANCEAU Et B. DUBOIS[20] :

---

18. Nom démarqué.
19. Nom démarqué.
20. Ph. KOTLER, D. MANCEAU, B. DUBOIS et réf. citée.

a. **La prospection.** L'entrepreneur fait son possible pour faciliter le travail de son commercial, mais c'est à ce dernier qu'incombe la tâche de rechercher les nouveaux clients et d'analyser leurs problèmes ;

b. **La communication.** Le commercial joue un rôle important dans la transmission d'informations relatives aux produits et services de son entreprise vers les clients actuels ou potentiels. Ceci est d'autant plus nécessaire que les sociétés ont un budget de communication réduit ;

c. **La vente.** Le commercial a généralement la charge de la fonction vente à proprement parler dans son ensemble : approche du client, argumentation et démonstration, réponses aux objections, prise de la commande ;

d. **Le service.** Le commercial peut offrir à ses clients des services très variés : conseil, assistance technique, compétence financière, aide promotionnelle, aide à la gestion, garantie d'une livraison rapide, après-vente…

e. **La collecte d'informations.** Un rôle non négligeable du commercial consiste à s'informer en permanence sur les besoins du marché, l'offre de la concurrence, et faire part de ces informations à l'entreprise qui l'emploie. Lorsque l'on connaît la faiblesse des moyens d'études directs du marché dans les petites sociétés, on comprend aisément à quel niveau cette tâche est importante.

f. **La répartition.** Dans une situation de pénurie de l'offre, le commercial participe à l'évaluation de la rentabilité des clients et donne son avis sur les répartitions de produits qui doivent avoir lieu entre les acheteurs.

Enfin n'oublions pas que dans certaines PME le commercial doit être à même de suivre la croissance rapide de l'entreprise en se transformant en chef de secteur, de produit et parfois en directeur régional, afin d'accompagner sa croissance.

1.3. Mise en œuvre de la sélection et du recrutement des commerciaux

La sélection des commerciaux a souvent été citée par les entrepreneurs comme un facteur important de leur réussite. Elle est d'autant plus nécessaire que l'écart entre les performances d'un vendeur exceptionnel et celles d'un vendeur moyen peut être considérable. Chacun sait le mal que fait sur le plan de l'image un mauvais vendeur à une petite entreprise. Le patron de la société LOGISBAC[21], une entreprise régionale de 80 personnes fabriquant des logiciels industriels, nous dit avoir perdu en trois ans 50 % de sa clientèle et connu des difficultés importantes sur le plan de la rentabilité à cause d'un mauvais choix de ses commerciaux. Il dut licencier 25 personnes à la fabrication et consacrer la plupart de son temps pendant pratiquement deux années à visiter lui-même la clientèle ancienne afin de rattraper les erreurs du passé et faire de la prospection auprès des clients nouveaux pour redresser son affaire. A l'inverse, Jean-Claude GREGOIRE, dirigeant de la société GREGOIRE (portes et fenêtres) considère que le bon démarrage de sa société, alors une jeune pousse, est largement dû à la qualité de ses premiers commerciaux.

a. Qu'est-ce qu'un bon vendeur ?

Pour effectuer une sélection dans des conditions optimales, une entreprise doit d'abord pouvoir répondre à cette question fondamentale : qu'est-ce qu'un bon vendeur ? La réponse est bien entendu relative et dépend pour chaque dirigeant de ce qu'il attend avec précision de son vendeur. C'est pourquoi la phase précédente de définition préalable des tâches du vendeur est indispensable. Un bon vendeur est d'abord la personne qui possède les qualités lui permettant de s'adapter rapidement aux besoins formulés par chaque

---

21. Le nom de l'entreprise a été démarqué.

entreprise. Il est aussi capable de remplir des activités qui vont au-delà de la vente à proprement parler. Enfin le bon vendeur est rarement celui que représente l'image populaire. Pour beaucoup, le bon vendeur évoque un beau parleur, boute-en-train, à la poignée de main facile, qui a toujours une histoire comique à raconter. L'idée qu'un « bon baratineur » peut vendre « n'importe quoi à n'importe qui » est souvent très enracinée. Le vendeur est fréquemment considéré comme un monsieur qui descend dans les grands hôtels, passe beaucoup de temps en voiture et s'attarde le soir au comptoir des bars à la mode. Le choix de ce métier permet à un homme qui a échoué dans ses études de gagner beaucoup d'argent autrement... et en menant la belle vie... Malheureusement la réalité est bien loin de l'image d'Epinal. Un entrepreneur qui s'en tiendrait à cet *a priori* pour choisir ses vendeurs risquerait de faire de très mauvaises affaires.

Comme le fait remarquer H. PROUST, un spécialiste de la gestion des ventes, contrairement à ces idées préconçues, le vendeur qui réussit est généralement un collaborateur « *qui a plus de volonté que les autres, qui se lève plus tôt que les autres, qui travaille plus que les autres, qui observe mieux que les autres, qui sert et assiste mieux que les autres* ». Il ne « baratine » pas, il écoute. Il connaît tout de la concurrence pour mieux la combattre. Il s'intéresse aux autres, à leurs affaires, leur entreprise, leurs besoins, afin de vendre plus vite et mieux. C'est un scientifique. Il sait qu'il doit s'organiser... car la vente ne s'improvise pas. Il maîtrise avec enthousiasme l'art de la communication, ce qui est différent de l'emphase. Il sait réfléchir avant d'agir, préparer sa visite, créer sa propre boîte à idées. Il n'hésite pas à se former et s'instruire en permanence sur son propre métier. Comme le fait encore remarquer H. PROUST : « *Celui qui travaille de ses mains est un manœuvre. Celui qui travaille de ses mains et avec sa tête est un artisan. Celui qui travaille avec ses mains, sa tête et son cœur est un artiste. Celui qui travaille avec ses mains, sa tête, son cœur et ses pieds est un vendeur.* »

Bien entendu, il est évident qu'en toile de fond de toutes ces qualités, le bon vendeur possède **un goût prononcé pour la vente**.

b. Le recrutement des commerciaux

Le recrutement des commerciaux par un entrepreneur est toujours difficile. Cette difficulté vient du fait qu'il n'existe pas, dans ce domaine, de formules magiques universelles. Le problème est essentiellement humain et ne peut par conséquent se poser en termes arithmétiques comme la technique, l'administratif ou le financier. Chaque dirigeant doit employer sa propre méthode de sélection, mais pour cela faut-il encore qu'il ait une méthode. Trop nombreux sont ceux qui n'en possèdent aucune. Dans ce cas, nous ne saurions que trop leur conseiller, soit de faire appel aux conseils d'un cabinet spécialisé qui fera le travail à leur place, soit d'acquérir rapidement un savoir-faire dans ce domaine. L'appel à un conseiller n'est bien entendu pas gratuit, sans que son coût soit pour autant exorbitant. Les dépenses sont largement compensées dans l'avenir si elles conduisent à réaliser un bon choix. Beaucoup de petites entreprises, faute de moyens, décident de procéder elles-mêmes à la sélection de leurs commerciaux. Il leur faut alors s'abstenir de faire les erreurs classiques et fréquentes dans ce domaine. Pour les éviter, elles peuvent se référer à une vaste littérature spécialisée qui existe sur ce sujet.

L'entrepreneur qui fait appel à sa propre sélection procède généralement en plusieurs étapes :

◆ La recherche des sources de recrutement

Elles sont relativement nombreuses :

- *Les BTS et écoles de vente professionnelles.* Elles existent en province et à Paris. Elles peuvent constituer un vivier pour embaucher de jeunes commerciaux correctement formés à la vente. D'autres écoles spécialisées offrent, elles aussi, une formation intéressante. Ce type d'enseignement tend à se développer à travers la France, notamment à l'initiative des chambres de commerce et d'industrie locales. Un bon système pour un entrepreneur peut consister à prendre un étudiant en stage ou en alternance. L'initiative est globalement peu coûteuse et permet de tester les aptitudes d'une éventuelle recrue. A Paris, les écoles du Groupe NEGOCIA appartenant à la CCIP (Chambre de Commerce et d'Industrie de Paris) forment chaque année d'excellents commerciaux.

- *Les relations personnelles et les recommandations.* Leur valeur est inégale. Elles méritent, de toute manière, d'être confirmées par une phase d'appréciation du candidat.

- *Les sociétés concurrentes.* Le débauchage de commerciaux de la concurrence. Cette solution est prisée par les « start-up » de l'internet lorsqu'elles ont les moyens de payer. Elles n'hésitent pas à aller débaucher les meilleurs commerciaux dans les entreprises de référence. Grâce à leur expérience et à leur image, ils constituent pour la jeune entreprise un atout maître permettant de lever de nouveaux capitaux. Largement utilisée au moment du « boom » des « start-up », cette pratique est moins fréquente à l'heure actuelle.

- *Les petites annonces et les ANPE.* Ce sont indiscutablement elles qui réclament le plus de connaissances pour choisir le support et de technicité pour les rédiger.

◆ La rédaction de l'annonce dans les journaux ou sur internet

Nombreux sont les dirigeants de petites sociétés affirmant n'obtenir que de mauvais commerciaux par l'utilisation des petites annonces ou sur internet. Plutôt que d'incriminer directement le procédé, qui donne des résultats fort corrects dans les grandes entreprises, nous pencherons plutôt à davantage imputer leur insuccès, soit au manque de notoriété de la société, soit au style défectueux de l'annonce, soit encore à l'absence d'attrait de la proposition. La rédaction de l'annonce, pour recueillir des fruits, doit répondre à certaines règles. Il faut éviter de rester vague sur les propositions offertes. On peut par contre s'abstenir de mentionner des lieux communs en ce qui concerne les qualités requises (candidat dynamique, sérieux…). La sélection ne se fait pas au niveau du lecteur de l'annonce qui estime bien souvent avoir toutes ces qualités. L'annonce doit au contraire comporter des éléments précis tels que : les caractéristiques du produit à vendre, l'âge, la qualification, le niveau requis des vendeurs, les composantes de l'activité (type de clientèle, répartition géographique, région à visiter…), le genre de commercial recherché (exclusif, multicartes…), le type du travail proposé, le mode de rémunération prévu ainsi qu'une idée de son montant, notamment s'il est alléchant.

La société ne doit pas rester anonyme. Ce procédé trop souvent utilisé présente l'inconvénient de procurer au lecteur un manque de sympathie notoire envers son utilisateur. Il risque, également, d'écarter les candidatures de commerciaux appartenant à la concurrence qui peuvent craindre que l'annonce ait été formulée par leur propre entreprise. L'annonce doit enfin apporter toutes les garanties pour assurer l'anonymat du postulant.

Les modes d'annonces sur internet, en dehors des contraintes propres à ce média, obéissent à des règles semblables à celles évoquées ci-dessus. Ce type d'annonces est de plus en plus fréquemment utilisé.

◆ Convocation et évaluation des candidats

Une première sélection est faite à partir de l'analyse d'un dossier envoyé aux divers candidats. L'entrepreneur doit toutefois se méfier des jugements hâtifs. Il est difficile d'évaluer un commercial à travers la simple expression écrite. A moins de raisons évidentes, une phase d'entretien complémentaire est indispensable. Comme le fait remarquer Michel JOUHANNAUD, l'évaluation des candidats peut se faire en suivant onze critères décrits ci-après :

1	Ordre, méthode	conscience professionnelle
2	Présentation	aptitude à créer un climat de confiance
3	Sociabilité	
4	Adaptabilité	
5	Intelligence	
6	Dynamisme	
7	Puissance de persuasion	combativité
8	Ambition	
9	Santé	
10	Qualification commerciale	
11	Qualification concernant la branche, le produit…	expérience professionnelle

Différentes techniques, que nous n'aborderons pas ici, mais qui sont largement exposées dans les ouvrages spécialisés, contribuent à réaliser une sélection optimale des commerciaux par un entrepreneur.

2. La gestion des commerciaux par l'entrepreneur

2.1. La direction des commerciaux

Dans une petite société, pas plus que dans une grande entreprise, le commercial ne doit être laissé libre d'organiser à satiété son temps de travail, sauf s'il s'agit de commerciaux expérimentés de haut niveau.

Ce travail doit préalablement être préparé, organisé, dirigé, selon la taille de l'entreprise, par le patron ou son responsable des ventes. La plupart des entreprises établissent certaines règles dans le but d'orienter et de répartir l'effort entre les commerciaux. Cette orientation se traduit par la définition d'objectifs ou de quotas de vente à réaliser qui sont assignés à chaque collaborateur. Préalablement à la détermination des objectifs, certaines informations de base s'avèrent nécessaires. Elles sont directement issues des renseignements et orientations procurés par le plan marketing puis réparties par secteur d'activités.

Parmi ces informations, on distingue :

- la connaissance approfondie du marché appartenant au secteur d'activités assigné au commercial (quantitative, qualitative, tendances d'évolution…) ;

- la connaissance de la concurrence qui agit sur ce secteur ;

- la connaissance du montant des frais directs engagés par le commercial pour sa prospection sur le secteur désigné (frais de voiture, séjour, divers, financiers, remises et rabais…) ;

- la connaissance du montant des frais indirects engagés pour ce secteur (quote-part des services administratifs, frais de publicité, impôts et taxes, charges financières…).

Cette connaissance permet à l'entrepreneur de déterminer une stratégie de vente pour le secteur, de fixer les objectifs quantitatifs à réaliser et de préciser les cibles à prospecter.

La stratégie définit habituellement les principaux axes de la politique commerciale assignée au secteur choisi. Elle concerne les produits et services à promouvoir à titre préférentiel, les sous-secteurs géographiques ou professionnels à visiter en priorité…

Les objectifs quantitatifs peuvent comprendre des données très variées.

Il peut s'agir notamment :

- de la quantité et du chiffre d'affaires à réaliser pour chaque commercial, par produit, par sous-secteur géographique, par catégorie de clientèle ;
- du montant maximum des remises ou des rabais par commercial, par produit, par catégorie de clientèle ;
- des délais moyens de règlement des clients ;
- des pourcentages de frais commerciaux par rapport au chiffre d'affaires ventilés selon la catégorie de frais, de produits ou de services rendus…

La fixation de cibles permet pour sa part de donner au commercial des orientations plus précises. Par exemple :

- le nombre de clients actuels à visiter ;
- le nombre de clients nouveaux à prospecter ;
- les catégories sociodémographiques à privilégier ;
- la fréquence des visites pour chaque catégorie de clients et pour chaque produit et service proposé par l'entreprise.

2.2. La formation des commerciaux

Un grand spécialiste de la vente, WHITING, avait l'habitude de commencer ses séminaires de formation par la phrase suivante : « *Le vendeur moyen ne lit pas un livre par an, c'est pour cela qu'il reste un vendeur moyen* ».

Cette phrase, un peu sévère, souligne la nécessité que doit accorder l'entrepreneur à la formation de ses commerciaux. Qu'elle soit réalisée dans l'entreprise elle-même ou sous-traitée à l'extérieur, qu'elle repose sur la simple lecture d'ouvrages intéressants ou fasse appel à des méthodes pédagogiques actives, la formation des vendeurs permet l'acquisition de plusieurs types de connaissances. L'ensemble de ces connaissances est nécessaire pour mener leur tâche à bon terme.

Elles doivent porter sur :

- les techniques de la vente ;
- les activités et la vie de l'entreprise de manière à ce que le commercial puisse convenablement s'identifier à elle ;
- les produits et services proposés. Il s'agit à la fois de connaître la technique, mais aussi les avantages spécifiques présentés par rapport à la concurrence, la réponse aux objections qui pourraient éventuellement être formulées par le prospect ;
- les caractéristiques des clients ;
- les forces et faiblesses de la concurrence ;
- les principales orientations proposées par le plan marketing.

Elles sont nécessaires de façon à bien comprendre le rôle que le commercial va jouer dans le processus de développement de l'entreprise.

La formation des vendeurs, dont l'intensité et la qualité dépendent des moyens disponibles, demeure encore trop souvent négligée par les dirigeants des petites sociétés. Ils ont tort, car elle constitue une arme efficace permettant de mieux intégrer le commercial à l'entreprise et d'améliorer rapidement et notoirement ses performances.

2.3. L'animation des commerciaux

L'animation des vendeurs peut se faire par l'utilisation de techniques spécifiques. Ces dernières étant très largement développées dans des ouvrages spécialisés, nous avons estimé inutile de les reprendre en détail au cours de ce paragraphe. Disons, pour résumer, qu'il existe d'une part les méthodes d'animation des ventes à proprement parler parmi lesquelles on peut mentionner :

- la formation à l'animation ;
- l'utilisation d'aides techniques ;
- la rédaction des argumentaires de vente ;
- l'utilisation du « remue-méninges » ;

- la visite à deux ;
- la participation du vendeur à la décision ;
- les concours de vente ;
- la promotion des ventes à destination des vendeurs…

Il existe d'autre part des techniques spécifiques qui permettent au commercial d'améliorer ses propres capacités à la vente. Leur acquisition peut faire partie de sa formation. Elles sont destinées à l'aider dans ses relations avec les prospects. Elles contribuent généralement à améliorer ses qualités au niveau du contact personnel. Ce sont par exemple comme le fait remarquer R. MOULINIER :

- intervenir pour influencer la psychologie du client ;
- adopter une attitude favorisant une meilleure communication ;
- engager la conversation d'une manière adéquate ;
- découvrir l'interlocuteur ;
- savoir faire parler ;
- préparer l'argumentation ;
- ajuster sa proposition ;
- argumenter convenablement ;
- parler avec aisance et efficacité ;
- répondre aux objections ;
- conclure, faire signer le bon de commande…

2.4. La motivation et la rémunération des commerciaux

La motivation d'un commercial est un problème toujours délicat à résoudre. La nature même de son travail, en particulier son isolement, fait qu'il a besoin d'être périodiquement encouragé, réconforté mais aussi stimulé. L'entrepreneur peut utiliser plusieurs méthodes. Il ne doit pas oublier **que l'atmosphère dans laquelle il entretient sa force de vente constitue un facteur fondamental de motivation pour ses commerciaux.**

> ✓ *Une vérité qui fait réfléchir…*
>
> *L'entrepreneur a bien souvent les vendeurs qu'il mérite !*

Il ne peut se plaindre du détachement d'un commercial, de son « égoïsme » ou de sa faible considération pour les résultats de la société si lui-même n'entreprend aucun effort pour l'intégrer et l'intéresser à la marche de l'entreprise. La création d'un climat de confiance entre le chef d'entreprise et ses commerciaux, le souci de faire régner de bons rapports au cœur même de l'équipe constituent des conditions préalables indispensables pour assurer un fonctionnement convenable de la vente. La stimulation peut être accentuée par la mise en œuvre de différents procédés. Ce sont par exemple la fixation d'objectifs de vente et la proposition de primes lorsqu'ils sont atteints ou dépassés. Ce sont également des stimulants particuliers que l'on rencontre dans l'animation tels que : les réunions commerciales périodiques, les concours de vente, la promotion auprès des vendeurs… **Il est souvent conseillé d'organiser une bonne intégration des commerciaux avec l'ensemble des collaborateurs de l'entreprise et en particulier avec les équipes de techniciens.**

Parmi les facteurs de stimulation des commerciaux, **la rémunération constitue toujours un élément fondamental.** La plupart des spécialistes de la vente semblent s'accorder pour avancer qu'un système de rémunération bien conçu doit présenter pour le vendeur et pour l'entrepreneur des caractéristiques communes. En ce qui concerne le commercial, il doit pouvoir lui offrir :

- une régularité de ses revenus dans le temps ;
- une récompense pour ses efforts exceptionnels lorsqu'ils conduisent à des performances supérieures à la moyenne ;
- une justice et une impartialité au sein de l'équipe. Ceci consiste à rétribuer chacun selon ses véritables mérites ;

- une simplicité qui permet à chaque commercial de calculer facilement ce qu'il peut gagner.

Pour la gestion de l'entreprise, un bon système doit aussi posséder certaines caractéristiques :

- permettre de contrôler la manière dont les commerciaux utilisent leur temps ;
- être souple et simple à administrer ;
- offrir un niveau de rémunération compétitif par rapport aux concurrents ;
- être économique c'est-à-dire en rapport avec les efforts du commercial mais aussi avec le coût et la valeur des produits et services proposés, la valeur de la clientèle recherchée et surtout la marge réelle réalisée sur les produits et services offerts ;
- permettre d'orienter les efforts des commerciaux dans le sens des objectifs définis par le plan marketing.

Compte tenu de ces remarques, l'entrepreneur est généralement amené à prendre deux types de décisions relatives à la rémunération de ses commerciaux :

- La première décision consiste à fixer le niveau de la rémunération. Celui-ci tient compte des caractéristiques du commercial recherché, du marché de l'emploi et de la « valeur marchande » de ce type de vendeur. L'entrepreneur doit aussi songer à la valeur ajoutée qu'il est susceptible d'apporter à ses commerciaux. Si la société possède une excellente image, avec une réputation de dynamisme pour les ventes et entreprend de vastes efforts de formation et de communication, elle peut en tenir compte dans la fixation de sa rémunération.
- La seconde décision concerne la modalité de la rémunération. Trois possibilités s'offrent fréquemment à l'entreprise : le salaire entièrement fixe, le salaire complètement fondé sur la commission, le salaire mixte qui comprend un mélange des deux. Bien que certains dirigeants avancent que, pour leur

entreprise, la meilleure règle de répartition est de 70 % fixe et 30 % de commissions variables, cette formule est loin de faire l'unanimité. Toutes les compositions entre les deux extrêmes sont possibles. Toutefois, avant de prendre sa décision, le dirigeant doit connaître les principaux avantages et inconvénients habituellement attribués à chaque formule de rémunération, présentés encadré n°32. Un système de rémunération comportant exclusivement une partie fixe ou variable est assez rarement à conseiller à une jeune entreprise sauf dans quelques cas particuliers. Par contre un habile mélange des deux, auxquels sont parfois ajoutées des primes diverses, donne fréquemment de bons résultats. Les entreprises technologiques ou internet connaissant une forte augmentation de leurs activités peuvent aussi offrir des « stock options » à des commerciaux particulièrement performants.

Encadré N° 32

Principaux avantages et inconvénients d'une rémunération des commerciaux au fixe ou à la commission dans une jeune entreprise

Rémuneration au fixe		Rémuneration à la commission	
Avantages	**Inconvénients**	**Avantages**	**Inconvénients**
Simplicité, ce qui allège les tâches administratives.

Permet de faire accepter plus facilement des missions particulières (promotion de produits nouveaux, aide technique, après-vente…).

Permet un recrutement plus aisé, notamment lorsque la société est mal connue. | N'est pas très stimulant pour un commercial dynamique.

Nécessite un système de contrôle important de la force de vente (le commercial coûte même s'il ne rapporte pas).

Peut écarter des commerciaux ambitieux attirés par des systèmes plus adaptés aux efforts déployés (commission). | Très stimulant.

Entraîne de forts gains pour les bons commerciaux, ce qui permet de les attirer.

Permet de relier le coût des ventes à l'activité.

Permet d'avoir un système de contrôle moins lourd (le commercial qui ne travaille pas ne gagne rien). | Irrégularité des gains du commercial notamment diminution de sa sécurité si le chiffre d'affaires faiblit pour des causes conjoncturelles.

Mauvaise direction des ventes. Le commercial aura tendance à privilégier les produits qui lui rapportent à court terme. |

Rémuneration au fixe		Rémunération à la commission	
Avantages	**Inconvénients**	**Avantages**	**Inconvénients**
Permet d'accroître la mobilité des commerciaux. Permet d'intégrer la rémunération des commerciaux avec la grille du personnel sédentaire. Permet une budgétisation plus précise des frais de vente...	Peut être très coûteux pour la petite entreprise en période de basse conjoncture ou lors du lancement de produits nouveaux.		Mauvais suivi de la clientèle (assistance, après-vente...). Tout ce qui ne rapporte pas directement une commission peut être considéré comme une perte de temps par le commercial. Conflits internes possibles dans l'équipe lorsque la commande porte sur des secteurs voisins. Rend le recrutement plus difficile (crainte de l'insécurité) pour certains types de commerciaux. Peut conduire à des anomalies de rémunération flagrantes par rapport au personnel sédentaire. Diminue la mobilité des commerciaux d'un secteur à l'autre.

2.5. Le contrôle des commerciaux

Le principal intérêt d'un système de contrôle des commerciaux pour un entrepreneur est d'abord que ceux-ci sachent qu'il existe. Il est indispensable pour s'assurer que les objectifs de vente fixés seront atteints et pour prendre le plus tôt possible des décisions correctives efficaces, si les réalisations se situent en deçà des prévisions. Le contrôle des commerciaux dans une petite entreprise nécessite certaines informations indispensables fournies suivant un échéancier préalablement déterminé. Il s'agit notamment des plans et des comptes rendus d'activités passées et futures. Il peut aussi s'agir de rapports divers sur les nouvelles affaires traitées, sur les clients perdus, sur les tendances du marché, sur l'évolution économique de leur secteur... Les sociétés bien gérées possèdent habituellement certaines fiches homogènes, simples, rapides à remplir, qui sont fournies régulièrement aux commerciaux pour faciliter leur tâche dans ce domaine.

L'évaluation des commerciaux se fait habituellement de deux manières :

- A partir de données quantitatives significatives du taux d'activités. Dans ce cas, l'entrepreneur a intérêt à faire intervenir plusieurs critères pour corriger ce qu'un seul peut avoir de partial.

  Parmi les critères les plus utilisés on note :

  - la comparaison des ventes réalisées aux objectifs fixés. C'est le plus fréquent ;
  - le nombre et la taille des commandes prises ;
  - la rentabilité des ventes (bénéfice / ventes, ou ventes / frais commerciaux) ;
  - la fréquence des visites réalisées ;
  - le chiffre d'affaires moyen par visite ;
  - le coût moyen de la visite, de la commande... notamment le calcul du ratio frais / chiffre d'affaires ;
  - le nombre de clients perdus ;
  - le nombre de clients nouveaux...

- A partir de données qualitatives (dynamisme, qualité des rapports fournis, capacité à satisfaire la clientèle, courage, intégration à l'entreprise, connaissance des produits, motivation...).

Il est bien évident, qu'en dehors de cas extrêmes, les résultats sont toujours évalués d'une manière relative. Ils peuvent notamment permettre de réaliser une comparaison entre les commerciaux de l'entreprise. Ils peuvent occasionner des comparaisons dans le temps. Pour faire des comparaisons entre commerciaux, il est nécessaire, par souci d'objectivité, de tenir compte de l'homogénéité des secteurs, de la conjoncture économique, des efforts déployés par la concurrence…

3. Le marketing direct en appui de la vente

Le marketing direct sous ses différentes formes : lettre, téléphone, fax, internet, SMS, I MODE, UMTS, vidéo-fax… peut constituer un appui intéressant pour développer les ventes. Internet devient un média de plus en plus utilisé dans le cadre des politiques de développement nationales et surtout internationales. Il constitue une importante source de création pour des « start-up ». Son rôle est tel que nous y consacrerons deux chapitres spécifiques. Plus généralement, cette technique est principalement utilisée par les jeunes entreprises dans trois domaines :

- Le marketing direct en relation avec les clients (particuliers ou entreprises) ;
- le marketing direct en relation avec les intermédiaires, tels que les prescripteurs et surtout les canaux de distribution ;
- le marketing direct en appui du réseau de vente.

Le marketing direct sous ses différentes formes et en particulier grâce à internet est à la base du développement de nombreuses « start-up » : aux États-Unis, AMAZON, DELL, ONSALE…, mais aussi en france : ARTPRICE, AQUARELLE, CHATEAU ONLINE, IMMOSTREET….son application est particulièrement intéressante pour la « start-up » lorsqu'elle développe des activités en « business to business » (entreprise à entreprise). c'est le cas de sociétés telles que RAPIDSITE (hébergement de sites pour PME), TENDER ON LINE (appel d'offres pour entreprises à partir d'internet), MARKETO (vente de matériel aux PME)…

Un de ses principaux intérêts vient du faible coût des médias utilisés et de l'optimisation du coût de contact du client.

✓ *Chiffre repère*

Un contact par visite à domicile est généralement évalué à 100 euros, par téléphone à 10 euros, par courrier à 1 euro, par e-mail à 0,20 euro.

Le développement du marketing direct en relation avec les réseaux de distribution constitue un important atout pour le marketing de la petite entreprise. Afin d'atteindre son efficacité maximale, cette technique mérite d'être utilisée avec un grand professionnalisme. De nombreux ouvrages écrits sur ce sujet permettent à l'entrepreneur de l'acquérir. Nous reproduisons certaines références dans notre bibliographie. Un spécialiste du marketing direct, Dominique DUBEL, évoque dans l'encadré n°33 l'avenir de cette discipline en s'efforçant de montrer quelques facteurs clés pour la mettre en œuvre avec succès.

Encadré N° 33

Facteurs clés de réussite pour la mise en œuvre du marketing direct

Le marketing direct, « MD » est né au siècle dernier avec le monde industriel, et dès lors, l'accompagne principalement dans les domaines de la communication et de la distribution.

On attribue la création du premier catalogue au « Bon Marché » à la fin du XIXe siècle.

Un siècle plus tard, l'explosion de l'informatique et d'internet lui donne la puissance nécessaire pour devenir une technique de commercialisation incontournable. Aujourd'hui, la part des investissements de la communication opérationnelle (dont le « MD » fait partie) dans l'ensemble des dépenses de communication des entreprises a largement dépassé celle de la communication publicitaire classique devenue moins efficace :

- En effet le système économique a fortement changé. Le nouvel environnement concurrentiel débouche naturellement sur les techniques de segmentation ;
- Elles-mêmes, de plus en plus sophistiquées trouvent leur utilisation pratique dans les applications du « MD ».

Les règles d'or du marketing direct, facteurs clés de la réussite de sa mise en œuvre sont :

1   Intégrer le « MD » dans la stratégie de la jeune entreprise comme un élément intangible et privilégié du « marketing mix ».

2   Informer, former et motiver l'ensemble du personnel en général et les forces de vente en particulier.

3   Se doter d'une véritable base de données clientèle.

4   Bâtir et coordonner ses actions avec des professionnels confirmés (interne et/ou externe) :
    – sélectionner ses cibles,
    – choisir ses médias,
    – concevoir ses messages,
    – construire ses offres,
    – planifier avec rigueur,
    – contrôler le déroulement de ses budgets,
    – assurer la logistique,
    – suivre avec précision les opérations,
    – analyser les résultats étape par étape.

5   Optimiser les modes opératoires.

6   Rendre cohérents les programmes d'avant-vente, vente, et après-vente.

7   Créer la synergie des actions de « MD » dans un système de communication global harmonieux.

Le marketing direct évolue encore et toujours, avec l'apparition des supports de communication et de transmission modernes (télématique, câble, CDI, télé-paiement, WAP, I MODE, UMTS...) et la mutation extraordinaire et rapide des outils de traitement des informations liés à l'informatique et de la communication en relation avec Internet.

Le IIIe siècle du « MD » au début du IIe millénaire favorise l'élaboration de véritables bases de données relationnelles. Enrichies d'informations statistiques et qualitatives, elles permettent d'anticiper et de prédire les comportements d'achat des clients dans le temps :

- en tenant compte de la durée de vie des produits et des services qu'ils détiennent ;
- pour leur proposer des offres plus complètes et mieux adaptées (ventes croisées et additionnelles) ;
- au bon moment ;

… pour autant que les entrepreneurs d'aujourd'hui aient, dès maintenant la volonté farouche de préparer avec constance ce véritable bouleversement des métiers de la communication et de la distribution, même si, personnellement, ils ne se sentent pas réellement concernés.

D'après Dominique DUBEL, gérant de la société PHARE-WEST

Quatre types de tâches sont fréquemment assignées au marketing direct dans une jeune entreprise et en particulier dans une « start-up » :

- Renforcer la communication avec le client ;
- Proposer une offre de produits et services dont l'utilisation est aisée à comprendre ou correspond à une attente prioritaire ;
- Obtenir des rendez-vous pour les commerciaux ;
- Aider le réseau de distribution à mieux vendre ses produits (information, aide à la vente, apport de clientèle...).

Un autre spécialiste du marketing direct, Monsieur RIVIERE, évoque (encadré n°34) huit atouts de réussite pour obtenir le succès.

Encadré N° 34

Huit atouts de réussite pour le marketing direct

- Premier atout : agir sur des segments fiables, clairement identifiés.
- Deuxième atout : organiser les actions avec rigueur dans leur déroulement et leur suivi.
- Troisième atout : combiner plusieurs supports pour obtenir l'impact maximum.

- Quatrième atout : faire des messages clairs, faciles à lire et à comprendre (style direct, pas de jargon).
- Cinquième atout : rechercher des accroches frappantes et les valoriser par un élément original.
- Sixième atout : tirer parti le plus souvent possible des événements de la vie courante.
- Septième atout : coller aux besoins de la distribution et lui « vendre » les opérations envisagées.
- Huitième atout : agir avec persévérance :
  - un message pour votre nom,
  - un message pour votre image,
  - un message pour faire « tilt ».

D'après M. RIVIERE

L'essentiel à retenir
pour la mise en pratique au quotidien

✔ La gestion des commerciaux constitue pour l'entrepreneur une préoccupation prioritaire étant donné l'importance des coûts généralement engendrés par la force de vente.

✔ La sélection des commerciaux n'émane pas du hasard. Elle doit se fonder sur une méthodologie précise franchissant différentes étapes.

✔ Une bonne gestion des commerciaux repose sur la mise en place d'une direction, d'une formation, d'une animation et d'un contrôle efficaces.

✔ Le marketing direct sous ses différentes formes (mailing, fax, téléphone, Internet, WAP, I MODE...) constitue un appui de premier plan pour le marketing des jeunes entreprises et plus spécifiquement des « start-up ».

✔ Le succès du marketing direct est largement lié au suivi de règles précises émanant d'une méthodologie adéquate pour sa mise en oeuvre.

10

COMMUNIQUER AVEC DES MOYENS LIMITÉS DANS UNE PETITE ENTREPRISE

Si son utilité est rarement niée, nombreux sont les entrepreneurs qui se refusent à faire de la publicité. Les prétextes les plus fréquemment avancés sont le coût excessif et la difficulté de maîtriser cette technique qui semble autant relever de l'art que de la science. L'idée qu'un bon produit se vend seul n'est pas étrangère au rejet de toute véritable politique de communication avec le marché chez certains d'entre eux. De tels *a priori* parfois hâtifs peuvent faire passer l'entreprise à côté de succès. Comme le révèle Bernard MOORS dans un ouvrage optimiste[22] beaucoup de petites sociétés dans tous les domaines doivent leur succès à l'utilisation habile de cette technique : la communication publicitaire.

Parmi bien d'autres, c'est le cas d'ARDENNES EQUIPEMENT à Charleville, un fabricant de godets (partie située à l'extrémité des bras d'une pelleteuse) pour les travaux publics, qui put sortir brillam-

---

22. Bernard MOORS, *Comment réussir sa publicité avec un petit budget*, 18 cas de PME, Éditions d'Organisation. Certains exemples cités au cours de ce paragraphe ont été empruntés à l'ouvrage de cet auteur. Le lecteur intéressé pourra s'y reporter pour trouver une description complète des cas mentionnés.

ment de la sous-traitance grâce à l'utilisation de la publicité. Le fils de son fondateur, Gilles PONCIN, convaincu et assisté par Henri VASTINE, directeur d'une agence de publicité EST-NORD PUBLICITE, spécialisée dans la communication industrielle, décide de se lancer dans l'utilisation de la publicité. Les résultats sont rapides : après trois mois de campagne, dix agents exclusifs représentent la marque ARDENNES EQUIPEMENT en France. A la fin du premier exercice, la société partie de zéro en ventes directes, hors de la sous-traitance, annonce 2,3 millions d'euros de chiffre d'affaires. Le budget publicitaire est augmenté pour le deuxième exercice et le chiffre d'affaires atteint 4,6 millions d'euros. Grâce à la communication, ARDENNES EQUIPEMENT peut passer en quelques années du stade de la jeune entreprise sous-traitante à celui de la PME autonome. Les raisons de cette croissance rapide sont multiples : parmi elles, son dirigeant ne nie pas les conseils de l'agence et l'apport de la communication publicitaire.

C'est encore l'appel à cette technique qui conduit Félix GRELLIER, dirigeant de la BISCUITERIE SAINT-MICHEL, au sud de la Loire, assisté par l'agence BOSCH, à imposer la marque « Les Galettes Saint-Michel », cause de sa réussite face aux grands groupes internationaux qui maîtrisent ce secteur (BELIN, NABISCO, GENERAL MILLS, GENERALE ALIMENTAIRE, PILLSBURY, DELACRE, CAMPBELL, UNIMEL...).

Ces deux exemples, pris dans des secteurs différents, montrent que l'utilisation de la communication publicitaire ne doit pas être l'apanage de la grande entreprise mais peut aussi se révéler fort utile à une petite société pour son développement.

Celle qui veut réussir doit perdre son complexe à l'égard de la communication publicitaire. S'ils n'avaient pas perdu ce complexe, les patrons des entreprises telles que : SWATCH, ŒUNOBIOL, BACCARAT, DIM... n'auraient jamais permis à ces marques d'acquérir la notoriété et l'image qu'elles ont pu atteindre de nos jours.

Actuellement, les sociétés liées à internet, qui ont pu se contenter de ce média au début pour se faire connaître doivent désormais utiliser l'ensemble de la communication publicitaire pour acquérir une véritable notoriété : ce fut au démarrage le cas de sociétés aussi différentes que BOURSE DIRECT (marché financier), AQUARELLE (vente de fleurs en ligne)…

Toutefois, l'entrepreneur évitera de pécher par excès de confiance. Il ne doit pas oublier que ses moyens étant limités, il ne peut engager des budgets dans n'importe quelle action. Le choix de la publicité dans la politique de développement est un choix raisonné qui dépend étroitement des priorités décidées dans le plan marketing.

L'entrepreneur ne doit pas non plus croire que la publicité a le pouvoir de faire des miracles. Si l'image de son entreprise est mauvaise, si ses produits sont médiocres, si sa distribution est incompétente, ce n'est pas la communication publicitaire qui pourra changer quelque chose. Dans ce cas, il est préférable qu'il réduise les faiblesses avant d'entreprendre toute communication avec son marché.

Enfin, il ne lui faut jamais perdre de vue que la **communication publicitaire est une technique professionnelle** nécessitant l'assistance et le conseil d'experts. Le but de la publicité n'est pas de se mettre soi-même en valeur ou de plaire à son entourage. **Son objectif est de communiquer un message précis et motivant à une cible bien déterminée**. Pour cela, une certaine compétence doit lui permettre de dresser des lignes directrices à sa politique de communication, de sélectionner une agence capable de l'assister, et de travailler efficacement avec ce partenaire. De nombreux ouvrages susceptibles de l'aider ont été écrits dans ce domaine. Le lecteur qui désire développer ce sujet trouvera leurs références dans notre bibliographie.

1. Utilité et place de la communication publicitaire dans le marketing

1.1. Communication publicitaire et image de marque

L'intérêt de refléter auprès de son marché une image de marque positive est évident pour la jeune entreprise. Cette image lui permet d'attirer automatiquement et sans engager des moyens supplémentaires, une clientèle qui vient d'elle-même demander un produit ou un service déterminé parce qu'elle connaît par avance les qualités de ce qu'elle vient chercher. Il est fondamental que l'entrepreneur se préoccupe de créer pour la société une marque, pour un produit une image spécifique auprès des cibles de clientèles qu'il désire toucher.

✓ *L'image, une réalité…*

L'image est à la fois une source de richesse car elle attire de nouveaux clients, et aussi une garantie d'indépendance.

Les dirigeants de PME agissant sur les marchés de la grande consommation ou « business to consumer » le savent bien, **la seule façon de diminuer la vulnérabilité d'une entreprise face aux géants de la distribution est de se faire réclamer par le marché.** Pour cela il faut avoir une image. Une marque bien connue du public telle que PATAGONIA, ŒUNOBIOL, BISCUIT DU MONT ST MICHEL, BA… peut imposer de meilleures conditions à la distribution et davantage lutter contre la concurrence des MDD (Marques de distribution) qu'un produit ou service inconnu. « *Fabriquer quoi que ce soit sans le signer, c'est démissionner au profit du distributeur. Avoir une marque, c'est commencer à exister. Des secteurs entiers de l'industrie l'ont compris bien trop tard : la chaussure, le meuble où les* *marques les plus connues sont des marques de distributeurs, le jouet, la technologie, l'internet où celles qui ont une image de solidité sont américaines[23]. »*

La constitution d'une image de marque pour la petite entreprise ou ses produits constitue aussi un moyen efficace de lutter contre la concurrence des grandes sociétés. C'est sans doute l'augmentation rapide de sa notoriété et l'acquisition d'une image bien spécifique de plat campagnard riche, qui permit à MUTULAR, une petite marque régionale, aidée par l'agence DUPUY-COMPTON, de lutter avec succès dans sa région du Sud-Ouest contre les marques importantes et notamment contre WILLIAM-SAURIN, leader incontesté sur le marché national.

L'acquisition d'une image précise dans leur secteur d'activités permit à certains entrepreneurs de se sortir de leur condition vulnérable de simple sous-traitant. Le cas d'ARDENNE EQUIPEMENT mentionné précédemment est significatif à cet égard.

La communication publicitaire constitue un atout de premier plan pour attirer les visites de sites sur internet. Tel est probablement le but recherché par AQUARELLE ou IMMOSTREET. **L'entreprise, dès les premières années de sa création doit se préoccuper de l'image qu'elle veut donner d'elle auprès des cibles directes (marché) ou indirectes (distribution, prescripteurs,...) qu'elle désire conquérir pour assurer son développement.** Le choix de cette image, qu'il s'agisse de la société elle-même, d'un produit ou d'un service particulier, dépend implicitement des préconisations de son plan marketing. Il est tout particulièrement lié à la détermination préalable de la vocation de l'entreprise, de son positionnement ou de celui de ses produits. Ce fut le cas de Daniel CHOISEL, patron de l'entreprise CHOISEL à Dreux, spécialiste de matériel hippique, un homme qui débuta seul, sut découvrir un créneau sur un marché porteur, pro-

---

23. Bernard MOORS, réf. Citée.

duire du matériel de qualité (boxes, obstacles, lisses, mangeoires…) adapté aux besoins de ce marché, et avec l'aide de l'agence CABUT STETTEN BERNARD, faire connaître aux cibles visées l'intérêt de ses produits pour chevaux.

Le choix réfléchi d'une politique à moyen et long terme en matière d'image est indispensable car elle ne se crée pas du jour au lendemain. Seules des actions opiniâtres et suivies en fonction d'axes bien définis peuvent permettre à l'entreprise de devenir ce qu'elle souhaite être. Une fois atteint ce stade, il lui reste de s'adresser aux diverses techniques de la communication pour le faire savoir aux segments du marché visés. Cette initiative ne doit jamais précéder les autres. **Une bonne communication dépend toujours d'un plan marketing clair et précis**. Elle doit demeurer de surcroît logique avec les autres moyens commerciaux dans le cadre d'une « communica-tion-mix » cohérent.

1.2.   Communication publicitaire et marketing

La communication publicitaire n'est pas un but en soi. La communication a besoin de buts et de tâches bien définis qui ne peuvent lui être assignés pleinement qu'à condition que l'entrepreneur acquière une bonne connaissance de la clientèle, élabore des produits répondant à ses besoins et agisse en fonction du marché. Dans certains cas, la communication publicitaire constitue une partie de la démarche marketing de la société. Il faut donc lui attribuer une tâche dérivant de la connaissance du marché et de l'objectif de la jeune entreprise. La tâche peut être détaillée ou décrite globalement selon la situation de l'entreprise. Elle peut résider, par exemple, dans un gain de « n » nouveaux clients prospectés ou simplement dans l'amélioration de son image de marque.

Trois remarques sont à faire à cet égard :

- La communication publicitaire ne peut pas rendre possible ce qui est impossible : en d'autres termes, le succès de la communication dépend d'abord d'une conception claire et sensée de sa fonction et de son rôle dans l'entreprise.

- La communication publicitaire ne peut que promouvoir la vente ; le produit doit faire ses preuves lui-même.

   S'il existe un déséquilibre entre le produit et la communication ; par exemple en ce qui concerne les conditions, l'efficacité, la qualité, ou le service fourni réellement, la communication risque d'échouer.

- Pour être véritablement efficace, la communication a besoin d'informations complètes que seul peut lui fournir un système marketing qui fonctionne bien. En particulier :

  - des informations liées à la politique marketing et commerciale déjà élaborée (positionnement, objectifs, stratégies, tactiques, moyens…). Ils constituent un cadre à la politique de communication ;

  - des informations sur les résultats (réussites, échecs) des politiques de communication antérieures ;

  - des informations concernant l'offre de la société (produits et services, prestations, conditions…) ;

  - des informations concernant l'offre des concurrents ainsi qu'une évaluation de leur politique commerciale et publicitaire ;

  - des informations concernant l'image que reflète la jeune entreprise auprès de la clientèle ;

  - des informations concernant l'environnement et son évolution ;

  - des informations concernant le marché, à savoir par exemple sa structure, ses préférences, ses motivations et ses opinions…

Certains de ces renseignements peuvent être fournis par le plan marketing. D'autres sont à rechercher spécifiquement pour l'élaboration de la politique de communication.

Enfin, comme le fait remarquer G. SHAPIRO[24] la communication doit mettre le client au cœur de son discours plutôt que l'entreprise et ses produits en utilisant le « vous » au lieu du « je » ou du « nous ».

1.3. L'élaboration du « communication mix »

La communication est d'autant plus efficace qu'elle ne transmet pas des données provenant de l'entreprise même, mais apporte des réponses aux questions que se pose le client en des termes recevables par son propre système de communication. C'est ainsi qu'il est nécessaire de communiquer dans son langage plutôt que dans celui des techniciens de l'entreprise.

La publicité n'est pas le seul facteur qui influence la perception du marché. Ce n'est pas uniquement la publicité qui communique le message de l'entrepreneur mais, en réalité, tout un ensemble d'éléments intégrés de la politique marketing et commerciale.

Chaque élément du « marketing mix » comporte pour l'entreprise des facteurs de communication. Il importe de les déterminer afin de les organiser et de les coordonner dans un véritable « communication mix », figure n°31 ou mélange optimal des différentes potentialités de communication des composantes du « marketing mix ».

---

24. G. SHAPIRO, *Communication « Business to Business », les 7 pyramides de la réussite*, Éditions d'Organisation.

Figure n° 31 : Le « communication mix » pour un entrepreneur

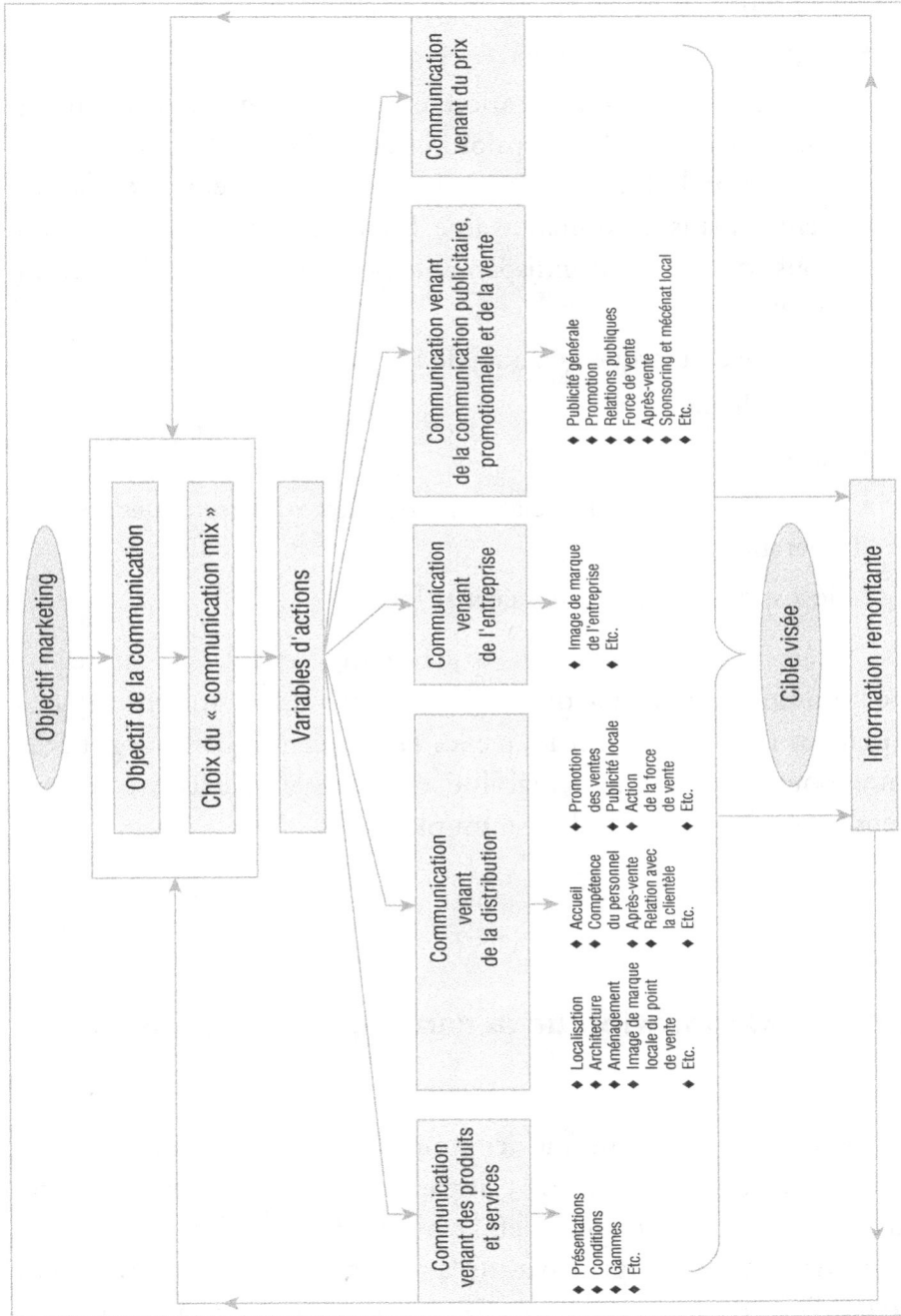

Ces éléments peuvent être déterminés à différents niveaux :

- le produit et le service lui-même, sa présentation...
- le prix,
- la distribution, sa localisation, et son aménagement, son image locale, l'accueil, la réception, la compétence du personnel, la qualité de la force de vente, le suivi de la clientèle et l'après-vente. Dans ce domaine une bonne politique de formation constitue un atout indispensable pour la politique de communication,
- l'image de marque générale de l'entreprise,
- la publicité,
- la promotion des ventes,
- les relations commerciales et publiques entretenues avec le marché...
- le « sponsoring » et le mécénat local.

De même qu'il existe un « marketing mix », il existe un « communication mix » qui obéit aux mêmes contraintes que le « marketing mix », parmi lesquelles la cohérence, condition nécessaire pour assurer une rentabilité et une synergie convenables à l'ensemble du processus de communication.

2. Élaboration de la campagne publicitaire

Intégrée dans la politique commerciale et cohérente avec le « communication mix », une campagne publicitaire s'élabore habituellement en suivant une démarche progressive. Ne désirant pas nous livrer ici à un large débat sur la mise en œuvre d'une campagne de publicité dont la méthodologie n'est pas spécifique à l'entreprise, nous nous contenterons de décrire brièvement le processus habituellement suivi (figure n° 32) en faisant ressortir s'il y a lieu les éléments spécifiques.

Figure n° 32 : Processus d'élaboration d'une campagne publicitaire pour un entrepreneur

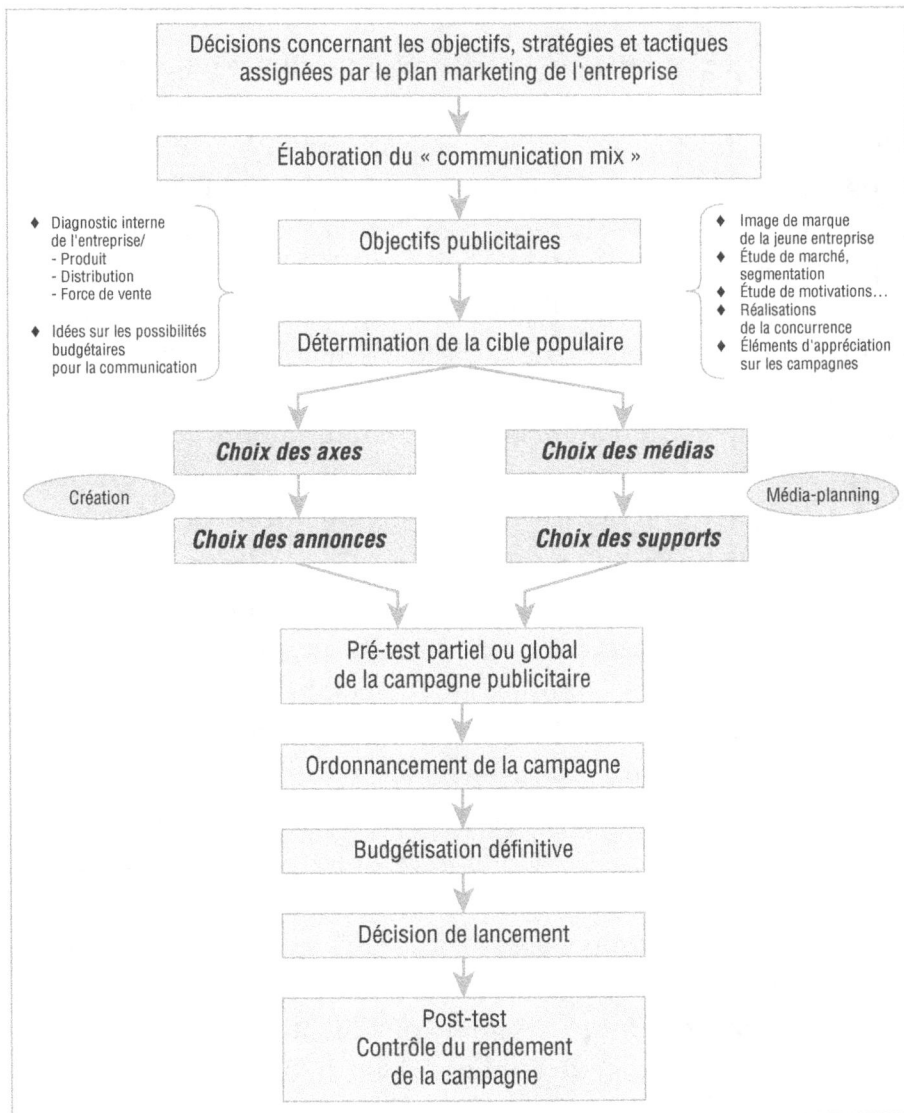

2.1. La détermination des objectifs publicitaires

Définir l'objectif publicitaire, suppose d'abord que l'on situe bien la publicité dans la commercialisation. La vente est, en effet, une opération complexe qui se décompose en plusieurs séries d'éléments ; certains concernent le produit, d'autres son prix, sa distribution, ou encore la communication de ce produit avec le consommateur.

Toute politique commerciale se définit d'abord par un objectif bien déterminé, en vue duquel chaque élément doit jouer un rôle précis à un moment donné. On confond, trop souvent, objectif commercial et objectif publicitaire, et il arrive que l'on attribue à l'objectif publicitaire, l'intégralité de l'objectif commercial. En réalité, on ne peut apprécier la contribution de la publicité à l'effort commercial que si on lui destine un objectif plus spécifique et plus conforme à sa nature. L'objectif publicitaire est essentiellement un objectif de communication. Il est, par exemple, de réduire ou d'atténuer un préjugé, de faire comprendre l'avantage d'une modification de produit ou encore de faire connaître un nouveau modèle. Pour être utilement défini, l'objectif publicitaire doit comporter trois éléments : une intention, une proposition, un délai.

- L'intention doit être précisée dans sa nature, et dans son audience. Ce sera, par exemple, pour un distributeur régional de petit matériel informatique, d'établir la notoriété de son matériel auprès des dirigeants de PME de son secteur géographique d'activités.

- La proposition constitue le second élément contenu dans l'objectif publicitaire. Un objectif doit, en effet, s'exprimer en termes mesurables (valeur absolue ou pourcentage), faute de quoi il devient impossible de justifier les moyens engagés pour y parvenir et ultérieurement de vérifier s'il a été atteint. On dira, pour reprendre l'exemple précédent, que la notoriété du matériel cité doit être établie auprès de 25 % des dirigeants de ces entreprises.

- Le délai constitue le troisième élément de l'objectif publicitaire, il est aussi important que les deux précédents. Il est le plus souvent semi-annuel, mais peut comporter des échéances plus lointaines.

Pour l'entreprise citée, les 25 % de notoriété auprès des dirigeants de PME, doivent par exemple être atteints dans un délai de 6 mois après le lancement de la campagne. La définition de l'objectif publicitaire peut alors s'énoncer ainsi : « *c'est un type de modification d'attitude à l'égard d'un produit ou d'une entreprise qu'il faut obtenir d'une catégorie de consommateurs, dans une proposition, à l'intérieur d'un délai* ».

2.2.   Choix de la cible publicitaire

La cible publicitaire peut recouvrir l'ensemble ou une partie seulement de la cible commerciale. On peut très bien concevoir d'orienter certains éléments de la politique commerciale, par exemple la force de vente, vers la clientèle des acheteurs-utilisateurs, alors que d'autres éléments comme la publicité, la promotion des ventes, sont destinés aux prescripteurs ou à d'autres personnes susceptibles d'influencer indirectement la décision d'achat.

Le choix des cibles publicitaires ne dépend pas uniquement de leur poids dans le processus de décision d'achat. Trop souvent, les stratégies de communication partent de l'hypothèse que plus une personne a un poids important dans la décision, plus elle doit être prise pour cible prioritaire. C'est oublier un paramètre fondamental que rappelle J.N. KAPFERER : la résistance à la persuasion. « *Par exemple les architectes sont les influenceurs principaux en matière de bâtiment. Ils ont tellement fait l'objet de prospections, qu'il s'en est suivi une inflation des manœuvres séductrices : banquets luxueux, colloques sous les tropiques, etc. L'entreprise disposant d'un faible budget de publicité aurait mieux à faire, pour tirer le maximum de chaque euro investi, de viser une cible peut-être moins influente mais aussi moins résistante à la persuasion[25] ».*

2.3. Choix des axes, la détermination du concept d'évocation, l'élaboration de l'annonce

Pour H. JOANNIS[26], l'axe ou élément moteur est l'élément des mécanismes d'achat, qui, soumis à une pression publicitaire, fait pencher ces mêmes mécanismes au maximum en faveur du produit. L'axe vise toujours la stimulation d'une motivation ou la diminution d'un frein. L'axe doit reposer sur un élément psychologique moteur, la motivation la plus forte, la motivation qu'aucun produit ou service sur le marché ne satisfait, le frein le plus vulnérable ou le frein que ce produit ou service de l'entreprise diminue mieux que ceux de tous les concurrents. Choisir l'élément moteur c'est en quelque sorte choisir la satisfaction dont l'évocation produit la pression la plus grande en faveur de l'entreprise sur l'acte d'achat.

Parmi les actes ou éléments moteurs d'ordre psychologique, on peut distinguer : la fiabilité du produit, la sécurité, la garantie de l'après-vente, le standing social…

Comme toute notion psychologique, cette notion d'axe est abstraite ; dans les phases postérieures de la création publicitaire, il sera nécessaire de la concrétiser.

Le concept d'évocation de la campagne, pour sa part, est défini par le même auteur comme un concept qui évoque dans l'esprit du consommateur de façon aussi concrète et efficace que possible, la satisfaction retenue comme élément moteur, l'axe n'étant que l'énoncé

---

25. Jean-Noël KAPFERER, *Les chemins de la persuasion*, Gauthiers Villars, Paris.
26. Henri JOANNIS, *De l'étude de motivation à la création publicitaire et à la promotion des ventes*, Dunod.

abstrait de l'idée de satisfaction que l'on désire faire naître. Ce concept d'évocation peut être élaboré grâce à une action de créativité pouvant transformer la « communication marketing » en une véritable « communication artistique ». Un des principaux rôles de l'agence publicitaire est sans doute d'élaborer ce concept d'évocation par la création.

Le concept d'évocation permet d'élaborer l'annonce qui constitue finalement l'adaptation de l'axe à la cible, aux médias et aux supports.

2.4. Choix de la création publicitaire la mieux adaptée aux besoins de l'entrepreneur

Une bonne création est indispensable à la réussite de toute campagne. Elle l'est d'autant plus que l'entrepreneur dispose souvent de budgets limités. Par son originalité la création est appelée à compenser la faiblesse de la pression médiatique de la petite entreprise. Le choix d'une création doit se faire avec professionnalisme. L'entreprise doit éviter deux écueils :

- Le premier écueil consiste à choisir une création qui lui plaît par son originalité sans tenir compte des comportements, attentes, besoins et attitudes des clients. **Plus la création est originale, plus elle doit être testée auprès d'un échantillon représentatif**. Une création très forte peut parfois présenter le danger de cannibaliser les qualités des produits ou services que l'entreprise souhaite promouvoir. L'exemple de la publicité en matière d'affichage urbain sur les sous-vêtements féminins est illustratif de ces propos. Une créativité trop expressive peut présenter le danger d'occulter complètement la marque.
- Le second écueil consiste à proposer une communication trop proche des objectifs publicitaires que l'entrepreneur désire faire passer. Si elle devient banale dans sa créativité, elle ne

réussit pas à intéresser, donc à franchir le halo publicitaire des concurrents. La réussite d'une création est difficile par le savant équilibre qu'elle doit refléter entre le talent créatif et l'adaptation aux objectifs de l'entreprise. Pour ces raisons **elle demande d'abord du professionnalisme pour trouver une idée originale. Elle réclame ensuite de la part du dirigeant la capacité d'accepter des idées qui vont parfois au-delà de ses propres conceptions de la communication.**

Le slogan « Just do it » (ta vie est à toi) qui a permis de relancer NIKE alors jeune entreprise et connut un succès mondial n'a été accepté que de justesse par Mike NIKE le dirigeant créateur de la société. Afin de bien choisir parmi les différentes propositions créatives d'une ou de plusieurs agences, Henri JOANNIS[27] propose un arbre de sélection (figure 33) qui permettra à l'entrepreneur de prendre une décision avec méthode et professionnalisme.

2.5. Choix des médias et des supports

Les médias et les supports sont les moyens qui permettent de véhiculer l'annonce vers la cible. Le « média publicitaire » représente la technique (presse, publicité directe, radio…) et voit son application à travers différents « supports ». *L'Usine Nouvelle, L'Express, Le Monde, Le Moniteur des TP, le Nouvel Economiste…* pour la presse. Le sponsoring et le mécénat constituent des médias spécifiques. Ils sont assez rarement utilisés par les jeunes entreprises, sauf au moment de leur développement[28].

---

27. Henri JOANNIS, *Le processus de création publicitaire,* Dunod.
28. L'entreprise intéressée par l'utilisation de ce média pourra tirer profit de l'ouvrage de Sylvere PIQUET, *Sponsoring et mécénat,* Vuibert *Gestion.*

**Figure n°33 : Evaluation du processus de création publicitaire
d'après Henri JOANNIS**

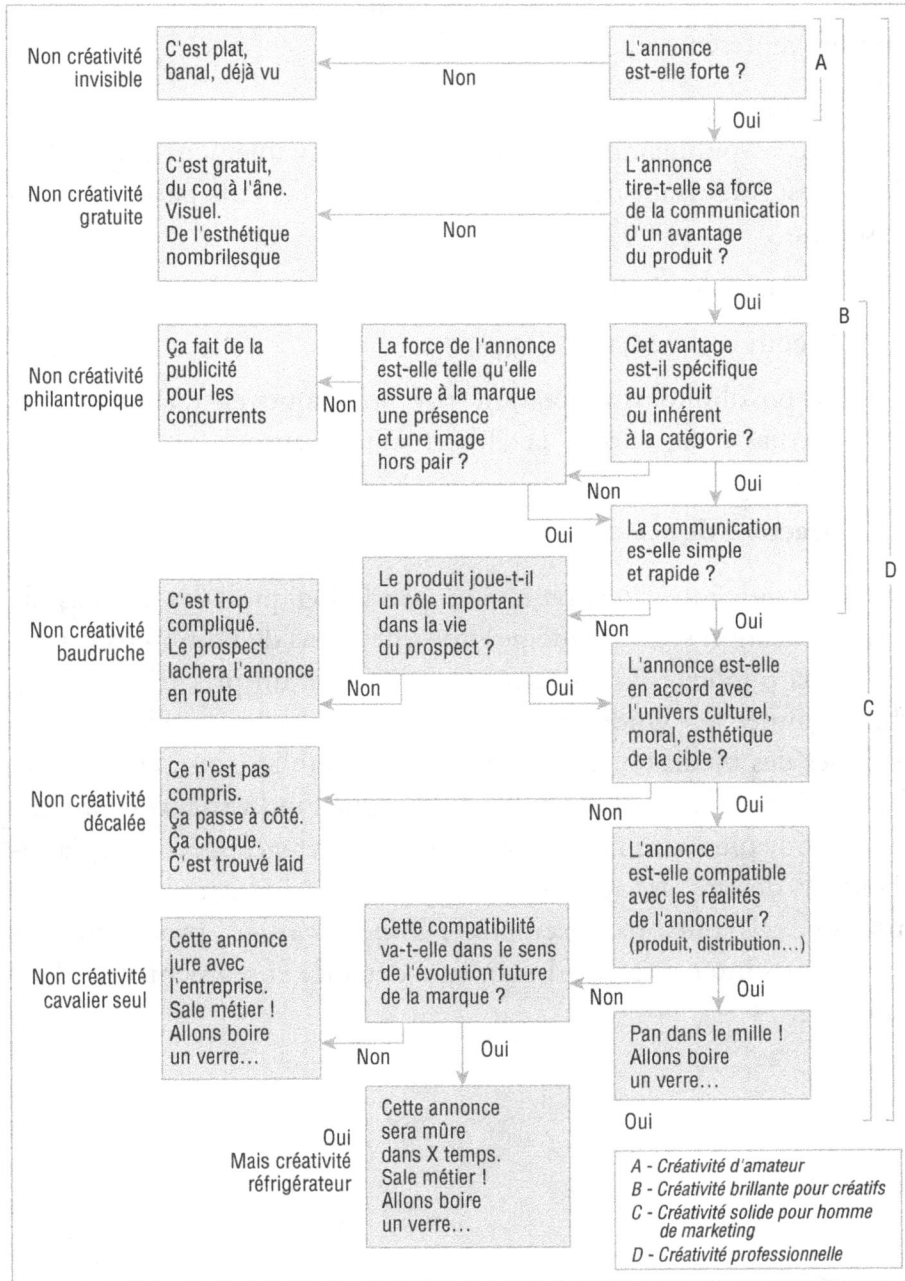

Non créativité invisible	C'est plat, banal, déjà vu	← Non ←	L'annonce est-elle forte ? — A
		↓ Oui	
Non créativité gratuite	C'est gratuit, du coq à l'âne. Visuel. De l'esthétique nombrilesque	← Non ←	L'annonce tire-t-elle sa force de la communication d'un avantage du produit ?
			↓ Oui — B
Non créativité philantropique	Ça fait de la publicité pour les concurrents	← Non ←	La force de l'annonce est-elle telle qu'elle assure à la marque une présence et une image hors pair ?
			Cet avantage est-il spécifique au produit ou inhérent à la catégorie ?

Non → / Oui →

La communication es-elle simple et rapide ? — D

Le produit joue-t-il un rôle important dans la vie du prospect ? — Non → Oui

Non créativité baudruche — C'est trop compliqué. Le prospect lachera l'annonce en route — Non ← / Oui →

L'annonce est-elle en accord avec l'univers culturel, moral, esthétique de la cible ? — C

Non créativité décalée — Ce n'est pas compris. Ça passe à côté. Ça choque. C'est trouvé laid — Non ← / Oui

L'annonce est-elle compatible avec les réalités de l'annonceur ? (produit, distribution…) — Oui

Non créativité cavalier seul — Cette annonce jure avec l'entreprise. Sale métier ! Allons boire un verre… — Non ←

Cette compatibilité va-t-elle dans le sens de l'évolution future de la marque ? — Non / Oui

Pan dans le mille ! Allons boire un verre…

Oui — Mais créativité réfrigérateur

Cette annonce sera mûre dans X temps. Sale métier ! Allons boire un verre…

Oui

A - *Créativité d'amateur*
B - *Créativité brillante pour créatifs*
C - *Créativité solide pour homme de marketing*
D - *Créativité professionnelle*

On distingue communément en publicité ce que l'on appelle les « mass médias », qui recouvrent une audience très large (radio, TV, presse) des autres types de médias (affichage, publicité directe…). internet représente un média spécifique.

La sélection des médias constitue un problème délicat auquel se heurtent les publicitaires. Pour opérer convenablement cette sélection, il est important de considérer plusieurs facteurs parmi lesquels ressortent :

- les caractéristiques intrinsèques des médias,
- le coût des médias,
- la possibilité d'adaptation psychologique et technique des médias et supports à la cible et au produit.

a.   Caractéristiques des médias

Les caractéristiques techniques et psychologiques des médias de communication sont longuement décrites dans de nombreux ouvrages sur la publicité. Les agences fournissent à un prix très modeste chaque année le « guide média » qui reprend les principales caractéristiques des médias orientés vers le grand public (coût, couverture, duplication, délais d'obtention…). En milieu industriel ces connaissances sont plus succinctes. Toutefois des ouvrages spécialisés s'attachent à décrire la spécificité des médias industriels. Certains supports tels que, par exemple, *l'Usine Nouvelle*, procurent aux annonceurs intéressés une description détaillée et segmentée sur leur audience.

b. Sélection des médias et des supports publicitaires

La sélection des médias et supports fait généralement l'objet d'une technique spéciale que l'on appelle le « média planning ». Cette technique consiste **à choisir, en fonction de leur coût, les médias et supports qui sont les mieux adaptés à la cible visée, au produit à promouvoir ou à l'image de l'entreprise elle-même.** Cette sélection dépend d'une part, des caractéristiques qui sont propres à chaque média, mais aussi et surtout, du nombre et du profil de l'audience qui leur est soumise. Elle dépend enfin de la duplication, de la multiplication, des supports entre eux.

Les agences de publicité disposent en général de spécialistes, les « médias planners », qui sont des personnes qui, outre leurs connaissances sur les techniques de sélection des supports, possèdent des informations très complètes sur les caractéristiques intrinsèques des médias, tant sur le plan quantitatif que qualitatif. Pour ne prendre qu'un exemple, celui de la presse professionnelle industrielle, les « médias planners » se livrent fréquemment à deux calculs qui les aident à choisir un support par rapport à un autre. Ils ont pour but de les aider à optimiser le choix des supports en rapportant le coût de la page publicitaire en noir ou couleur, soit au nombre de lecteurs du support, soit, si cela est possible, au nombre de lecteurs appartenant à la cible visée.

Ces calculs s'appellent :

$$\text{a) le coût au lecteur} = \frac{\text{Coût de la page en noir ou en couleur du support}}{\text{Nombre de lecteurs du support}}$$

$$\text{b) le coût au lecteur utile} = \frac{\text{Coût de la page en noir ou en couleur du support}}{\text{Nombre de lecteurs du support appartenant à la cible visée}}$$

Pour comparer des supports presse par rapport à leur coût au lecteur utile, il est nécessaire qu'ils soient préalablement segmentés en fonction des mêmes critères que la cible publicitaire elle-même. Une telle segmentation des supports de la presse est faite dans le domaine des biens de grande consommation par le CESP (Centre d'étude des supports publicitaires).

Malheureusement cette segmentation est plus rarement réalisée pour les supports industriels. Cette situation oblige les dirigeants des entreprises et leur agence de publicité à se livrer à des études empiriques leur permettant d'avoir une idée de cette segmentation. Certains supports industriels communiquent la segmentation de leurs lecteurs au niveau des différentes CSP (Catégories socio-professionnelles).

La recherche d'une adaptation technique des supports à la cible requiert parfois l'utilisation de logiciels ou modèles informatisés de sélection des supports. Ils sont fréquemment utilisés pour le choix de supports dans les campagnes publicitaires des biens à destination du grand public. Ils existent aussi en milieu industriel. Ils sont mis à la disposition des annonceurs par les agences de publicité.

2.6. Pré-test de la campagne publicitaire, ordonnancement des tâches, décision de lancement

Le pré-test consiste, avant de proposer la campagne de communication à la cible visée, à évaluer sur un marché limité jugé représentatif si un certain nombre d'erreurs, risquant de compromettre l'ensemble de la campagne, n'ont pas échappé à son concepteur. Il est indispensable lorsque l'entrepreneur réalise une communication originale. Les résultats du pré-test peuvent ainsi conduire à « rectifier le tir » avant le lancement définitif. Cette technique parfois dédaignée par les entreprises, permet d'éviter de graves erreurs en matière de communication. Le pré-test peut reposer sur l'ensemble de la campagne ou sur des éléments partiels comme par exemple le message proposé. Une fois les étapes précédentes réalisées, il ne reste plus qu'à organiser la campagne dans l'espace et dans le temps.

L'ordonnancement de la campagne consiste à élaborer un planning indiquant les dates auxquelles vont avoir lieu les différents événements de la communication ainsi que leur synchronisation avec le reste du « communication mix ».

2.7. Le contrôle de l'action publicitaire

Le contrôle de la publicité, souvent appelé post-test permet d'évaluer les résultats de son action par rapport aux objectifs préalablement définis. Il est particulièrement délicat à élaborer, pour deux raisons principales :

- l'interdépendance de l'ensemble des éléments du « communication mix » qui fait que les résultats globaux obtenus sont rarement rapportables à un élément particulier de ce mélange ;

- l'importance de la création en matière publicitaire qui est difficilement quantifiable.

De telles difficultés faisaient déclarer à David OGILVY, un gourou de la communication : *« Lorsque j'engage un budget publicitaire, je sais bien que la moitié de ce budget est dépensée en pure perte, mais mon problème est que je ne sais pas quelle moitié ».*

Un ensemble de mesures existe toutefois, afin de déterminer si la communication a atteint une certaine notoriété, et si elle a imprégné les publics choisis pour cible. Les figures 34 et 35 suivantes montrent les différents stades conduisant à une excellente notoriété, ainsi qu'une bonne attribution des communications à la marque de l'entreprise.

**Figure n° 34 : Pyramide de la notoriété,
d'après J. LENDEVRIE, D. LINDON, J. LEVY-MERCATOR, Réf. cités**

Nota :
Notoriété spontanée :
on demande à l'échantillon interviewé, les campagnes ou marques dont ils se souviennent.
Notoriété assistée :
on cite les campagnes ou les marques et on demande à l'interviewé s'il les reconnaît.
Top of Mind :
il s'agit des marques les plus souvent citées en premier rang.

Absence de notoriété de la communication

Notoriété assistée

Notoriété spontanée

« Top of Mind »
ou
1er rang

**Figure n° 35 : Pyramide de l'imprégnation,
d'après J. LENDEVRIE, D. LINDON, J. LEVY-MERCATOR, Réf. cités**

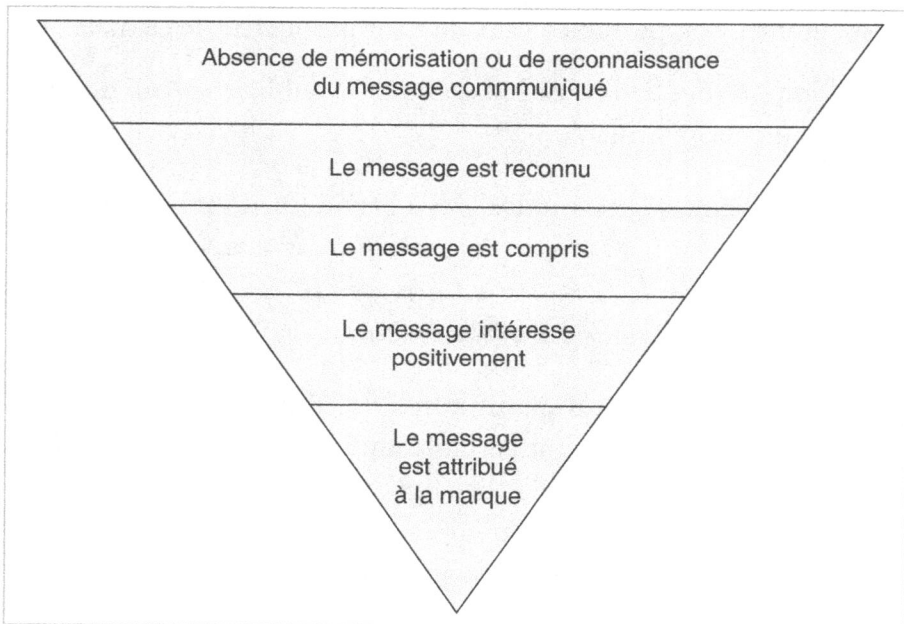

Absence de mémorisation ou de reconnaissance du message commmuniqué

Le message est reconnu

Le message est compris

Le message intéresse positivement

Le message est attribué à la marque

3. Les relations des entrepreneurs avec les agences de communication

La liaison d'un entrepreneur avec une agence de communication est souvent assimilée à un mariage ; un mariage de raison plutôt qu'un mariage d'amour. Pour bien réussir ce mariage, il importe à son patron de savoir s'il désire ou non se marier, de bien choisir sa partenaire, enfin de s'arranger pour entretenir des relations harmonieuses avec elle.

3.1. Le choix d'une agence de communication

La plupart des entrepreneurs n'ont guère de politique en ce qui concerne le choix d'une partenaire en communication. Il est souvent réalisé sur le simple conseil d'amis, sur une bonne impression qu'a fait le directeur de l'agence au patron, sur l'efficacité d'un démarcheur ou sur de nombreuses autres motivations aussi peu rationnelles.

Avant de choisir une agence, il faut prendre le temps d'organiser une sélection. En premier lieu, il est nécessaire de savoir si on a besoin d'une agence. La réponse peut dépendre de la taille de la société, de son implantation géographique, des médias locaux disponibles, de la qualité des spécialistes publicitaires qui y travaillent, des produits et services qu'elle désire promouvoir, ainsi que de la présence ou de l'absence de talents naturels à l'intérieur de l'entreprise elle-même.

La taille de la société et surtout l'importance du budget disponible constituent des facteurs non négligeables. Il est en effet inutile de faire appel à une grande agence si le budget est trop faible pour être susceptible de l'intéresser. De même il est inutile de faire appel à une agence si le budget publicitaire n'est pas assez important pour régler la partie du conseil préalablement prévue et permettre une communication suffisante pour atteindre et sensibiliser la cible choisie.

L'implantation géographique et la présence de médias locaux ou spécialisés sont aussi à considérer. Une petite entreprise peut avoir des activités dans une région touchée par très peu de médias rentables pour elle. Elle peut aussi s'adresser à des branches d'activités qui sont atteintes par des médias ou des supports très spécifiques. Dans ce cas, surtout si ses budgets sont restreints, il lui est possible de faire directement appel aux services de publicité que possèdent fréquemment ces médias. Les spécialistes de ces médias savent être d'un conseil utile, notamment en ce qui concerne la création et l'élaboration des messages. Certains d'entre eux l'aideront dans la conception de sa politique de communication. La valeur des spécialistes chez les médias est inégale. Il importe à l'entrepreneur de la vérifier.

Une méthode simple de sélection consiste à composer une liste des agences qui semblent les plus capables de résoudre les problèmes posés. L'élaboration de cette liste peut se réaliser à partir du répertoire des agences de publicité publié par le journal *Stratégie* ou encore de celui fourni par l'AACP (Association des agences conseils en publicité). La sélection comprendra un mélange d'agences à vocation générale et parfois d'agences spécialisées si la PME évolue dans un secteur très particulier (biens industriels, industrie pharmaceutique, industrie agricole…). Après cette sélection le dirigeant doit consulter directement les agences, leur demander des informations sur elles (date de création, taux de croissance, capital, nom des dirigeants, interlocuteur chargé du budget de l'entreprise, liste des clients de l'agence et nom des correspondants, liste des clients perdus récemment avec le nom des anciens interlocuteurs, principaux avantages qu'elle peut présenter, type d'intérêt pour la société…). Il évaluera surtout la capacité de l'agence à comprendre et à réagir au problème spécifique de son entreprise. Par la suite un appel téléphonique aux interlocuteurs clients de l'agence et une discussion, lui permettront de parfaire son choix.

3.2. Les relations de l'entrepreneur avec son agence de communication

Les conclusions d'un bon mariage de raison reposent sur la compréhension et la confiance réciproque. La compréhension tout d'abord conduit l'entrepreneur à reconnaître la compétence de son partenaire en matière de communication. S'il ne la reconnaît pas dès le départ, mieux vaut qu'il se passe de ses services. S'il la reconnaît, il doit s'attacher à bien définir la répartition des responsabilités et les modalités de collaboration qu'il attend recevoir. De ces modalités dépendent le mode (honoraires, commission sur les médias, forfait...) et le montant de la rémunération de l'agence. Une fois ces problèmes résolus, chaque partenaire doit tenir ses engagements. La confiance est également fondamentale. Pour faire un bon travail, tel un avocat, l'agence en communication doit préalablement disposer de suffisamment d'informations sur la clientèle cible, ses motivations, la concurrence, les forces et faiblesses de la société mais aussi connaître les objectifs choisis, les sélections déjà réalisées sur le plan commercial. Il appartient à son dirigeant de transmettre ces données sous la forme d'une synthèse écrite et orale. La rétention de ces informations empêcherait sans aucun doute l'agence de réaliser un travail sérieux.

Pour que la politique de communication soit efficace, l'entrepreneur et son agence doivent travailler en étroite collaboration tout au long du processus de la campagne publicitaire. Il débute avec l'analyse des études, des principales données du plan marketing, passe par la fixation des objectifs de communication, des moyens, et s'achève par le lancement de la campagne et les modalités de contrôle de ses résultats. Le rôle de l'entreprise et de l'agence varie au cours de ce processus. Il est important de concrétiser chaque phase par la remise d'un document écrit formalisant les décisions prises d'un commun accord au cours de ces phases. Il est tout aussi important, sauf événement exceptionnel, d'éviter de revenir sur les décisions prises en commun lors des phases antérieures.

L'essentiel à retenir
pour la mise en pratique au quotidien

✔ A son niveau et en disposant de moyens limités, la petite entreprise a la possibilité de mettre en place des campagnes de communication efficaces.

✔ La communication publicitaire ne peut être de qualité que si elle repose et demeure cohérente avec l'élaboration des orientations définies par le marketing.

✔ La communication doit impérativement reposer sur des réalités.

✔ Le processus d'élaboration d'une stratégie de communication est avant tout l'œuvre de professionnels disposant d'une méthode adéquate. Elle se décline à travers un processus par étapes : choix des objectifs de communication, détermination des cibles publicitaires, sélection des médias et des supports, processus créatif, pré et post-tests, contrôle du rendement.

✔ Un arbre de décision peut aider l'entrepreneur à optimiser le choix d'une bonne création publicitaire.

✔ La réussite d'une campagne de communication repose largement sur la confiance et l'entente entre l'entrepreneur et son agence. Il s'agit d'un véritable mariage, même si c'est un mariage de raison.

11

LA QUALITÉ, ATOUT MAÎTRE POUR LE MARKETING DE L'ENTREPRENEUR

I. Objectif qualité et fidélisation

I.I. L'entrepreneur confronté au défi de la qualité

La qualité constitue le principal soutien d'une politique de marketing bien menée.

Quatre buts lui sont fréquemment alloués :

- Contribuer à la création d'une image de marque auprès des clients ;
- Fidéliser la clientèle acquise ;
- Faciliter la prospection à partir de politiques de recommandations faites par les clients, les prescripteurs et les intermédiaires satisfaits, créer un marketing viral ;
- Répondre aux attentes de certains acheteurs exigeant un label de qualité certifié pour l'entreprise ou ses produits.

Le développement d'internet à travers la puissance de son pouvoir de communication ne fait que renforcer l'obligation de la qualité. Comme le montre Roger MOIROUD[29] figure n°36, l'engagement d'une politique de qualité constitue pour l'entreprise le moyen idéal de se sortir du cercle malicieux des clients disparus pour entrer dans le cercle vertueux des clients fidèles. **Afin d'éviter de se laisser engager dans ce type de cercle malicieux, le dirigeant d'une entreprise doit songer à mettre en place une organisation de la qualité dès sa création.** Un tel souci a été selon Jean-Claude GRE-GOIRE, fondateur de la société qui porte son nom à la base du succès de son entreprise lorsqu'elle n'était encore qu'une très petite société.

1.2. Qualité totale : gadget passager ou finalité pour l'entrepreneur ?

Comme le fait remarquer Madame ROSSET, une responsable de la qualité dans une entreprise chimique : « *Ecoute, dialogue, respect du client, concertation interne et externe pour trouver les bonnes réponses aux vrais problèmes sont autant de facteurs qui réclament une vraie démarche culturelle au sein des sociétés européennes* ».

Une telle démarche, difficile à mettre en œuvre, doit d'abord se méfier de la tentation de facilité ou du « gadget ». **La pénétration d'un état d'esprit qualité ne peut être profonde et durable dans une PME que s'il repose sur une véritable stratégie accompagnée de moyens appropriés.** Les initiatives de sacrifier à la mode de créer des cercles qualité, pour intéressantes qu'elles soient, ne suffisent pas. Elles risquent à terme de s'avérer peu efficaces si elles ne s'intègrent pas dans le contexte d'une approche globale dans la jeune société.

---

29. Roger MOIROUD, *Le cri du client*, Éditions d'Organisation.

**Figure n° 36 : Du cercle malicieux des clients disparus
au cercle vertueux des clients fidèles
D'après Roger MOIROUD**

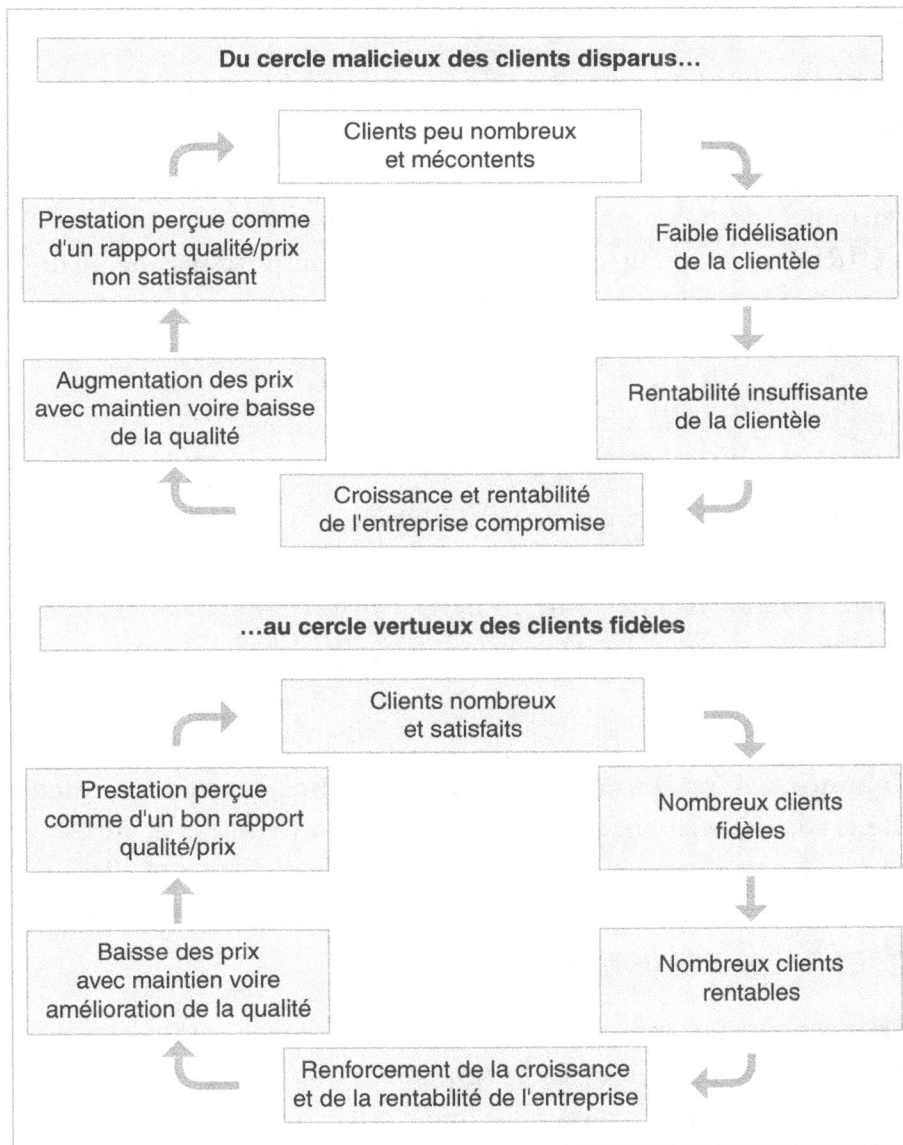

Du cercle malicieux des clients disparus...

Clients peu nombreux
et mécontents

Prestation perçue comme
d'un rapport qualité/prix
non satisfaisant

Faible fidélisation
de la clientèle

Augmentation des prix
avec maintien voire baisse
de la qualité

Rentabilité insuffisante
de la clientèle

Croissance et rentabilité
de l'entreprise compromise

...au cercle vertueux des clients fidèles

Clients nombreux
et satisfaits

Prestation perçue
comme d'un bon rapport
qualité/prix

Nombreux clients
fidèles

Baisse des prix
avec maintien voire
amélioration de la qualité

Nombreux clients
rentables

Renforcement de la croissance
et de la rentabilité de l'entreprise

Le concept de qualité liée à une certification ISO peut être considéré comme une finalité dans le cadre d'une politique de marketing réussie. Sans cesse mis en valeur par les états-majors des institutions performantes, ce concept réclame un profond changement d'état d'esprit ainsi qu'une complète mobilisation de l'ensemble des collaborateurs vers la satisfaction des clients.

L'initiative de cette politique ne peut émaner que de l'entrepreneur qui doit à la fois affirmer sa volonté, mais aussi montrer l'exemple dans ses propres relations avec les clients, fournisseurs, partenaires et personnels. Comme nous l'avons vu dans le cas de la société GRE-GOIRE, en s'impliquant directement dans un processus de qualité, Jean-Claude GREGOIRE a su faire de cette politique un véritable atout pour son entreprise.

✓ *Les zéros sont gagnants !*

La finalité d'une politique de qualité réussie se fonde sur le fameux principe : zéro défaut, zéro délai, zéro stock, zéro papier inutile, zéro incident, auquel certains experts ajoutent zéro accident et zéro mépris.

L'aboutissement d'une politique de qualité commence quand elle est véritablement perçue par ceux à qui elle est destinée, et non par l'entrepreneur lui-même. Comme le rappelle avec humour un entrepreneur, la véritable définition de la qualité : « *c'est quand le client revient mais pas le produit* ».

Dans certains cas, une politique de qualité élevée s'impose à la petite entreprise. En particulier si elle souhaite travailler avec des entreprises ou institutions qui réclament une certification de la part de leurs fournisseurs. Le dirigeant créateur est alors obligé de la mettre rapidement en place et de la faire reconnaître par des prestataires habilités à décerner les certifications sous la forme de différents ISO.

I.3. Qualité et fidélisation du client

> ✓ *Tendance…*
>
> *Les sociétés américaines, en particulier les « start-up » qui ont réussi, accordent un poids de plus en plus important à la fidélisation.*

Cette tendance émane souvent des résultats de leur comptabilité analytique qui compare le coût d'un client perdu à celui d'un nouveau client. Les études réalisées dans ce domaine s'efforcent d'évaluer l'ensemble des coûts internes liés à la perte d'un client. Comme le montre la figure n°37, ils intègrent plusieurs éléments parmi lesquels :

- Le coût d'acquisition d'un client de remplacement, évalué par la société BAIN entre 200 € et 600 € avec une moyenne à 300 € ;
- La perte d'activités sur ce client au cours des prochaines années et le manque à gagner si ce client avait été convenablement fidélisé. Cette notion s'appelle la « Life time value » ou EMM (Espérance mathématiques de marge). Elle consiste à calculer ce qu'aurait rapporté, par exemple sur trois ans, un client perdu si celui-ci n'avait pas quitté la société. Une PME vendant des timbres de collection en Europe à partir du marketing direct et en particulier d'internet évalue à 1 500 € le bénéfice moyen réalisé sur un bon client par an. Le « Life time value » de ce client sur trois ans serait de 4 500 € ;
- Les éventuelles pertes d'activités de ses proches tels que la famille ou les enfants. Elles doivent être probabilisées ;
- Le bouche à oreille négatif qui dépend de l'ancienneté du client mais aussi de son pouvoir d'influence sur son environnement ;

Figure n° 37 : Coût du client quittant l'entreprise

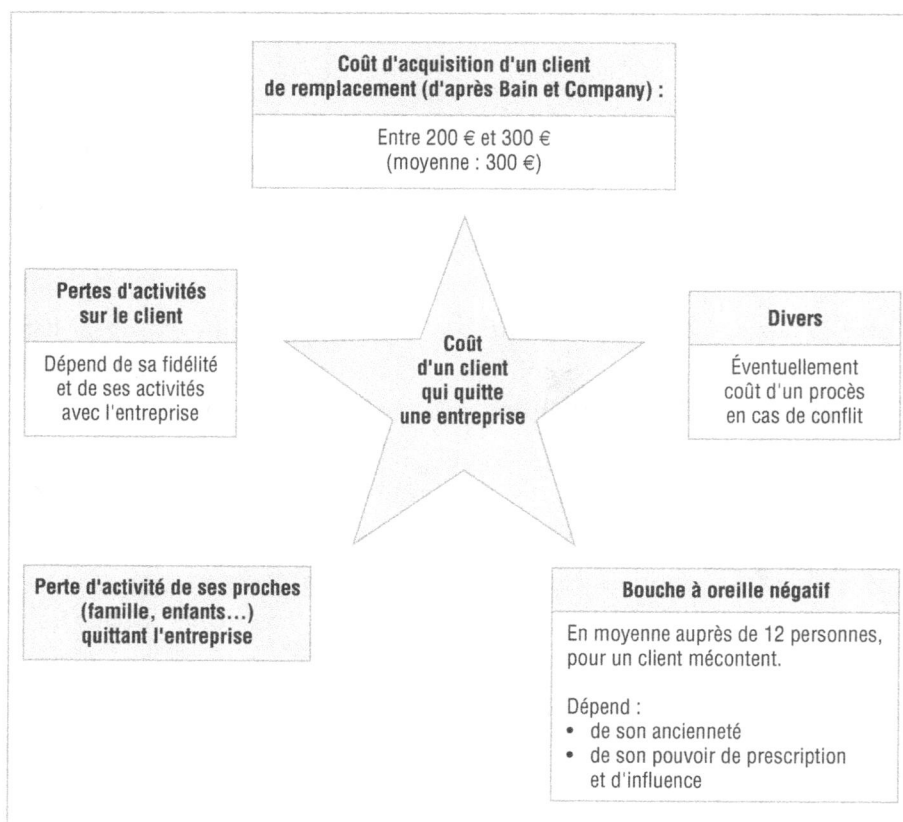

> **Coût d'acquisition d'un client de remplacement (d'après Bain et Company) :**
>
> Entre 200 € et 300 €
> (moyenne : 300 €)

> **Pertes d'activités sur le client**
>
> Dépend de sa fidélité et de ses activités avec l'entreprise

> **Coût d'un client qui quitte une entreprise**

> **Divers**
>
> Éventuellement coût d'un procès en cas de conflit

> **Perte d'activité de ses proches (famille, enfants…) quittant l'entreprise**

> **Bouche à oreille négatif**
>
> En moyenne auprès de 12 personnes, pour un client mécontent.
>
> Dépend :
> • de son ancienneté
> • de son pouvoir de prescription et d'influence

• Le coût éventuel d'un procès à venir.

En dehors du fait d'éviter la perte de clients, la politique visant à une très haute qualité est essentielle dans une jeune entreprise pour au moins deux raisons :

• La première vient du fait qu'une promotion intensive des produits et services auprès de sa propre clientèle ne peut se faire convenablement sans une bonne fidélisation. Tel est l'objet de la politique de culture intensive des clients ;

• La seconde est liée à l'idée qu'un client pleinement satisfait constitue, bien souvent, le meilleur vecteur de communication pour l'entreprise, ses produits et ses services. Cela est particulièrement réel lorsque l'entrepreneur s'intéresse à une niche spécifique où les clients se connaissent.

✓ *Attention !*

Avec le développement du web, les internautes ont de plus en plus tendance à discuter à travers des forums et à apporter des notations sur les prestations des entreprises qui les sollicitent.

Une évaluation négative peut faire tomber d'une manière significative le nombre de « clicks » et l'intérêt pour les offres de certaines sociétés faisant des propositions sur le web et avoir des conséquences significatives sur les ventes.

2. Mise en œuvre d'une politique de qualité

2.1. Organisation d'une politique de qualité performante

Qu'elle soit rendue obligatoire par la délivrance d'un ISO ou la mise en place par simple souci de satisfaire ses clients et ses intermédiaires, l'organisation de la qualité par un entrepreneur s'élabore par phases successives comme le montre la figure n°38.

La phase 1 s'attache au diagnostic du niveau de qualité présenté par la société comparé aux attentes du marché, aux efforts de la concurrence et aux contraintes de l'environnement.

La phase 2 réfléchit sur la stratégie de la qualité à mettre en œuvre au cœur de l'entreprise.

**Figure n° 38 : Présentation d'une démarche planifiée de la qualité
pour une entreprise**

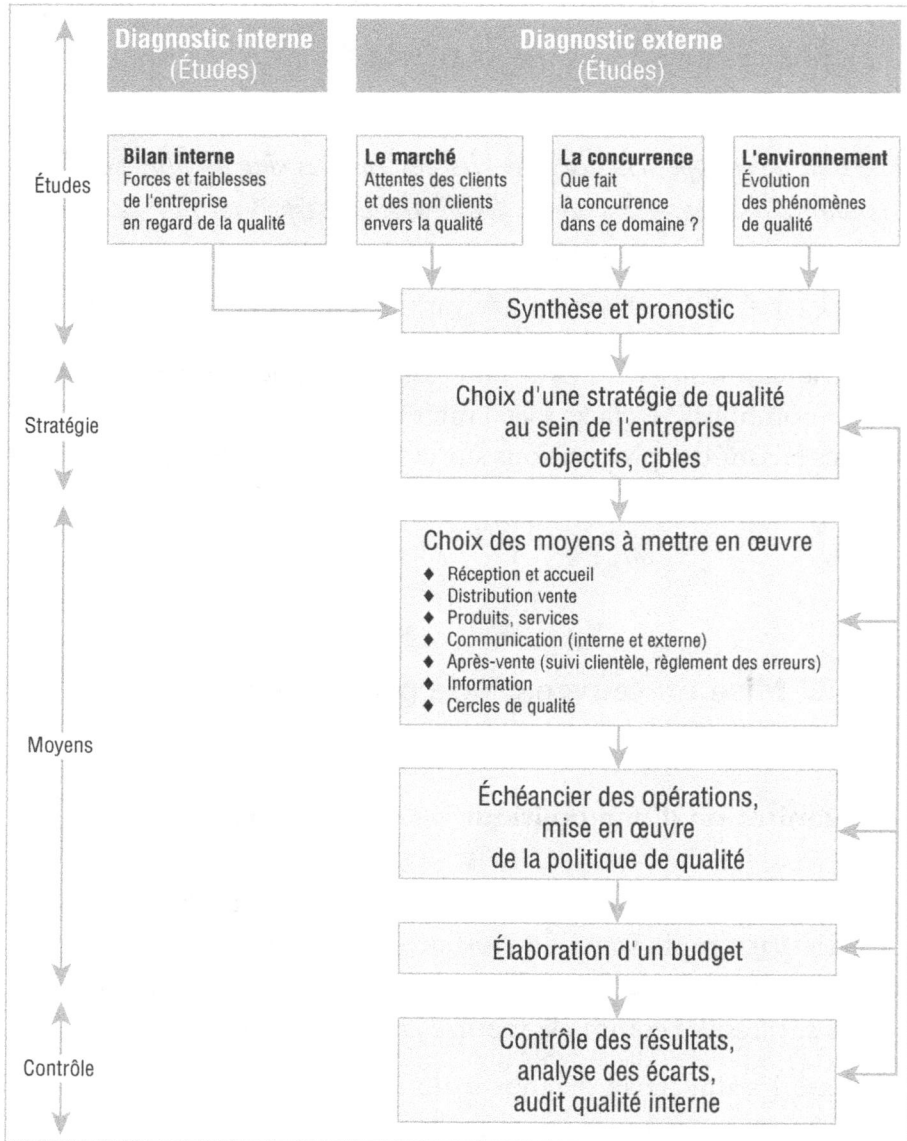

Diagnostic interne (Études)	Diagnostic externe (Études)		
Bilan interne Forces et faiblesses de l'entreprise en regard de la qualité	**Le marché** Attentes des clients et des non clients envers la qualité	**La concurrence** Que fait la concurrence dans ce domaine ?	**L'environnement** Évolution des phénomènes de qualité

Études

Stratégie

Moyens

Contrôle

Synthèse et pronostic

Choix d'une stratégie de qualité
au sein de l'entreprise
objectifs, cibles

Choix des moyens à mettre en œuvre
♦ Réception et accueil
♦ Distribution vente
♦ Produits, services
♦ Communication (interne et externe)
♦ Après-vente (suivi clientèle, règlement des erreurs)
♦ Information
♦ Cercles de qualité

Échéancier des opérations,
mise en œuvre
de la politique de qualité

Élaboration d'un budget

Contrôle des résultats,
analyse des écarts,
audit qualité interne

La phase 3 propose un ensemble d'actions et de moyens.

La phase 4 présente l'élaboration d'un budget.

La phase 5 s'intéresse au contrôle des résultats, à l'analyse des écarts à l'élaboration de tests.

2.2   Conditions de succès d'une politique de qualité

Pour atteindre sa pleine efficacité, une politique de la qualité menée par un entrepreneur doit rechercher une triple finalité : améliorer la satisfaction de la clientèle, augmenter la productivité, diminuer les coûts. Elle peut aussi surfer sur la vague du « développement durable ».

- Le premier changement vise à orienter les préoccupations principales des collaborateurs vers la satisfaction de la clientèle à travers la résolution de ses problèmes. On rejoint là une des préoccupations primordiales du marketing.

- Le second changement consiste à faire admettre que la qualité concerne la totalité des collaborateurs de la petite entreprise. Le ripage d'un seul rouage peut enrayer toute la politique. Un tel changement réclame l'instauration d'un climat de confiance et l'engagement d'un véritable management participatif.

- Le troisième changement s'intéresse à une recherche permanente d'amélioration de la productivité interne, ainsi qu'à un engagement d'actions draconiennes de réduction des coûts dans des domaines qui ne mécontentent pas le client.

Le principe de la démarche :

- En premier lieu, améliorer la convivialité entre les collaborateurs par une attitude de communication, de compréhension réciproque et de confiance mutuelle ;

- En second lieu, développer des relations les plus aimables et compétentes possible entre les personnels de la petite société et les intermédiaires des réseaux de distribution ou de prescription ;

- En troisième lieu, mettre en œuvre une politique volontaire de compétence, d'amabilité et de dynamisme entre les représentants de l'entreprise, les réseaux utilisés et la clientèle.

✓ *Les entrepreneurs pressés… s'abstenir*

La réussite d'une politique de la qualité est toujours une œuvre de longue haleine difficile à réaliser.

Deux universitaires québécois, Jean-Charles CHEBAT et Michel LANGLOIS proposent une méthode destinée à mettre en place une politique efficace dans ce domaine. Elle repose sur ce qu'ils appellent les 5 C : Communiquer, se Commettre, Coopérer, Créer un climat, Créer une culture.

2.3.   E-marketing et politique de qualité

L'élaboration d'une organisation permettant de tendre vers un très haut niveau de qualité apparaît comme indispensable pour réussir la mise en œuvre du marketing à partir d'internet.

Trois raisons essentielles, renforcent cette conviction.

Tout d'abord, comme tout service nouveau les dispositifs fondés sur les technologies de l'information et de la communication ont besoin d'acquérir une notoriété ainsi qu'une image positive pour pouvoir se développer rapidement.

Comme le fait remarquer Dominique COLLET[30] « *il est fréquent d'entendre dire qu'un client content parle généralement de sa satisfaction à trois ou quatre amis alors que mécontent il en fait souvent part à plus de douze interlocuteurs* ». La diffusion d'internet dans chaque pays européen doit beaucoup au « bouche à oreille » positif de son efficacité, largement colportée par ses utilisateurs dans leur domaine de compétences. Fabienne SAUGIER, directrice d'une jeune entreprise PUBLIBOOK.com, l'éditeur de tous les talents, considère que la qualité des relations avec les auteurs, les distributeurs et les clients constitue une véritable clé de succès pour une jeune société.

Ensuite, la nature même de ce média, **la rapidité de diffusion des problèmes rencontrés à l'ensemble des internautes,** rendent indispensable le souci permanent de tendre vers un état proche de la « qualité totale ». D'autant plus qu'il porte dans son mode de fonctionnement d'importants risques d'erreurs et de déceptions pour l'utilisateur. Les systèmes de communication sur internet génèrent une exigence de qualité supérieure à la moyenne étant donné qu'ils sont dépourvus de relations humaines, telles que par exemple des excuses ou encore un joli sourire.

Les forums, « chats » et divers groupes de discussion spécialisés peuvent être utilisés comme une arme efficace par les consommateurs mécontents. Un article du *Los Angeles Times*, reproduit par Jean-Paul AIMETTI[31] décrit la constitution d'un groupe de possesseurs de véhicules CHRYSLER, ayant constaté une défaillance de leur système de freinage ABS ; en quelques semaines, plusieurs centaines d'automobilistes ont pu vérifier que leur problème n'était pas unique. Une procédure collective de recours, contre le constructeur a pu être engagée et gagnée. L'avocat en charge du dossier, s'est naturellement

---

30. Dominique COLLET, directeur adjoint de la qualité et auteur de, *Objectif zéro défaut.*, Editions ESF, en collaboration avec Patrick LANSIER et Daniel OLLIVIER.
31. Jean-Paul AIMETTI, *L'internet et la vente*, Éditions d'Organisation.

branché sur internet pour dialoguer quotidiennement avec ses clients et recueillir l'avis d'experts en mécanique également connectés.

A travers cet exemple, il est aisé de constater que la nature même de certains médias contraint les entreprises à repousser encore plus loin les limites du professionnalisme, mais aussi de la qualité des produits et des prestations offerts, au risque de se voir rapidement et globalement condamnées. La sensibilité des internautes à la qualité, est d'autant plus grande qu'ils choisissent souvent d'utiliser ce média dans le but d'obtenir de la part des fournisseurs une amélioration de l'ensemble des prestations par rapport aux modes de distribution traditionnels.

Enfin, l'importance de la qualité est conditionnée par la nature assez froide des outils liés à internet centrés sur l'appel intensif aux technologies. Leur handicap par rapport aux prestations humaines plus chaleureuses est difficile à surmonter sur le plan commercial. Il réclame lors de la mise en œuvre, la capacité de proposer des prestations moins chères, plus accessibles mais aussi de meilleure qualité que celles disponibles dans les points de vente disposant physiquement de collaborateurs.

Dans le cas contraire, après une courte période d'engouement liée à la mode ou d'essai, le client risque de revenir vers ses précédents fournisseurs. Il peut être conduit à laisser aux médias technologiques uniquement les opérations peu porteuses de valeur ajoutée et faiblement rémunératrices. Il peut aussi se contenter d'acheter des produits et services liés à d'importantes promotions ponctuelles apportant des marges peu intéressantes pour l'entrepreneur.

L'essentiel à retenir
pour la mise en pratique au quotidien

✔ La qualité des relations avec le client constitue pour l'entrepreneur un incontournable moyen de survie. Sa préoccupation doit être présente dès la création de son entreprise. Elle devient très vite un élément fondateur des politiques de fidélisation et de conquête des clients. Elle présente un atout maître lui permettant de se doter d'une marque attractive auprès d'une niche de développement choisie.

✔ Qualité et fidélisation doivent reposer sur une évaluation préalable du coût du client perdu ainsi que de son EMM (Espérance mathématiques de marge) ou encore « Life time value ».

✔ La politique de qualité doit répondre à l'engagement d'une stratégie cohérente et largement partagée par l'ensemble du personnel dans la jeune entreprise et être accompagnée par des moyens adaptés. Elle peut surfer sur la vague du développement durable.

✔ La mobilisation de l'entrepreneur est indispensable pour réussir une politique de qualité performante.

✔ Le développement du marketing sur internet rend encore plus importante l'obligation de mettre en place une politique de qualité efficace par l'entrepreneur.

Quatrième partie

Le marketing
de l'entrepreneur
confronté à internet

Le développement des nouvelles technologies de l'information et de la communication, en particulier celui d'internet, est amené à jouer un rôle accru dans le marketing de l'entrepreneur, il est à la base d'un nombre important de créations de sociétés connaissant une croissance extrêmement rapide. Il n'a fallu que quelques années à AMAZON.com pour dépasser la capitalisation boursière de COCA-COLA. La croissance d'AOL a été si rapide que la société a pu acheter peu de temps après sa création le leader de la communication américaine TIME WARNER… Le développement d'internet remet en question les applications classiques du marketing et l'oblige à une mutation tant au niveau du concept que des moyens mis en œuvre. Lorsqu'elles sont bien utilisées, les nouvelles technologies émanant d'internet, constituent d'importants accélérateurs pour la mise en œuvre pratique de cette discipline. Après l'éclatement de la « bulle », de nombreuses « start-up » prospères sont devenues des « start-down ». Toutefois, ce serait une grave erreur de croire que la création de « start-up » est terminée. Les fondamentaux d'internet restent positifs. Sa croissance est réelle à travers l'Europe ainsi que la fidélisation des internautes. Après une importante phase de correction ou de consolidation des marchés de l'internet, une nouvelle étape de croissance est sans doute à prévoir. Si elle ne connaît pas un succès aussi foudroyant que ces dernières années, la figure n°39 montre le scénario proposé par le GARTNER GROUP concernant le développement du e-business à l'optique de l'an 2010.

Le créateur d'entreprise de demain ne pourra faire l'impasse sur les opportunités émanant du web. Il doit les intégrer à deux niveaux :

- Comme une source de création de nouvelles activités ;

- Comme un puissant moyen relationnel et de communication avec les clients, qu'il s'agisse d'entreprises, de professionnels, d'intermédiaires, de consommateurs, mais également avec l'environnement.

Figure n° 39 :
Prévisions du développement du e-business à l'optique 2010
– Scénario du GARTNER GROUP – source GARTNER GROUP

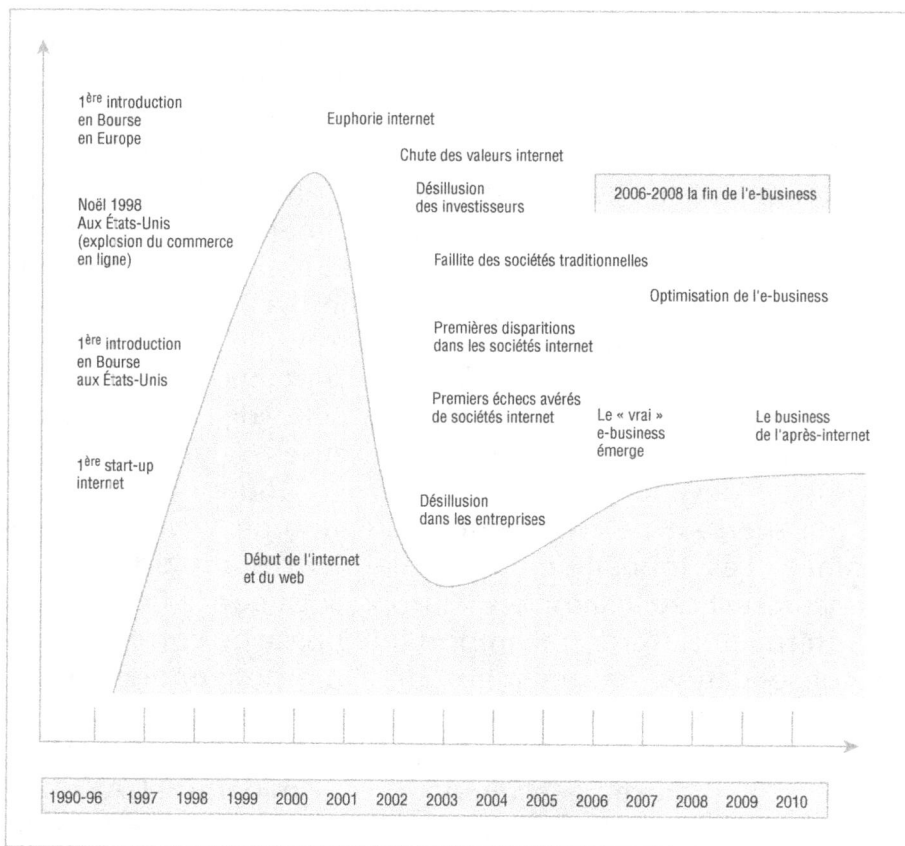

12

INTERNET,
UNE VÉRITABLE RÉVOLUTION
POUR LE MARKETING
DE L'ENTREPRENEUR DU FUTUR

1. Internet :
le bouleversement du marché des entreprises

1.1. Avènement d'internet
comme outil majeur de la communication moderne

Internet est né à la fin des années 1960[1] d'un projet de l'ARPA (Advanced research projects agency) du ministère de la Défense des États-Unis. Grâce à la technologie TCP/IP, les utilisateurs de l'ARPA net peuvent disposer d'un protocole standard leur permettant de communiquer et d'échanger des ressources informatiques. Vers le milieu des années 1980, afin de relier des lignes à grand débit, les

---

1. D'après l'observateur de l'OCDE.

centres de super ordinateurs, la NSF (National science fondation) des États-Unis crée son NSFnet en reprenant ce protocole. L'initiative suscitera rapidement un vif intérêt parmi les autres agences gouvernementales américaines, ainsi que dans le monde des affaires et de l'éducation. L'assouplissement des critères d'accès aidant, un nombre croissant d'universités, de laboratoires de recherche militaire ou scientifique et d'entreprises commerciales du monde entier se raccordent au réseau des réseaux : le www (world wide web).

Avec l'assouplissement de la politique dite des « usages admissibles », de nombreux organismes, qui faisaient jusque-là office de prestataires à but non lucratif de connexions internet, décident de sauter le pas. Ils proposent des liaisons aux entreprises commerciales ainsi que des accès aux professionnels et aux particuliers. Ils deviennent les premiers fournisseurs d'accès internet (FAI) à caractère commercial, en louant des lignes aux opérateurs publics pour assurer la liaison entre leurs installations et les réseaux d'interconnexions internet, comme le NSFnet.

Les entreprises désirant accéder à internet *via* les installations d'un FAI, achètent généralement la ligne à un opérateur public. Pour un fournisseur de services, l'intérêt est de disposer d'une liaison exclusive et d'offrir des pages d'accueil aux utilisateurs, consultables en permanence. En revanche, les particuliers, les professionnels et les PME utilisent le plus souvent un ordinateur avec modem pour se connecter à internet *via* RTPC, pour un accès dit « commuté » « dial up ».

La création d'outils conviviaux de navigation sur le « world wide web » constitue le tournant essentiel de l'histoire d'internet. Extrayant les informations, en déterminant la nature et en assurant l'affichage, ces « navigateurs » permettent à l'utilisateur de considérer les données disponibles sur internet comme un ensemble cohérent.

Le premier outil de navigation d'envergure apparaît en 1993 : il s'agit du logiciel Mosate, mis au point par le National center for supercomputing applications de l'université de l'Illinois. Le Centre national met à disposition des utilisateurs une interface graphique simplifiant considérablement la navigation. Diffusé gratuitement sur internet, le prototype expérimental de ce logiciel semble avoir été adopté par deux millions de personnes dans l'année qui a suivi son lancement.

1995 est généralement considérée comme l'année où le marché est rentré dans l'ère de l'interactivité. C'est en effet la première fois qu'aux États-Unis, il y a eu davantage de PC vendus que de postes de télévision, et que le nombre d'e-mails expédiés a dépassé celui des lettres manuscrites.

Aujourd'hui, internet constitue un protocole informatique qui peut utiliser plusieurs réseaux, en fait, une myriade de réseaux interconnectés. Le plus populaire des services accessibles reste sans doute le « world wide web ». Celui-ci réunit des serveurs consultables selon des règles de convivialité, d'exploitation, avec un langage simple à utiliser : l'anglais. Différents logiciels permettent de naviguer sur le web. Grâce à l'utilisation de l'ADSL et du câble, il devient de plus en plus convivial pour les consommateurs.

> ✓ *Internet prépare l'avenir*
>
> *Internet à travers un rôle fédérateur et intégrateur, se pose aujourd'hui en fer de lance des futurs réseaux d'informations et autres inforoutes (autoroutes de l'information). Il prépare leur avènement en assurant une bonne convergence entre l'informatique, le téléphone, la télévision, la photographie et la radio par le biais de la numérisation.*

L'ensemble des technologies avance à grands pas. Les constructeurs de software sont prêts à fournir des logiciels révolutionnaires. IBM propose un logiciel Net Commerce destiné à toute entreprise qui souhaite créer sur le web une boutique, des fiches produits pouvant être animées, un catalogue, des fiches clients, des cartes de fidélité, des logiciels de simulation… De son côté, MICROSOFT développe son savoir-faire sur un système de paiement sécurisé fondé sur la norme SET. Il propose des outils graphiques pour concevoir des magasins virtuels ainsi que l'hébergement d'informations sur le serveur. Dans un autre domaine SAP présente à des petites entreprises des systèmes performants d'intégration de leurs informations à partir d'internet à travers son nouveau système MY-SAP.

1.2.   Internet : un média au succès foudroyant

Le développement d'internet par son accélération a surpris tout le monde. Lorsqu'on parle de lui, il est habituel d'entendre dire que « *avec internet, c'est comme avec la vie du chien, tout est multiplié par 7* ». Les auteurs américains l'ont constaté et lors de leurs conférences annoncent des chiffres époustouflants de croissance.

✓   *Internet, la traînée de poudre…*

Aux États-Unis, il a fallu moins de cinq ans à internet pour conquérir 70 millions de consommateurs. Pour obtenir le même potentiel de marché, le câble a mis vingt-cinq ans et le téléphone quarante.

Son développement connaît une croissance forte, tant aux États-Unis qu'en Europe.

Internet communique de nombreuses informations sur lui-même. L'entrepreneur intéressé a la possibilité d'obtenir un nombre important de données concernant internet et son utilisation en visitant le site CYBERATLAS w.w.w.cyberatlas.com créé en 1996 par I/PRO du groupe NIELSEN.

En ce qui concerne le chiffre d'affaires réalisé par ce média, l'optimisme est également de mise. Une boutade court dans la Sillicon Alley (New York) un des fiefs de la création des « start-up » liées à internet : « Le chiffre d'affaires du commerce sur internet va croître de 0 million de dollars en 1995 à 0 milliard en 2010 ».
En 2007, d'après le GARTNER GROUP, il devrait s'élever à 91 milliards de dollars.

Le développement d'internet est loin de s'achever. L'étude réalisée par le GARTNER GROUP chiffre à **840 millions le nombre d'abonnés à internet dans le monde à l'optique 2007**. Il est d'environ 580 millions de nos jours. **L'Asie** occupera une place prépondérante en nombre d'utilisateurs, supérieure à celle de l'Amérique du Nord, leader à l'heure actuelle. En France, IPSOS a recensé pour l'année 2003 environ 19 millions d'abonnés, ce qui représente 39 % de la population. Un marché en développement est à prévoir.

1.3. Internet : source prioritaire de création d'entreprises aux prémices du nouveau millénaire

Internet a été à la fin 1999 et au début des années 2000 une des premières sources de création d'entreprises dans le monde derrière les fabricants de logiciels. Dans de nombreux pays, le nombre d'entreprises créées sur internet a dépassé celui émanant des biotechnologies, autre source importante donnant naissance à des jeunes entreprises.

Depuis longue date, on avait rarement rencontré autant d'étudiants de grandes écoles de gestion et scientifiques se lançant dans la création. Le monde du conseil, aux rémunérations très élevées, a connu une véritable hémorragie de collaborateurs de talent pour aller vers des « start-up ». Le dirigeant pour le monde d'un des plus grands groupes de conseil internationaux n'a pas hésité à donner sa démission pour être pris à son tour par la fièvre de la création d'une « start-up » sur internet.

Les raisons sont multiples : intérêt des jeunes diplômés et dirigeants pour une aventure moderne à l'aube du troisième millénaire, espérance de gains considérables et rapides, mode émanant des États-Unis... Grâce aux nouvelles technologies, les créateurs d'entreprises deviennent les nouveaux aventuriers du XXIe siècle. Ils sont capables, très jeunes, d'obtenir de la part de partenaires financiers des capitaux importants et faire fortune en un temps record. Ils possèdent les moyens permettant de montrer aux adultes qu'ils peuvent être meilleurs qu'eux sans être obligés de faire de longues classes. Le phénomène Bill GATES embrase l'ensemble de la planète. A peine la trentaine confirmée, Jeff BEZOS, dirigeant fondateur d'AMAZON, possède déjà une fortune évaluée à plus de 10 milliards de dollars. Le succès a été également foudroyant pour les dirigeants fondateurs d'un très grand nombre de « start-up » aussi diverses que : AOL, YAHOO, E. BAY, AUTOBYTEL, ONSALE, MARCOPOLY, GOOGLE...

Aux États-Unis, la toute jeune Sillicon Alley à New York fut en passe de dépasser par son talent créatif la fameuse Silicon Valley californienne. Installée à Manhattan, composée principalement d'entreprises se référant à internet, cet espace de création occupe 56 000 salariés en 1997, quelques années après sa fondation.

Si on se réfère à une étude publiée par le cabinet COOPER et LYBRAND avec l'association New York New Media, la communication électronique a conduit à la création de plus de 100 000 emplois dans cette cité. Ils ont occupé une place plus importante que la communication publicitaire (27 500 emplois) et que la presse magazine (26 500 emplois).

Pour sa part, la Californie n'est pas restée sans réaction. La Sillicon Valley, autour de l'université de Stanford, constitue également une très importante pépinière de «start-up» dédiée à ce nouveau média. Elle séduit même certains créateurs français, attirés par ce ferment de créativité lié au libéralisme mais aussi par la présence de puissants investisseurs.

Les «start-up» ont d'abord couvert les métiers de base d'internet, tels que : les moteurs de recherche (YAHOO, MSM, NOMADE, GOOGLE...), les fournisseurs d'accès (AOL, CLUB INTERNET, INFONIE...). Elles se sont ensuite intéressées aux régies publicitaires (LYCOS, DOUBLE.CLICK, REAL MEDIA...), aux agences conseil en média (CARAT, MEDIAPOLIS, MINDSHARE, LOLITA, B2L, CYTHERE, STUDIO GROLIER, FI SYSTEM...), aux prestataires d'études (FORRESTER, JUPITER, MEDIANGLES, MOTIVACTION NAVATRIS, CYBERMONITOR, NETVALUE...).

Elles s'adressent ensuite à un nombre très important de domaines. Il s'agit de secteurs d'activités pour lesquels l'utilisateur d'internet comme média de communication ou de vente peut présenter une valeur ajoutée significative pour le client connecté par rapport aux canaux de contact et de distribution traditionnels.
Un ensemble de métiers et de secteurs ont été choisis en priorité. La distribution de livres, CD, logiciels, outils informatiques... (AMAZON, CD NOW, DELL, CISCO...), la grande distribution (PEAPOD, TELEMARKET...), la vente aux enchères (AUTOBYTEL, ONSALE...). Un nombre de plus en plus important de secteurs ou modes d'achat ont ensuite été concernés. Cette évolution a occasionné des possibilités accrues pour la création de «start-up» dans des domaines multiples tels que la commercialisation des vins : CHATEAU ONLINE,

WINE AND CO.... des fleurs : AQUARELLE, des valeurs boursières : BOURSE DIRECT.... de l'immobilier : IMMOSTREET, des jeux vidéo : KALISTO, TITUS INTERACTIVE...

L'éclatement de la bulle internet depuis 2001-2002 a porté un sérieux coup de frein à la création immodérée de « start-up ». De nombreux jeunes créateurs de talent, après avoir vécu une expérience inoubliable occupent désormais, souvent avec succès des postes plus stables dans les entreprises traditionnelles. Le « click and mortar » a progressivement remplacé le « tout click ». Toutefois, comme nous l'avons mentionné dans notre introduction, notamment à partir du scénario du GARTNER GROUP, l'avenir de cet incomparable média n'est pas fini. Lors d'une conférence donnée dans le cadre du MBA d'HEC[2], Jean-Noël KAPFERER, professeur dans cette école, rappelle, concernant la création de « start-up » que *« la fin du début n'est pas forcément le début de la fin »*. Une nouvelle phase d'activités est sans doute à prévoir au cours des prochaines années. Elle donnera lieu à de nouvelles créations de « start-up » liées à internet. Il apparaît cependant fort probable qu'elles se feront avec plus de sagesse en intégrant les bonnes règles du management. La présentation d'un plan marketing élaboré avec professionnalisme constituera une des conditions clés de leur succès dans l'environnement de demain.

1.4. Internet : le développement du capital-risque pour les « start-up »

L'euphorie liée à internet a donné des ailes au capital-risque tant aux États-Unis qu'en Europe. Des millions de dollars ou d'euros ont été levés chaque jour dans le but de s'investir dans des entreprises proposant des services sur internet. Aussi bien les hommes privés à l'ins-

---

2. Interactive Marketing du MBA d'HEC, 2003

tar de Bernard ARNAULT, patron de LVMH, ou de François PINAULT (PPR), que les entreprises de capital-risque n'ont pas hésité à engager des fonds importants afin de prendre des participations significatives. A titre d'exemple, Bernard ARNAULT, a proposé 18 millions d'euros pour obtenir la majorité d'AUCLAND, une « start-up » dédiée à la vente aux enchères et aux échanges sur internet, créée par Fabrice GRINDA, 25 ans seulement, six mois après sa création. Une « start-up » qui a mal résisté à l'éclatement de la bulle internet.

En France, le capital-risque s'est aussi intéressé aux sociétés internet.

Un article du *Figaro économie* indique que selon l'indicateur Chausson Finance, 133 millions d'euros ont été investis au cours du premier semestre 1999 dans 129 « start-up ». En six mois, 32 « start-up » internet « ont reçu 40 millions d'euros, soit 3,7 fois les montants investis pour toute l'année 1998 ». Internet est devenu pendant l'année 1999, le deuxième marché de prédilection des capitaux-risqueurs avec 29 % des investissements derrière les sociétés de logiciels (37 %) et devant les biotechnologies (19 %).

L'originalité du projet présenté, la rapidité des ventes, l'expérience, la qualité du demandeur et de son équipe constituaient d'indéniables atouts pour obtenir des capitaux de la part des partenaires financiers. L'importance de plus en plus considérable des sommes engagées **tout comme l'arrivée des sociétés de capital-risque anglo-saxonnes sur les marchés européens ont commencé à rendre indispensable la présentation d'un plan marketing précis** pour accompagner le projet des créateurs. Après l'éclatement de la « bulle », les investisseurs sont devenus particulièrement frileux envers ce média. En 2004, peu d'entre eux ont accepté de financer de nouvelles « start-up ». Lorsque la croissance reviendra, leur attitude pour accepter de nouveaux projets sera très différente de ce qui fut le cas dans le passé. Les idées géniales d'entrepreneurs dynamiques devront être solidement étayées par une démarche marketing et financière hautement professionnelle pour que le projet soit accepté.

La réalisation d'un plan marketing de qualité reposant sur un « business model » pertinent, accompagné d'un « business plan » sérieux intégrant un retour sur investissement plus court constitueront des facteurs déterminants pour la décision d'investir.

2. Internet : la mutation du marketing

2.1. L'interpellation du concept marketing

Par leurs puissances innovatrices, les technologies émanant d'internet remettent en question le célèbre principe du marketing consistant à créer des produits en fonction des goûts, besoins et attentes des consommateurs. Le rôle fondamental du client n'est pas remis en question. Toutefois, la « start-up » qui s'aventure dans le défi internet est obligée d'admettre qu'il est incapable d'exprimer un besoin pour un produit qu'il ne connaît pas et qu'il est parfois incapable d'imaginer. Il ne peut guider l'entrepreneur dans sa stratégie de création de marché. Comme le rappelle Jean-Jacques RECHENMANN[3] *« le client est toujours roi mais c'est un roi aveugle »*. La célèbre phrase d'Akio MORITA, fondateur de SONY, correspond bien à la nouvelle conception de l'approche marketing dans le cadre d'internet *« Les marchés ne sont pas faits pour être étudiés mais pour être créés »*. Les technologies issues de ce média **font appel à un marketing créatif et réactif que certains auteurs appellent un marketing créatique** (Arnaud DUFOUR), **un marketing aventurier** (Jean-Jacques RECHENMANN), **ou encore un marketing « disruptif » ou marketing de rupture** (Jean-Marie DRUE).

---

3. J.-J. RECHENMANN, L'internet et le marketing, Éditions d'Organisation.

Pour le mettre en œuvre, Jean-Jacques RECHENMANN préconise :

- de remplacer les traditionnelles études de marché et de comportement d'achats du consommateur par la **veille technologique** et l'analyse **des comportements d'utilisation** ;

- de fonder les principales décisions de l'entrepreneur **sur l'évaluation et le développement de ses compétences technologiques vitales** ;

- de déceler les besoins inexprimés en donnant la priorité à l'observation d'échantillons d'utilisateurs à partir d'une visualisation en ligne non perturbante. Elle est fondée sur l'analyse des préoccupations décelées dans les « newsgroups », forums, tables rondes, réunions… En particulier, **il appartient d'observer les satisfactions ou déceptions liées à l'utilisation des techniques existantes.** D'où l'écoute des multiples avis exprimés dans les forums de discussions…Loïc LEMEUR, fondateur de nombreuses « start-up » sur internet avoue être obligé de surfer chaque jour de nombreuses heures sur ce média afin d'acquérir de nouvelles idées de création. Le marketing sur le web est largement fondé sur le test et l'expérimentation permettant d'analyser les comportements des clients face à de nouveaux services présentés sur les sites virtuels. Le développement d'internet remet plus que jamais en **valeur la nécessité de mettre en place un marketing de l'offre conçu à partir de projets.** Il doit permettre au créateur de confronter à la réalité du marché, la pertinence des intuitions issues du savoir-faire de l'entreprise et de l'anticipation du futur. La méthodologie proposée dans la partie de cet ouvrage, consacrée à la planification marketing, pour développer le projet d'un entrepreneur s'adapte à cette nouvelle démarche créative. Au-delà de l'analyse du marché, l'évolution du concept traditionnel du marketing conduit à une réflexion sur d'autres aspects de cette discipline. L'obligation de **réaliser des plans à plus court terme** afin de pouvoir faire face à la nécessité d'obtenir des retours sur investissements dans des délais limités pour un domaine présentant des risques d'obsolescence rapide. La course au leadership dans le but d'obtenir rapidement d'importantes parts de marché pour imposer le site créé comme une norme médiatique, si possible internationale, doit être justifiée par l'élaboration de plans marketing pertinents justifiant la rentabilité des capitaux investis.

Le marketing sur internet remet en question la segmentation grâce à la possibilité technique de réaliser du « sur mesure de masse » ou « one to one » avec les clients. Enfin, l'ensemble des éléments traditionnels du « marketing mix » est à réexaminer à partir des possibilités permises par ce nouveau média. Nous aurons l'occasion de développer ce thème au cours du prochain chapitre.

2.2.   Marketing de l'information et marketing « one to one »

Le marketing sur internet est prioritairement fondé sur l'accès à l'information. Le destinataire du message prend désormais la décision d'aller ou non la quérir. Il ne subit plus l'information mais va la chercher. **Cette évolution impose la mise en place d'une approche relationnelle personnalisée.**
Elle est appelée « one to one » par Don PEPPERS et Martha ROGERS[4] auteurs de deux ouvrages de référence sur ce sujet, qui ont aussi développé un site personnalisé Marketing1to1www.1to1.com.

L'évolution de la GRC (Gestion de la relation client), en anglais CRM (Customer relationship management) s'est réalisée en parallèle à celle des technologies de traitement utilisées dans les différentes approches marketing. Les ordinateurs parallèles de nouvelle génération, avec des logiciels d'exploration, sont capables de gérer à

---

4. Don PEPPERS et Martha ROGERS, *Le One to One et Le One to One en pratique*, Éditions d'Organisation.

moindre coût des banques de données gigantesques. Elles sont organisées sous forme de matrices à accès rapide intégrant des logiciels qui peuvent automatiquement bâtir un modèle de comportement du client reposant sur une analyse passée de ses transactions, mais aussi à partir de très nombreuses caractéristiques de classifications. L'ordinateur avec ses logiciels d'exploitation et de traitement a désormais la possibilité de mettre à nu l'intimité cybernétique du consommateur. Après les banques de données de la première génération tournées vers un marketing de masse, celles de la deuxième génération, beaucoup plus élaborées, permettent d'arriver à un marketing interactif, individualisé dit « one to one ». Une application est présentée figure n°40 et décrite dans l'encadré n°35.

**Figure n° 40 : Le « one to one » ou « sur mesure de masse »
dans une « start-up »**

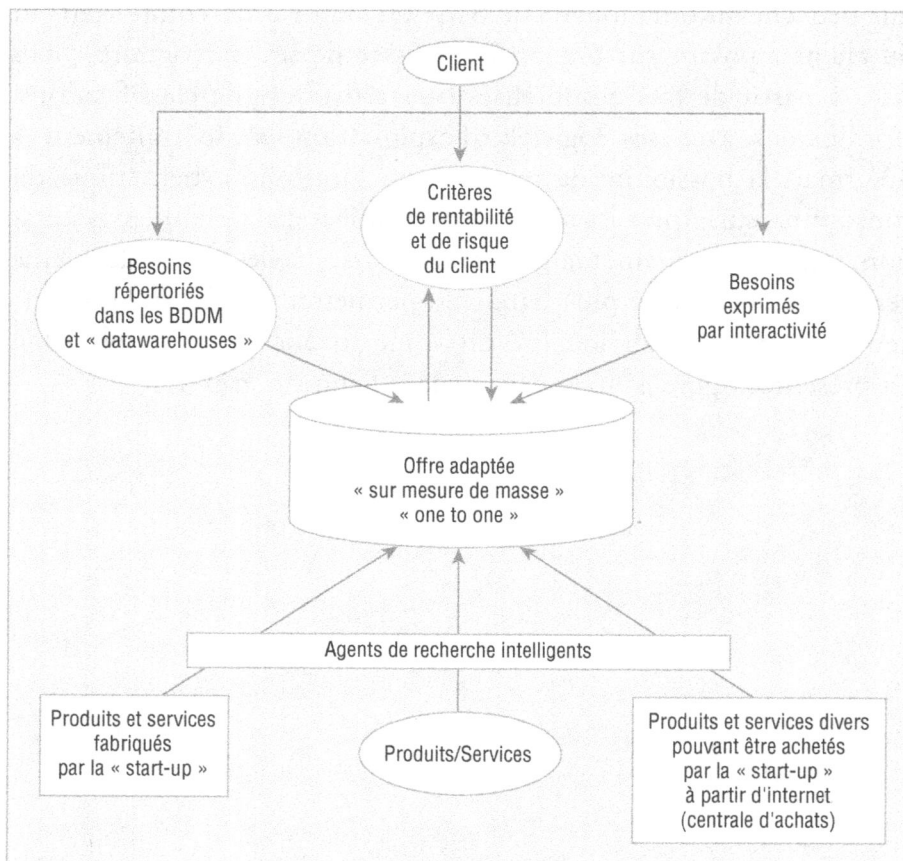

Le marketing « one to one »

Cette nouvelle approche du marketing repose sur quatre principes essentiels :

1. L'identification des clients

Une segmentation poussée des clients et de leurs attentes est primordiale. Un consommateur qui n'a pas d'attente par rapport à un produit de la gamme d'une « start-up » ne nécessite pas d'être sollicité dans des actions dont les résultats sont connus par avance.

2. La différenciation de chaque client

Chaque client a des besoins différents. Il est plus ou moins rentable pour la « start-up ». Sa « valeur » doit déterminer l'investissement et le temps qu'il est nécessaire de lui allouer.

3. L'interaction avec son client

Avoir un contact individualisé et interactif est la base même du marketing « one to one ». Chaque contact avec son client représente une opportunité de mieux le connaître, d'identifier ses nouveaux besoins et d'évaluer la rentabilité qu'il représente.

4. La commercialisation de produits « sur mesure »

Produire et commercialiser un produit sur mesure pour un client spécifique demeure la compétence la plus difficile à mettre en place. Elle permet une véritable différenciation par rapport à la concurrence. La personnalisation de l'offre est possible, à la condition d'intégrer dans la chaîne de production le « feed-back » du consommateur.

D'après Don PEPPERS et Martha ROGERS[5] + 1 to 1 Knowledge :
http/www.marketing1to1.com

La mise en place de ce type de démarche, par un entrepreneur, dépasse le simple cadre d'internet. Le téléphone, le fax, le courrier sont utilisés conjointement en attendant l'arrivée massive de la télévision interactive.

Un nouvel atout déterminant de la gestion de l'information s'impose, celui conduisant à la possibilité d'instaurer un dialogue personnalisé et permanent avec le client, et de gérer le tout d'une manière instantanée et continue. Le marketing « one to one » permet de lui apporter en temps réel une réponse à ses attentes sous la forme d'une offre sur mesure. Elle est rendue possible grâce à l'optimisation à partir d'agents de recherche intelligents des attentes et du niveau de rentabilité de chaque client avec les multiples possibilités

---

5. Don PEPPERS et Martha ROGERS, *ibid.*

d'offres de produits et services. Les attentes du client sont décelées à partir des « datawarehouses » (entrepôt de données) ou de l'interactivité formulée en temps réel. Les critères de rentabilité sont intégrés dans le système d'informations de la jeune entreprise. Il est lié à la réalité des relations ou à des simulations de besoins émergents pour les prospects.

La figure n°40 schématise la manière dont peut se réaliser une approche de marketing « one to one ».

L'offre est matérialisée sous la forme d'une banque de produits et services bruts émanant des possibilités de fabrication de la PME. Elle peut aussi provenir de services élaborés par des partenaires sous-traitants regroupés dans une centrale d'achats qui les recueille à partir d'internet.

Les agents de recherche intelligents sélectionnent à travers la multiplicité des offres, des produits ou services correspondant aux attentes formulées par le client. Ils vont faire le marché en fonction de spécifications précises et revenir avec des recommandations d'achats pertinentes. Des systèmes tels que Bargain Finder développés aux États-Unis permettent par exemple de comparer les différents prix proposés pour un produit, sélectionner le moins cher et déclencher l'achat.

Le marketing « one to one » a également la possibilité d'adapter l'ensemble des propositions commerciales à la valeur de chaque client. Elle est calculée d'une manière prévisionnelle à travers la « Life time value »[6], dont nous avons déjà parlé dans notre partie consacrée à la fidélisation du client. Il s'agit d'évaluer pour chaque client ce qu'il rapporte s'il est fidélisé pendant un nombre d'années choisi en fonction de la stratégie marketing élaborée par l'entrepreneur.

---

6. En français EMM (Espérance mathématiques de marges).

L'essentiel à retenir
            pour la mise en pratique au quotidien

✔ L'avènement d'internet oblige, tant la conception du management de l'entreprise, que le marketing, à se réadapter.

✔ Internet devient à l'aube du troisième millénaire un outil majeur dans la communication de la jeune société.

✔ Les pays anglo-saxons pensent que le succès d'internet est inéluctable à terme, même si la « bulle financière » a éclaté. Dans la Sillicon Alley (New York) fief de la création de « start-up » sur internet, l'optimisme conduisait sous forme de boutade à une évaluation du chiffre d'affaires pour le futur : « *le chiffre d'affaires sur internet va croître de 0 million de dollars en 1995 à 0 milliard en 2010* ».

✔ Internet est devenu une source prioritaire pour la création de « start-up ».

✔ La présentation d'un plan de marketing réalisé avec professionnalisme, accompagné d'un « business plan » est incontournable lorsque le dirigeant d'une « start-up » sur internet souhaite faire appel au concours de « business angels » et divers investisseurs.

✔ L'avènement d'internet entraîne une profonde mutation du marketing traditionnel depuis le concept en passant par les études et la segmentation des marchés.

✔ Internet amène l'entreprise de demain à entrer dans l'intimité du client et à développer une approche de marketing « one to one ».

13

INTERNET AU SERVICE DU MARKETING DE L'ENTREPRENEUR

1. Internet : un outil puissant au service du marketing de l'entrepreneur

1.1. Internet : un outil de communication puissant

Le succès d'internet est lié à la qualité incomparable de ce nouveau média : ubiquité, instantanéité, économie, mondialisation, possibilités maximales de présentation et de communication... La même information peut quasi instantanément être disponible et actualisée sur l'ensemble de la planète. Elle peut être produite par un amateur, un artisan, un professionnel chevronné et par conséquent, être à la portée d'entreprises disposant de moyens limités.

Il constitue un **support global, ouvrant à faible coût les portes de l'international**. Des entrepreneurs créatifs ont la possibilité de l'utiliser afin de faire connaître les qualités de leurs produits ou services à des clientèles intéressées dans le monde entier.

L'utilisation en « business to business[7] » apparaît évidente pour une entreprise imaginative possédant un savoir-faire technique ou industriel d'intérêt général. Grâce au world wide web, des solutions innovantes peuvent être rapidement connues par les clientèles intéressées quel que soit le pays où elles se situent. Les vitrines du réseau internet sont visibles partout sans tenir compte des frontières nationales ou régionales. De surcroît, il s'agit d'un support permanent diffusé jour et nuit, 365 jours par an, indépendamment des fuseaux horaires.

Internet a l'avantage d'être un outil particulièrement riche au niveau de ses possibilités techniques de communication grâce à l'**utilisation du multimédia. Il rend possible l'interactivité avec le client, ce qui améliore considérablement l'emploi des approches commerciales, notamment à partir du marketing direct**. Il donne la possibilité d'entrer en communication avec le monde virtuel. Enfin, comme nous l'avons développé dans notre partie consacrée au marketing « one to one », il présente une forte capacité d'offrir un service personnalisé à un très grand nombre de clients.

A partir de l'ensemble de ses qualités, internet devient un outil de prédilection pour une petite société dans ses stratégies de développement orientées vers les entreprises, les professionnels, les prescripteurs, les particuliers.

---

7. Entreprise à Entreprise.

1.2. Internet pour développer le marketing « business to business »

C'est probablement dans le marketing « business to business » (b to b) qu'internet peut à l'heure actuelle rendre un maximum de services aux jeunes entreprises.

Plusieurs raisons sont avancées :

- Le taux d'équipement des entreprises. Il est pour l'instant supérieur à celui des particuliers ;

- L'intérêt des entreprises pour consulter les sites traitant de leur domaine d'activités ;

- Le développement des portails thématiques ou « média-médiaires » consacrés à un secteur industriel spécifique (PLASTIC NET, E. STEEL…). Une « start-up » américaine VERTICAL NET a trouvé un créneau de développement en proposant la création de portails professionnels. En France, certaines « start-up » se sont développées pour servir de portail à des secteurs d'activités comme par exemple le négoce de bois : LEBOIS.com, FORDACQ, WOOD FACILITY…

- La commercialisation entre entreprises est un acte relativement rationnel nécessitant en amont un maximum d'informations sur les produits et services proposés. Internet, grâce à la mobilisation de ses possibilités, se révèle un outil de prédilection pour procurer des informations complexes n'importe où, rapidement, et à moindre coût ;

- La livraison des biens à l'entreprise peut se faire pendant les heures de travail avec la certitude d'avoir quelqu'un pour réceptionner les produits ;

- La commercialisation entre entreprises est souvent directe. Elle ne risque pas de mettre la société en porte-à-faux avec ses distributeurs.

La commercialisation « business to business » constitue actuellement la plus importante part du chiffre d'affaires internet dans le monde. Les principales utilisations sont relatives à : l'avant vente, la dynamisation des commerciaux, les contacts interentreprises, l'après vente en ligne...
Certains sites tels que PLANET INDUSTRIE, ESSOR CONTACTS... sont spécialisés en France dans la mise en relation des entreprises.

En dehors de ce marché, internet peut également être largement mis à profit par un entrepreneur pour contacter la clientèle des professionnels, des prescripteurs, des distributeurs.

1.3. Internet et le marché des particuliers : « business to consumers »

Le succès du développement d'une « start-up » à partir d'internet sur le marché des particuliers dépend largement du nombre d'internautes connectés, de la motivation des indécis envers le modernisme de ce média, du pouvoir d'achat.

Un succès sur le marché américain comprenant un nombre important d'internautes n'est pas obligatoirement reproductible sur le marché français disposant d'une population moins nombreuse et plus réticente à l'adoption des nouvelles technologies, même si l'idée peut s'avérer à terme intéressante.

Aux États-Unis, le développement d'internet en « business to consumers » est à la base de créations ayant connu une croissance fulgurante. Des noms tels qu'AMAZON, CD NOW, DELL, E. TRADE, E. BAY, AUTOBYTEL, GOOGLE... sont souvent mis en avant. La PME française LAGUIOLE, n'a pas hésité à tirer profit de ce média pour se lancer avec succès à la conquête du marché américain pour la vente de ses célèbres couteaux.

En France, les succès ont été plus limités en ce qui concerne la rapidité de développement. Des noms tels que ALAPAGE, LIBERTYSURF, SURFANBUY, TELEMARKET, … portent déjà des connotations de succès de lancement dans l'environnement des « start-up ». Même s'ils ne sont pas encore très nombreux, les internautes français correspondent à des caractéristiques pouvant intéresser certaines jeunes entreprises. L'internaute type est jeune, moins de 40 ans, plutôt masculin, bénéficiant d'un revenu plus élevé que la moyenne, d'un niveau d'études généralement supérieur, plutôt actif. Il travaille assez largement dans les métiers liés à l'informatique, la communication, la formation. Leur nombre augmente d'une manière très rapide chaque année, ainsi que leur âge. internet est de plus en plus utilisé par le « papies mamies boomers ».

1.4. Produits et services privilégiés dans la vente sur internet

Appelée à se développer dans tous les domaines, la vente sur internet touche à l'heure actuelle plus particulièrement certains secteurs d'activités. En France, elle concerne prioritairement l'informatique, les voyages, la vente par correspondance, les livres et la musique, l'hôtellerie, les CD-ROM, les vins et l'alimentaire… Julien LEVY, professeur à HEC, dresse dans ses conférences un inventaire des caractéristiques liées aux produits et services qui lui semblent les mieux adaptés à la commercialisation sur internet.

Il s'agit prioritairement de ceux qui réclament de :

- Trouver une information très complète émanant de besoins complexes ou impliquants : TECHNET, DELL, GATEWAY 2000…

- Faire de bonnes affaires en comparant les prix et pouvant disposer d'un coût de distribution réduit : EXCITE, DEGRIF TOUR, NOUVELLES FRONTIERES, E. TRADE…

- Rencontrer des offres intéressantes à partir d'une possibilité de choix au niveau des fournisseurs ou des produits : PLASTIC NET, AMAZON, CD NOW...

- Accéder facilement à l'offre en se libérant des contraintes de lieu, de temps ou en sauvegardant la discrétion de son achat : TELEMARKET, SEXERAMA, VIAGRA...

- Obtenir les prix les plus bas grâce aux enchères ou à des programmes de recherche spécifiques : ONSALE, AUTOBYTEL, PRICELINE, BUYCENTRAL...

- Bénéficier d'un achat personnalisé émanant d'une approche « one to one » : PEAPOD, FRUIT OF THE LOOM ...

Toutefois, comme le fait remarquer Jean-Jacques RECHENMANN : « *la plupart des métiers ne seront pas remis en cause dans leur existence, mais affectés dans leur nature même par une plus grande facilité d'accès et de traitement de l'information* ». Parmi ces métiers, le recrutement, l'immobilier en « consumer to consumer », le journalisme, les nouveaux enseignants...

2. Internet au service du marketing de l'entrepreneur

2.1. Internet pour rendre plus efficace le marketing

Internet peut être utilisé par un entrepreneur à différents niveaux du marketing.

Il permet en particulier de :

- Fidéliser le client en entretenant avec lui des relations régulières et interactives mais aussi en rendant plus opérationnel le suivi et l'après vente.

- Augmenter le trafic auprès des points de vente en apportant de nouveaux clients sensibilisés par la communication et les propositions d'avant vente. L'exemple du site FUJI, fuji.com constitue un exemple des possibilités d'augmentation du trafic des distributeurs à partir d'internet.

- Détourner le trafic des points de vente traditionnels en offrant une meilleure valeur ajoutée et un rapport qualité prix compétitif. La compétition DELL-COMPAQ se place sur ce terrain.

- Se constituer une notoriété et une image à moindre coût en s'adressant aux internautes. Tel semble avoir été le cas en France de sociétés telles que MARCOPOLY, AQUARELLE, ALAPAGE, ARTPRICE…

2.2. Internet vers une évolution du « marketing mix » de l'entrepreneur

La figure n°41, inspiré d'Arnaud DUFOUR[8] adaptée à la spécificité d'une jeune entreprise, montre l'influence d'internet sur les différents éléments du « marketing mix ».

a. La variable produit

En utilisant internet, un entrepreneur inventif se retrouve en position de faire rapidement connaître à un coût réduit et dans des délais limités, les avantages spécifiques de son produit dans le monde entier. L'intérêt est particulièrement significatif lorsqu'il s'adresse à une clientèle « business to business » ou encore à des consommateurs à la recherche régulière d'informations sur les produits proposés. Tel est par exemple le cas des collectionneurs.

---

8. Arnaud DUFOUR, *Le Cybermarketing Intégré dans la stratégie de l'entreprise*, PUF, Que sais-je ? n°3186.

Figure n° 41 : Internet au service du « marketing mix » de l'entrepreneur adapté d'après Arnaud DUFOUR

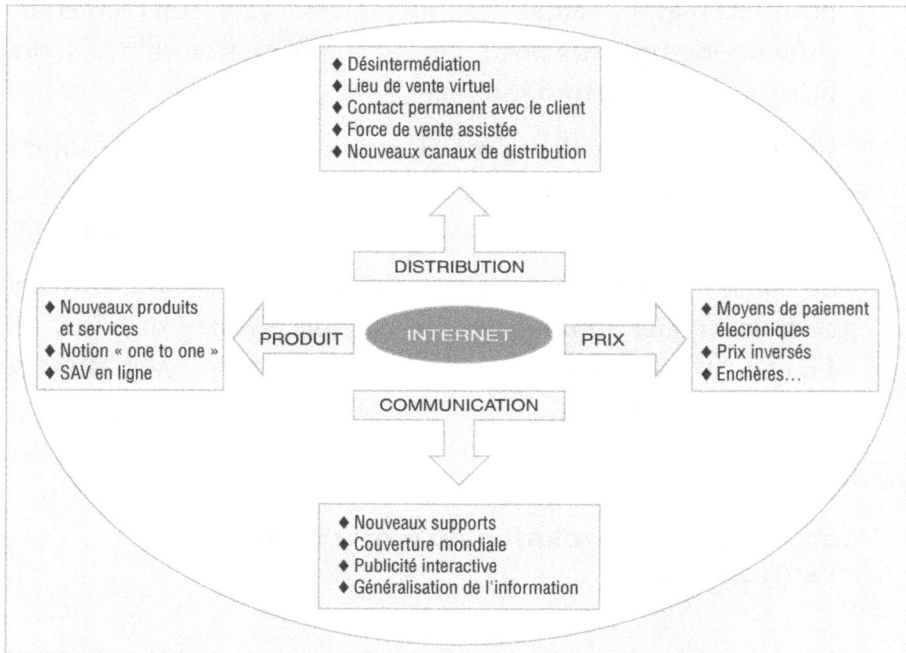

Internet offre aux dirigeants des petites entreprises d'autres possibilités telles que personnaliser l'offre pour chaque client dans le cadre d'une approche « one to one », répondre aux attentes en temps réel, transmettre des informations techniques avec des délais extrêmement courts dans n'importe quels lieux. En France, la société MARY, lauréate du master du web, propose la fabrication de chemises sur mesure à partir d'achats sur internet.

b. La variable prix

Le prix constitue une autre variable du « marketing mix » dont les usages se voient modifiés par l'utilisation d'internet. Il s'agit d'abord du paiement avec l'amélioration de systèmes de règlements électroniques.

La principale remise en cause vient toutefois de l'inversion de la politique de tarification. A partir d'internet, le client peut fixer son prix et rechercher des fournisseurs susceptibles de répondre à ses attentes. Il peut même se regrouper, comme ce fut le cas aux États-Unis, pour l'achat de Palm Pilots et proposer à la société fabriquant ce produit, de lui faire un tarif de gros correspondant à un achat en quantité.

Un nombre accru d'entreprises propose des logiciels permettant à leur client de rechercher des fournisseurs acceptant une commande à un prix choisi par lui. aux états-unis, des sociétés comme E. LOAN (sélection des meilleurs crédits immobiliers), PRICELINE (recherche de billets d'avion ou de nuits d'hôtel), BESTBOOK (compare les prix des livres)… apportent ce service.

De son côté, TENDER ON LINE propose aux entreprises des appels d'offres sur réseau informatique. Le développement de sites consacrés à la vente aux enchères de produits de biens de grande consommation ne cesse de se développer : ONSALE (vente en ligne de produits informatiques), AUTOBYTEL (voitures au meilleur prix)…

En France, on a également assisté au lancement de nombreuses sociétés permettant la recherche de produits définis par le client. Tel est par exemple le cas de KEYSTONE (recherche de logements), DEGRIF TOUR (voyages, billets d'avion, chambres d'hôtel), AUTO-VALLEY (voitures), AUCLAND (bourse d'enchères et d'échanges à destination des particuliers)…

c. La variable distribution-vente

La jeune entreprise peut tout d'abord utiliser l'internet au détriment des canaux de distribution physique en répercutant au client une partie de la valeur récupérée. Cette approche a fait le succès de sociétés déjà citées telles que AMAZON, CD NOW, DELL, LAGUIOLE…

Internet peut être utilisé comme un outil de communications, informations et motivations avec le réseau de distribution traditionnel. Il agit alors en étroite collaboration avec ce dernier en lui apportant un trafic additionnel. Tel est le cas de FRUIT OF THE LOOM avec ACTIVEWEAR ou encore d'AUTOWEB dont le site a été conçu et développé en association avec les concessionnaires et les professionnels de l'automobile.

Internet constitue un excellent appui des réseaux de vente en leur permettant d'obtenir en temps réel, informations, programmes d'expertise, formation personnalisée… Son développement programmé à partir du téléphone mobile en particulier des SMS ne fera qu'accentuer cette tendance.

Au niveau de la distribution et de la vente, internet contribue à apporter, tant une évolution significative, qu'une amélioration technique indéniable pour ce qui est relatif au marketing direct.

d. La variable communication

Le quatrième élément du « marketing mix » influencé par internet est la variable communication. Il peut permettre à une jeune entreprise, en particulier si elle évolue en milieu « business to business », de se créer une image de marque et de développer une communication mondiale à des coûts qui sont sans commune mesure avec ceux des traditionnels médias publicitaires.

Internet est particulièrement adapté lorsque la petite entreprise souhaite s'adresser à des partenaires intermédiaires tels que les syndicats, associations, salons et magasines professionnels, fournisseurs, institutionnels, et l'ensemble des entreprises prospectées ou clientes.

Pour obtenir une entière efficacité, la communication sur internet doit répondre à des règles d'élaboration qui lui sont propres :

- être interactive et bidirectionnelle ;
- privilégier l'accès facile à l'information et la transparence ;
- faire appel à une créativité propre à ce média à travers l'utilisation des outils de communication spécifiques que sont les bandeaux, les intersticiels, l'e-mail...
- s'intégrer dans la « nétiquette » en participant aux forums, « chats », « newgroups »...
- éviter les « spams » ou messages parasites non désirés, souvent peu appréciés des internautes.

Certaines « start-up » déploient de grands efforts dans la recherche de noms favorisant la mémorisation qui ne sont parfois pas sans faire appel aux sens de l'humour tels que KAASKOOYE.com (générateur de « business plans » pour entreprises).

L'entrepreneur intéressé peut tirer profit de la lecture de l'ouvrage collectif réalisé sur ce sujet et dirigé par Xavier-François HUSSHERR[9].

Il peut également s'inspirer du site de l'association CASIE, www.casie.org qui attribue chaque année le prix de la meilleure création et interactivité sur internet.

2.3. Vers le « e-marketing mix »

La force des nouvelles technologies, en particulier internet, est telle auprès des clients, qu'elle remet parfois en cause l'utilisation des célèbres quatre P (Product, Place, Promotion, Price) du « marketing mix » traditionnel proposés par Philip KOTLER. Michel BADOC, Bertrand LAVAYSSIERE, Emmanuel COPIN[10], dans leur ouvrage proposent le « e-marketing mix » (figure n° 42), destiné à remplacer le

---

9. Ouvrage collectif coordonné par Xavier François HUSSHERR, *La Publicité sur internet - Comment tirer partie efficacement de l'e-pub*, Dunod.

10. M. BADOC, B. LAVAYSSIERE, E. COPIN, *E-marketing de la banque et de l'assurance*, Éditions d'Organisation.

« marketing mix » traditionnel lorsque l'entrepreneur utilise internet comme un important moyen de développement. C'est largement le cas pour les « start-up ». Le « e-marketing mix » repose sur quatre nouvelles variables fondamentales : l'information, la logistique (distribution), la technologie et les ressources humaines. Sources indépendantes de création de valeur pour l'entrepreneur, ces variables sont d'autant plus efficaces qu'elles sont harmonisées entre elles, suivant les mêmes règles que celles utilisées pour le « marketing mix ».

La règle de fuite est par exemple apparue chez certaines entreprises sur internet qui ont trop exclusivement privilégié la technologie au détriment de la logistique ou des ressources humaines.

Aux États-Unis, E. TOYS a ainsi connu quelques déboires pendant une année pour n'avoir pas été capable de livrer les jouets de Noël avant le 25 décembre.

La règle de cohérence prône pour un bon équilibre des investissements entre la technologie, la logistique et la qualité des ressources humaines. Il constitue souvent un facteur clé de la réussite pour le marketing des jeunes entreprises.

Figure n° 42 – Du « marketing mix » traditionnel au « e-marketing mix »

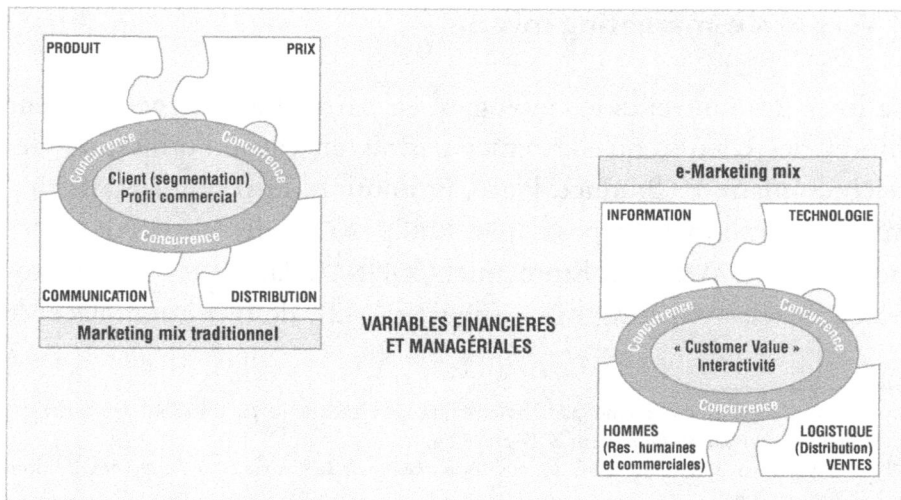

3. Mise en place du « e-marketing » dans une petite société

3.1. Définir une stratégie et des moyens pour internet

Le choix d'utiliser internet dans la politique marketing d'une petite entreprise ne peut relever d'une simple histoire de goût ou de mode passagère. La plupart des échecs constatés émanent fréquemment du fait que la réalisation d'un site web a été conçue sans réflexion préalable. Il en résulte la réalisation d'un site vitrine ou d'une simple copie informative de la plaquette de l'entreprise.

La stratégie internet d'un entrepreneur ne peut atteindre sa pleine efficacité que si elle s'intègre dans une politique marketing globale et si elle est harmonisée avec l'ensemble du « marketing mix ». Pour préparer sa mise en place, il est indispensable d'établir un schéma directeur accompagné d'un cahier des charges. La figure 43 présente le déroulement de cette démarche.

Figure n° 43 ; La démarche « e-marketing »

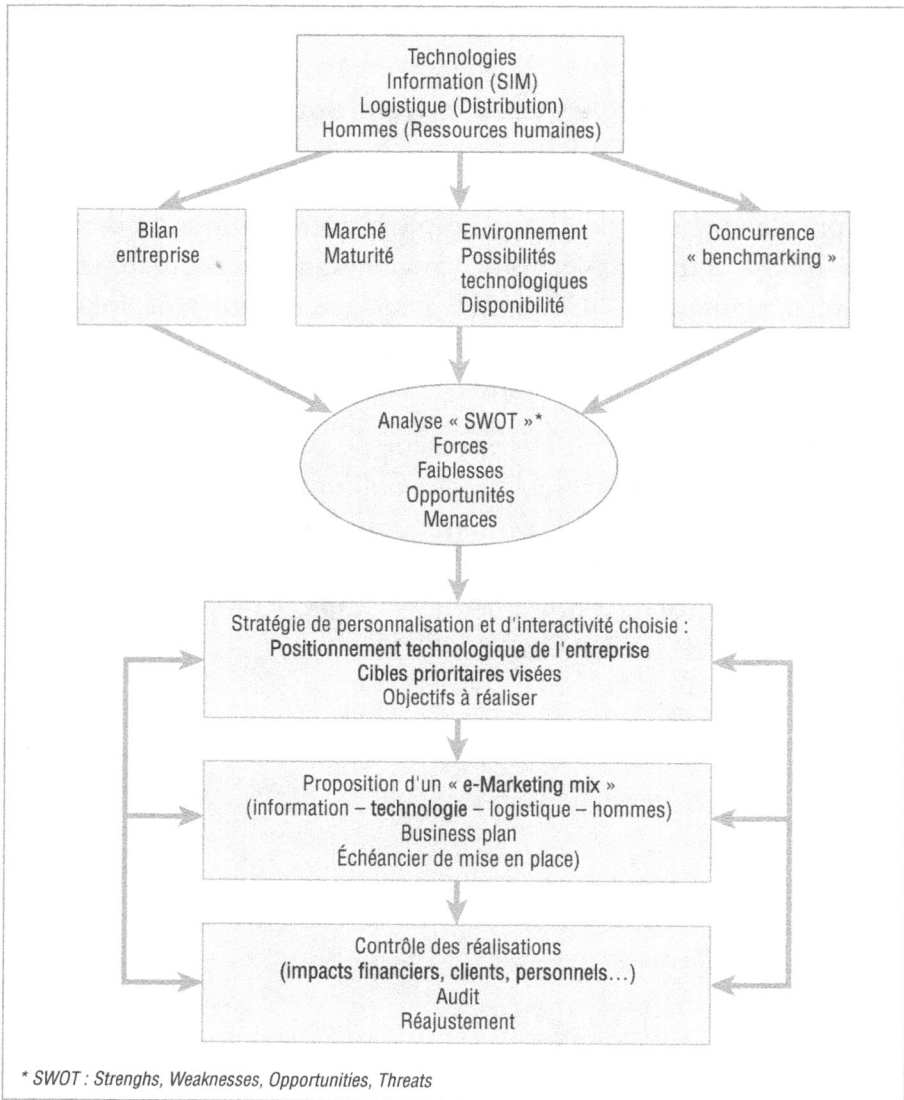

Technologies
Information (SIM)
Logistique (Distribution)
Hommes (Ressources humaines)

| Bilan entreprise | Marché Maturité | Environnement Possibilités technologiques Disponibilité | Concurrence « benchmarking » |

Analyse « SWOT »*
Forces
Faiblesses
Opportunités
Menaces

Stratégie de personnalisation et d'interactivité choisie :
Positionnement technologique de l'entreprise
Cibles prioritaires visées
Objectifs à réaliser

Proposition d'un « **e-Marketing mix** »
(information – **technologie** – logistique – hommes)
Business plan
Échéancier de mise en place)

Contrôle des réalisations
(impacts **financiers, clients, personnels**...)
Audit
Réajustement

* SWOT : Strenghs, Weaknesses, Opportunities, Threats

Comme le rappelle Jean-Jacques RECHENMANN, cette élaboration exige une réponse à plusieurs interrogations : la définition du domaine marketing (« business to business », « business to consumer »…). Le contenu du site sera très différent en fonction de ce choix. La charte de communication de l'entreprise s'impose au contenu du web comme à chacun des autres supports de communication. Il apparaît indispensable de se préoccuper de l'apport réel du site internet par rapport aux supports traditionnels tels que le papier.

Une attention toute particulière est portée à l'anticipation des problèmes que risque de poser la nouvelle approche à différents niveaux tels que : la fabrication, l'après-vente, la distribution, la vente, la communication… La création d'un site pertinent peut obliger la petite entreprise à employer un nombre significatif de personnes rien que pour être à même de répondre aux « e-mails » dans des délais acceptables par les clients internautes.

Selon les problèmes décelés, des actions préventives sont à engager pour préparer les collaborateurs des différentes fonctions à l'introduction d'internet dans la société. Un cahier des charges précis accompagné d'un échéancier et d'un budget compléteront la phase préparatoire de la stratégie d'introduction du site. Afin de préparer le budget et d'évaluer le retour sur investissement prévisible, le dirigeant a la possibilité de s'informer sur les pratiques et les coûts à partir d'exemples concrets. Comme le rappelle dans son ouvrage l'auteur, précédemment cité ; le BENCHMARK GROUP www.benchmark.fr, éditeur de la revue *Stratégie internet* en France, met gracieusement à la disposition des visiteurs de son site, benchmark.fr, les résultats d'enquêtes réalisées sur le commerce électronique. On apprend certains éléments très intéressants. Budget moyen de création d'un site, temps de création, contenu d'un site en nombre de références, fréquentation quotidienne, nombre de messages journaliers, nombre mensuel de commandes, chiffre d'affaires moyen réalisé par un site, panier moyen des achats…

3.2. Mise en place du site internet dans une jeune entreprise

Un nombre important d'ouvrages mentionnés dans notre bibliographie et d'articles sont consacrés à l'élaboration et à la mise en place d'un site internet. La revue *Management*[11] dans certains numéros publie des articles complets sur ce sujet accompagné d'un guide de sélection des meilleurs sites pour le « e-business ». Notre propos se limitera à relater un ensemble de précautions qui apparaissent indispensables avant de disposer ce nouveau média au cœur du marketing. Certaines de ces précautions peuvent constituer pour l'entreprise de véritables clés du succès. Afin de relater ces préconisations, nous nous référons à deux experts. Arnaud DUFOUR[12] propose encadré n°36 dix propositions pratiques pour utiliser internet et Jean-Jacques RECHENMANN[13] présente treize facteurs clés de succès reproduits encadré n°37.

Encadré N° 36

Dix propositions pratiques pour utiliser internet
D'après Arnaud Dufour

- Savoir surfer sur le réseau pour en comprendre l'utilité, observer la position des concurrents, y capter des idées (veille technologico-commerciale, ou intelligence économique). Sur internet, il faut autant imiter que se préparer à l'être.

- Définir les avantages concurrentiels attendus des services à valeur ajoutée qui seront offerts aux clients, éviter les vitrines inutiles.

- Penser que le service après-vente et le support à la clientèle font partie de la réussite d'une « cyberaventure ».

- Intégrer internet dans le système d'information en interconnectant le site web au dispositif de l'entreprise. L'intégration améliore la qualité du site en autorisant une mise à jour permanente de son contenu informationnel.

---

11. Revue Management n° 57.
12. Arnaud DUFOUR, *L'internet et la vente*, Ouvrage collectif sous la direction de Jean Paul AIMETTI (réf. citée).
13. Jean-Jacques RECHENMANN, *L'internet et le marketing*, Réf. citée.

- Modifier l'état d'esprit du management de l'entreprise. Le client considéré comme un véritable partenaire peut être connecté au système d'information. Il devient capable de s'autogérer partiellement en consultant les données qui le concernent.
- Les activités commerciales effectuées sur internet constituent un élément de communication devant véhiculer l'image de l'institution. La conception des pages web doit s'inspirer de l'image globale de l'entreprise tout en sachant tirer partie de la spécificité du média.
- Intégrer l'aspect graphique dès le démarrage du projet technique.
- Contrôler la qualité d'un site, de ses services et des informations qu'il diffuse.
- Préparer un budget prévisionnel, un calendrier, un cahier des charges, une liste de critères d'évaluation des contacts obtenus.
- Annoncer l'existence du site dans l'ensemble de la communication interne et externe émanant de l'institution.

Dans ces recommandations, les quatre composantes du l'e-marketing apparaissent clairement : information, technologie, ressources humaines et logistiques.

Encadré N° 37

Les treize facteurs clés de succès pour vendre sur Internet
D'après Jean Jacques RECHENMANN

- La vitrine doit être facile à localiser.
- La vitrine doit être rapide, simple, claire, agréable et aisée à utiliser.
- Les produits doivent être faciles à trouver.
- L'achat doit être simple, le réachat encore plus simple.
- Les clients doivent être encouragés à fournir des informations, l'entreprise à les garder en sécurité et à en tirer de la valeur ajoutée.
- Certaines informations ou services doivent être offerts gratuitement.
- L'accès au support technique ou au service client doit être simple.
- Les plaintes et les suggestions doivent être appréciées.
- L'autogestion des clients par eux-mêmes, doit être poussée au maximum.

- Toute action du client doit être confirmée, toute question traitée.
- Les clients doivent être considérés comme les meilleurs partenaires de l'entreprise.
- Les services sur mesure de masse doivent être exploités pour adapter l'offre aux besoins des clients.
- Les clients les plus intéressants doivent être identifiés et tout doit être mis en œuvre pour les fidéliser.
- Certains sites célèbres comme la cyberlibrairie Amazon.com implémentent la plupart de ces éléments et offrent à leurs clients des services à haute valeur ajoutée.

L'essentiel à retenir
pour la mise en pratique au quotidien

✔ Internet joue un rôle fondamental dans le développement du marketing « business to business » (d'entreprise à entreprise) pour un entrepreneur.

✔ Internet doit sa puissance à des qualités inégalées jusqu'à présent pour un média : il est global (international), interactif, immédiat, indépendant des fuseaux horaires, liant les qualités du son, de l'image et de l'animation… De surcroît il permet d'accéder au monde virtuel dans le cyberespace.

✔ Internet constitue un outil privilégié pour améliorer l'action commerciale de l'entrepreneur en relation avec les clients particuliers ou entreprises, les prescripteurs, les canaux de distribution.

✔ Le succès d'internet est déjà significatif pour certaines catégories de produits et services (voyages, VPC, livres, musique, hôtellerie, CD-ROM, vins, alimentaire…). Demain son rôle s'étendra à de multiples autres activités.

✔ Internet oblige à repenser chacune des composantes du « marketing mix » de l'entrepreneur : le produit, le prix, la distribution, la communication.

✔ L'utilisation du marketing sur internet réclame la mise en œuvre d'un « e-marketing mix » fondé sur quatre variables que sont : l'information, la technologie, les ressources humaines, la logistique.

✔ Le succès de la mise en place d'internet dans une petite société vient de la définition préalable d'une stratégie et de son harmonisation avec les autres canaux de distribution. L'acquisition d'un véritable professionnalisme est indispensable pour créer un site attractif.

CONCLUSION

La clé du succès des entrepreneurs de demain provient de leur capacité à faire table rase des lourdeurs du management qui handicapent encore trop fortement de nombreuses grandes entreprises. Ce changement radical d'état d'esprit leur confère de redoutables atouts. Parmi lesquels : la souplesse des décisions et des actions.

Certains managers outre-atlantique rappellent sous forme de boutade que les organisations pyramidales émanent des pyramides et que celles-ci ne sont que des tombaux, ceux de l'esprit d'entreprise. La prise de décisions rapides, la priorité accordée à la créativité et à la réactivité mise en avant par des dirigeants qui osent prendre des risques, s'opposent aux modes de management traditionnels de sociétés handicapées par le poids trop important accordé à la politique interne, à la lourdeur du passé, à celle imposée par des hiérarchies fonctionnarisées endormies par le gigantisme des structures.

La guerre de demain confortera la possibilité d'encourager et de développer l'intelligence créative des collaborateurs au poids des structures et de l'argent. Le combat ressemblera à une véritable lutte entre David et Goliath. Les années 1999-2000 ont vu les prémices des effets de cet état d'esprit nouveau à partir de la création des « start-up ». Même si la bulle internet a éclaté, les fondements qui ont conduit au succès de ce média exceptionnel demeurent.

Au niveau des outils de gestion un nouvel équilibre est réclamé entre le marketing et le financier. Dans leur souci de créer la meilleure valeur ajoutée pour les clients, les collaborateurs, le personnel, les intermédiaires (prescripteurs et distributeurs), les actionnaires et l'entreprise ; les entrepreneurs découvrent, à travers la recherche de cet équilibre, une condition permettant de garantir leur développement à long terme. Même si les soucis financiers dans la recherche des capitaux constituent une préoccupation fondamentale pour eux, ils ont compris que la garantie de plus-values qu'ils peuvent apporter aux investisseurs sont autant liés aux espoirs de conquérir et développer un marché qu'à une présentation comptable théorique d'un retour sur investissement rapide.

Le marketing qui permet d'orienter l'ensemble des forces vives de l'entreprise vers ses marchés constitue au cœur de la gestion un atout maître de la réussite. Cette idée à laquelle nous croyons profondément nous a entraîné à consacrer un ouvrage complet à l'application de cette discipline et à sa mise en œuvre par un entrepreneur-créateur.

A travers un apport technique illustré de cas concrets, nous avons souhaité montrer l'importance que doit lui accorder l'entrepreneur de demain. Il doit acquérir rapidement les bons réflexes qui multiplieront son efficacité auprès des clientèles qu'il a choisi de conquérir. Lorsqu'il est confronté à une grande entreprise, principalement dans certains milieux traditionnels qui ont trop longtemps sous-estimé ce domaine du management, il disposera d'un atout incontournable pour assurer son développement.

L'entrepreneur-créateur dispose de multiples chances pour réussir sous réserve d'en profiter vite en mettant rapidement en marche l'ensemble de ses qualités distinctives.

Le marketing constitue un de ces outils trop souvent mal utilisés dans de nombreux groupes industriels importants en demeurant davantage au niveau des discours que des décisions stratégiques et des actions. En mettant concrètement en place une gestion orientée vers la satisfaction des clients et la création de valeur, faisant largement appel à cette discipline, l'entrepreneur dispose d'une arme redoutable pour réussir à travers la conquête et la fidélisation des clients, la politique de développement de son entreprise.

BIBLIOGRAPHIE

Introduction

M. Badoc et B. Mariotte, *Le Marketing et ses Secrets*, Éditions d'Organisation.

O. Basco et P. Bieliczky, *Guide pratique du Créateur d'Entreprise*, Editions d'Organisation.

B. Catry et A. Buff, *Le Gouvernement de l'Entreprise Familiale*, Publi Union.

B. Dubois, P. Kotler, et D. Manceau, *Marketing Management*, Edit. Publi Union.

D. Lindon, J. Lendrevie et J. Levy, *Théorie et Pratique du Marketing*, Edit. Dalloz.

B. Maître et G.Aladjiji, *Les Business Models de la Nouvelle Economie*, Dunod.

R. Papin, *Stratégie pour la Création d'Entreprise*, Edit Dunod.

J.-J. Rechenmann, *L'Internet et le Marketing*, Éditions d'Organisation.

Première partie
Réfléchir pour mieux décider : la politique d'informations

B. Cathelat, *Les Styles de Vie*, Éditions d'Organisation.

R.G. Camp, *Le Benchmarking*, Éditions d'Organisation.

B. Dubois, *Comprendre le Consommateur*, Dalloz.

C. Dussart, *Comportement du Consommateur et Stratégie d'Entreprise*, Mc Graw Hill.

Y. Evrard, B. Pras et E. Roux, *Market, Etudes et Recherches en Marketing*, Nathan.

F. Franck, Y. Wind, et W. Massy, *Market Segmentation*, Prentice Hall.

A. Michaux, *Marketing de Bases de Données*, Éditions d'Organisation.

J.R. Moulinet, *Intégration des Étudiants à l'Entreprise*, CNIPE Éditions

Deuxième partie
Décider et planifier le développement de la jeune entreprise pour mieux convaincre : dirigeants, collaborateurs et partenaires

D. Aacker et J. Lendrevie, *Le Management du Capital Marque*, Dalloz.

I. Ansoff, *Stratégie de Développement de l'Entreprise*, Hommes et Techniques.

Boston Consulting Group, *Les Mécanismes Fondamentaux de la Compétitivité*, Hommes et Techniques.

J.P. Detrie et B. Ramanantsoa, *Stratégie de l'Entreprise et Diversification*, Nathan.

P. Drücker, *La Nouvelle Politique de la Direction d'Entreprise*, Éditions d'Organisation.

J.N. Kapferer, *Les Marques*, Éditions d'Organisation.

J.N. Kapferer, *Re-Marques*, Éditions d'Organisation.

C. Maire, *Construire et Utiliser un Plan de Développement : Le Business Plan*, Éditions d'Organisation.

M. Porter, *Choix Stratégiques et Concurrence*, Economica.

A. Ries et G. Trout, *Positionnement*, Mc Graw Hill.

Stratégor : *Stratégie, Structure, Décision Identité*, Coll. Inter Editions.

T. Sun, *L'Art de la Guerre*, Economica.

Troisième partie
Mettre en œuvre le marketing de l'entrepreneur

1. Produit

J.M. Choffray et F. Dorey, *Développement et Gestion des Produits Nouveaux*, Mc Graw Hill.

R. Foster, *L'Innovation Avantage à l'Attaquant*, Inter Edition.

P. Pichat, *Innovation*, Chotard.

2. Prix

T. Nagle, *The Strategy and Tactics of Pricing*, Prentice Hall.

3. Distribution

M. Benoun et M.L.Helies-Hassid, *Distribution, Acteurs et Stratégies*, Economica.

C. Chinardet, *Le Trade Marketing*, Éditions d'organisation

C. Chinardet, *Vendre à la Grande Distribution*, Éditions d'Organisation..

M. Dupuis, *Distribution, la Nouvelle Donne*, Éditions d'Organisation.

4. Vente

J.L. Ferry et E. Tissier-Desbordes, *La Vente Directe*, Éditions d'Organisation.

R. Moulinier, *Les Techniques de la Vente*, Éditions d'Organisation.

A. Macquin et S. Lacrampe, *Vente et Négociation*, Dalloz.

A. Macquin, *Vendre, Stratégies, Hommes et Négociations*, Publi Union.

Y. Negro, *Vente*, Vuibert.

D. Peppers et M. Rogers, *Le One to One*, Éditions d'Organisation.

D. Peppers et M. Rogers, *Le One to One en Pratique*, Éditions d'Organisation.

B. Stone, *Méthodes de Marketing Direct*, Inter Editions.

P. Vinier et J.H. Tamuinier, *Le Marketing Direct d'Entreprise à Entreprise*, l'Entreprise en Direct.

D. Xardel, *Les Vendeurs*, Dalloz.

A. Zeil et Dayan, *Animation et Contrôle de la Force de Vente*, Éditions d'Organisation.

5. Communication

B. Brochan et J. Lendrevie, *Le Publicitor*, Dalloz Editions.

X.-F. Hussher, ouvrage collectif, *La Publicité sur Internet*, Dunod.

P. Ingold, *Guide Opérationnel de la Publicité à l'Usage des Entreprises*, Dunod.

H. Joannis, *Le Processus de Création Publicitaire*, Dunod.

H. Joannis, *De la Stratégie Marketing à la Création Publicitaire*, Dunod.

J.N. Kapferer, *Ce qui va changer les Marques*, Éditions d'Organisation.

G. Lewi, *Les Marques, Mythologie du Quotidien*, Village Mondial.

B. Moors, *Comment réussir sa Publicité avec un Petit Budget*, Éditions d'Organisation.

S. Piquet, *Sponsoring et Mécénat*, Vuibert.

G. Szapiro, *Communication Business to Business, Les 7 Pyramides de la Réussite*, Éditions d'Organisation.

6. Qualité

D. Collet, P. Lusier, D. Ollivier, *Objectif Zéro Défaut*, Editions ESF..

R. Moiroud, *Le Cri du Client*, Éditions d'Organisation.

J.-M. Lehu, *Stratégie de Fidélisation* Éditions d'Organisation.

F. Reichheld, *L'Effet Loyauté*, Dunod.

Quatrième partie
Le marketing de l'entrepreneur confronté à internet

J.-P. Aimetti, *L'Internet et la Vente*, Éditions d'organisation.

M. Bera, *La Machine Internet*, Odile Jacob.

A. Dufour, *Le Cybermarketing*, "Que Sais-je ?", n° 3136 PUF.

A. Dufour, *Internet*, "Que Sais-je ?", PUF.

J. Easton et J. Bezos, *Striking It Rich.com : Profiles of 23 Incredibly Successful Websites You've Probably Never Heard of*, Mc Graw Hill.

J. Hagel, *Net Worth : Shaping Markets When Customers Make the Rules*, Harvard Business School Press.

B. Gates, *La Route du Futur*, Robert Lafont.

K. Kelly, *New Rules for the New Economy*, Viking.

J.-M. Lehu, *Marketing Interactif*, Éditions d'Organisation.

G. Moore, *Crossing the Chasm*, Haperbusiness.

G. Moore, *Inside the Tornado*, Haperbusiness.

J. Moore, *The Death of Competition*, Haperbusiness.

J. Rauscher, et S. Marc, *A la Conquête de la Silicon Valley*, Éditions d'Organisation.

J.J. Rechenmann, *L'Internet et le Marketing*, Éditions d'Organisation.

J.J. Rechenmann, *L'Audit du Site Web*, Éditions d'Organisation.

A. Toffler, *The Third Wave (La Troisième Vague)*, Éditions Denoël.

A. Toffler, *Future St Schock (Le Choc du Futur)*, Éditions Denoël.

J. Vallée, *Les Enjeux du Millénaire*, Hachette Littérature.

INDEX